U0901373

安徽 2021 调查年鉴

Anhui Survey Yearbook

国家统计局安徽调查总队　编

中国统计出版社
China Statistics Press

图书在版编目（CIP）数据

安徽调查年鉴. 2021 = Anhui Survey Yearbook 2021 : 汉英对照 / 国家统计局安徽调查总队编. -- 北京 : 中国统计出版社, 2021.8
ISBN 978-7-5037-9536-7

Ⅰ. ①安… Ⅱ. ①国… Ⅲ. ①统计资料－安徽－2021－年鉴－汉、英 Ⅳ. ①C832.54-54

中国版本图书馆 CIP 数据核字(2021)第 130922 号

安徽调查年鉴-2021

作　　者/国家统计局安徽调查总队
责任编辑/李　冲
编　　辑/张　洁
封面设计/李雪燕
出版发行/中国统计出版社有限公司
地　　址/北京市丰台区西三环南路甲 6 号　邮政编码/100073
电　　话/邮购（010）63376909　书店（010）68783171
网　　址/ http://www.zgtjcbs.com
印　　刷/河北鑫兆源印刷有限公司
经　　销/新华书店
开　　本/ 880mm×1230mm　1/16
字　　数/ 440 千字
印　　张/ 12.75　　1 彩页
版　　别/ 2021 年 8 月第 1 版
版　　次/ 2021 年 8 月第 1 次印刷
定　　价/ 380.00 元

本书附同版本 CD-ROM 一张，光盘内容以书面文字为准。

主要年份全省粮食产量及增幅

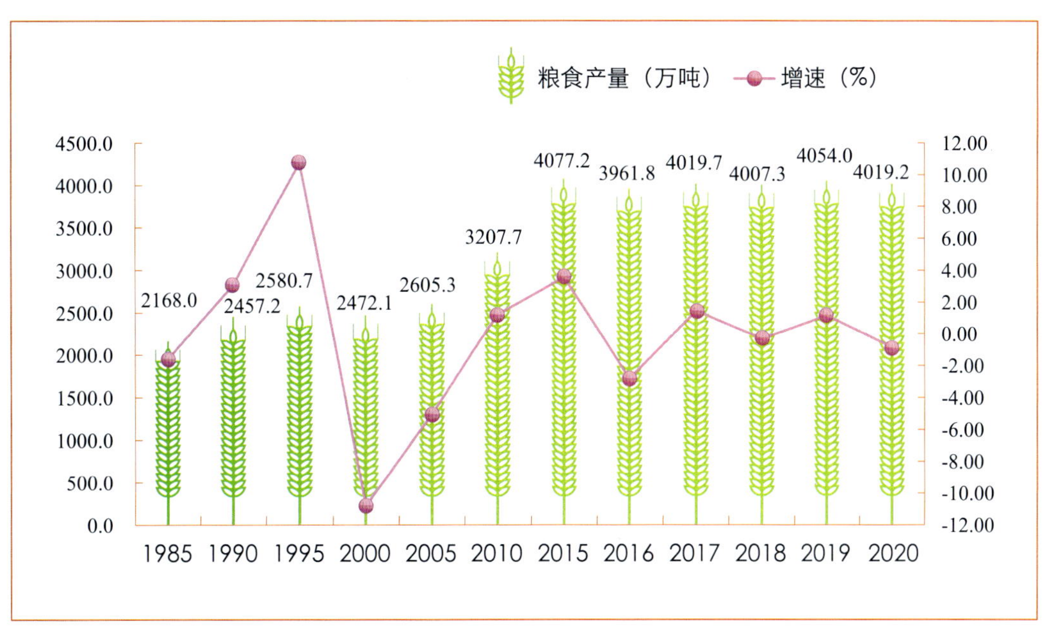

主要年份全省棉花产量及增幅

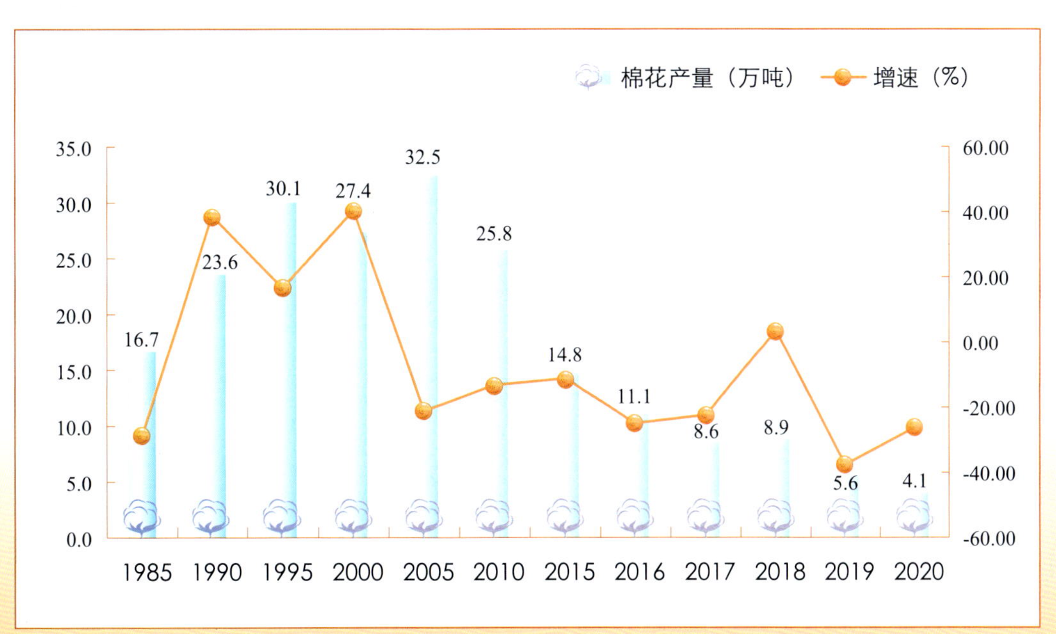

主要年份全省油料产量及增幅

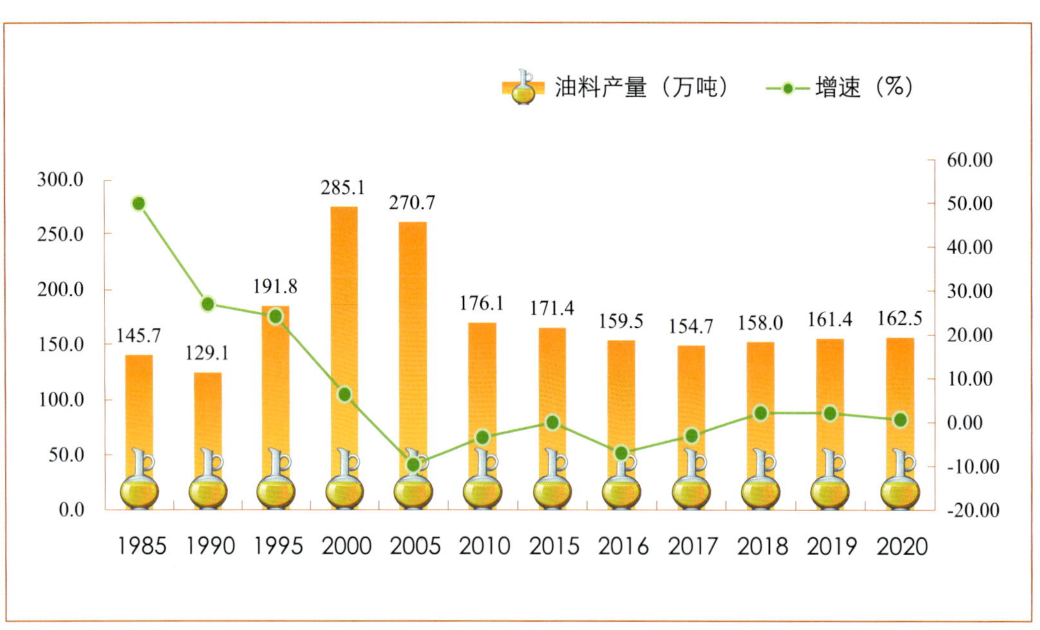

2005-2020 年全省猪肉产量及增幅

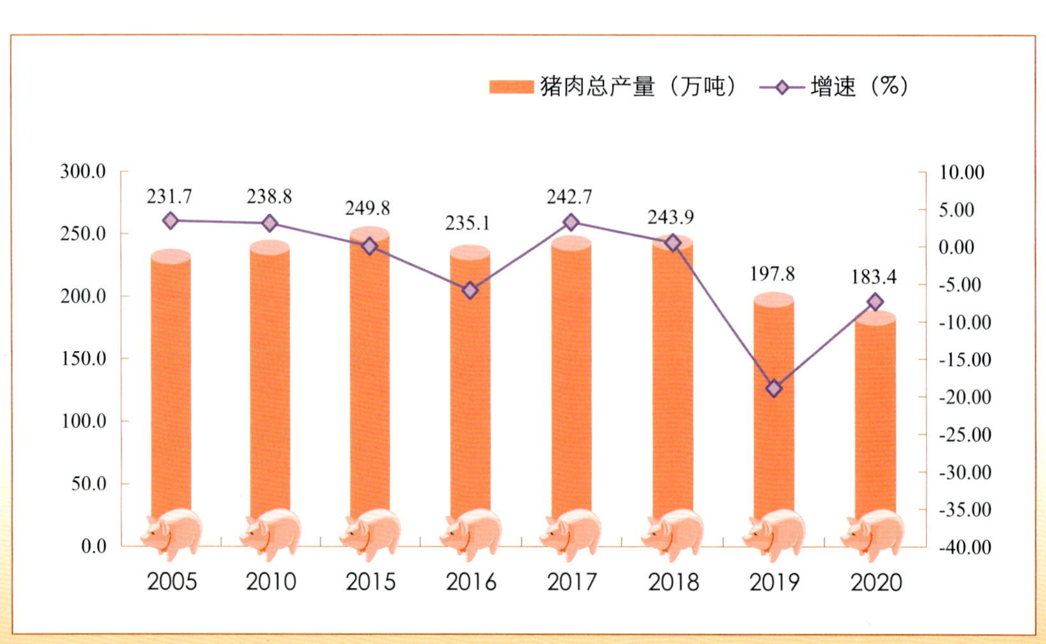

2020 年安徽城镇居民人均可支配收入构成（%）

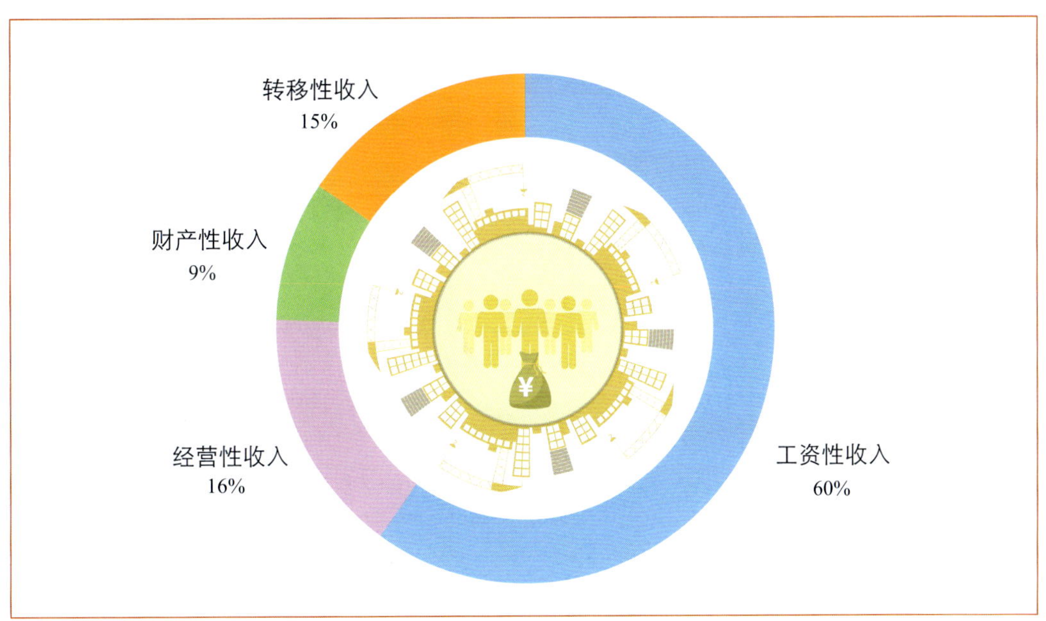

2020 年安徽农村居民人均可支配收入构成（%）

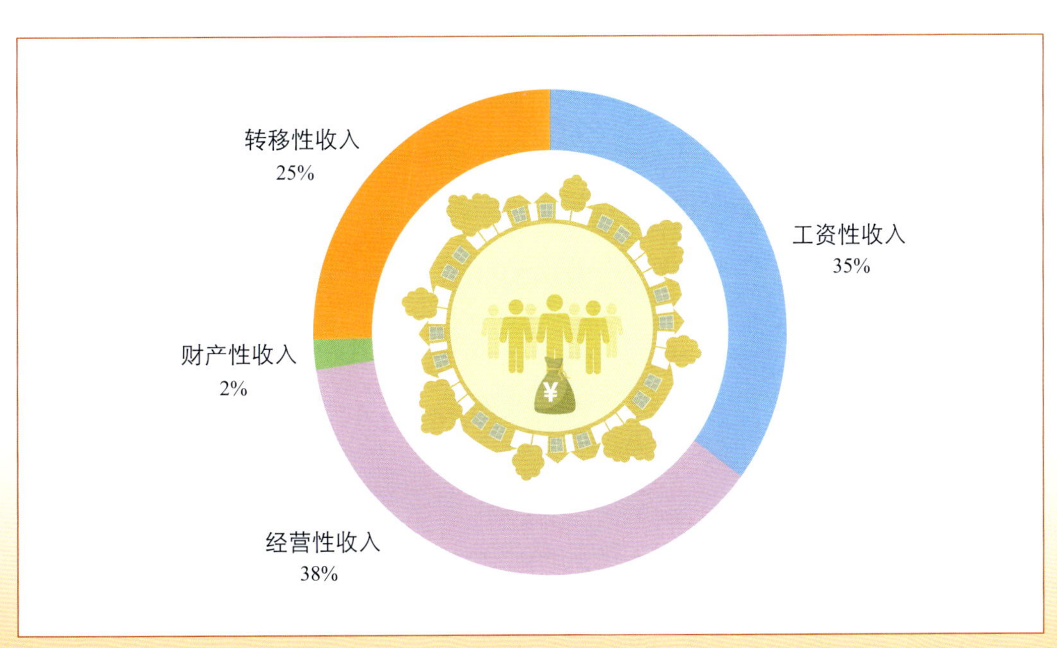

2020年安徽省及各市城镇居民人均可支配收入情况（元）

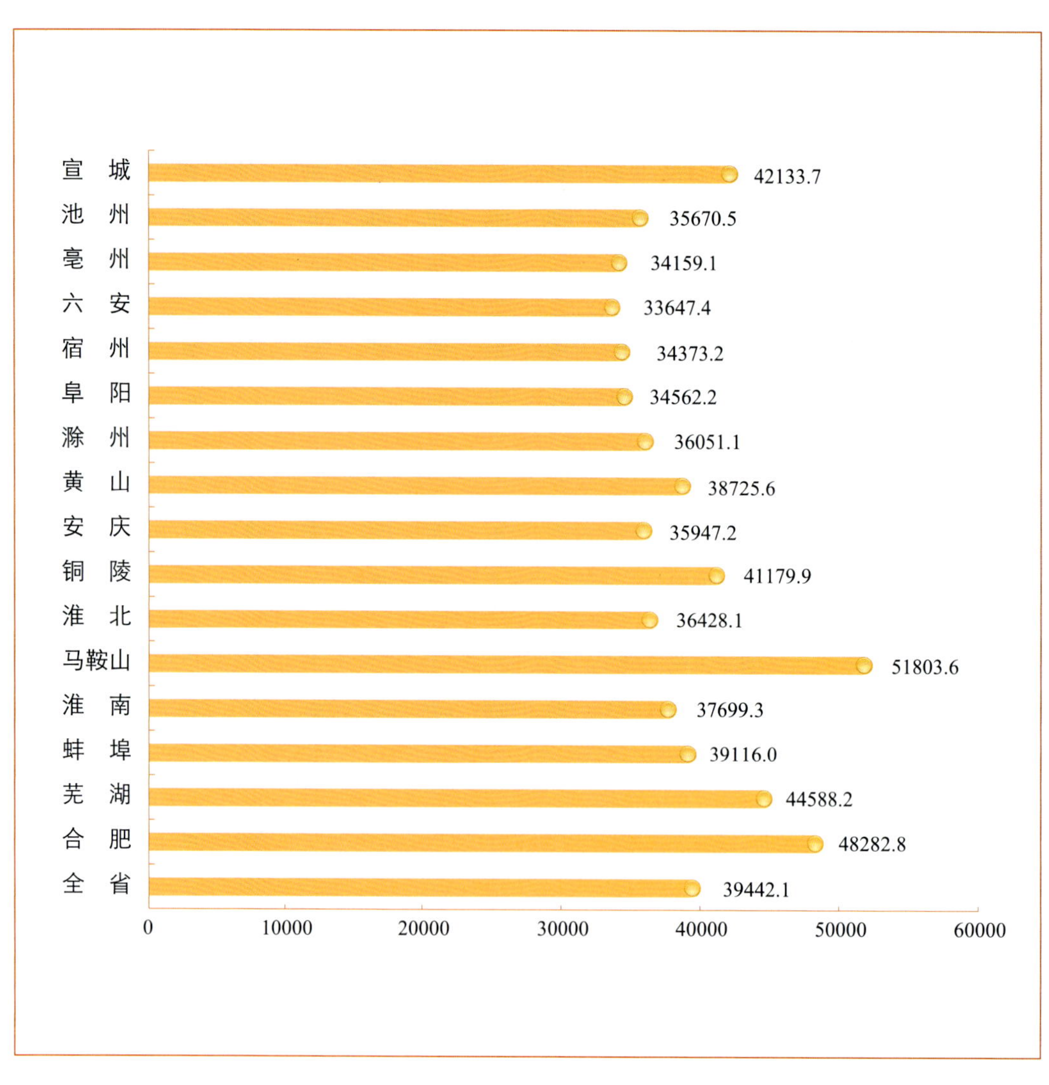

2020 年按收入等级分的城镇居民家庭人均收支情况（元）

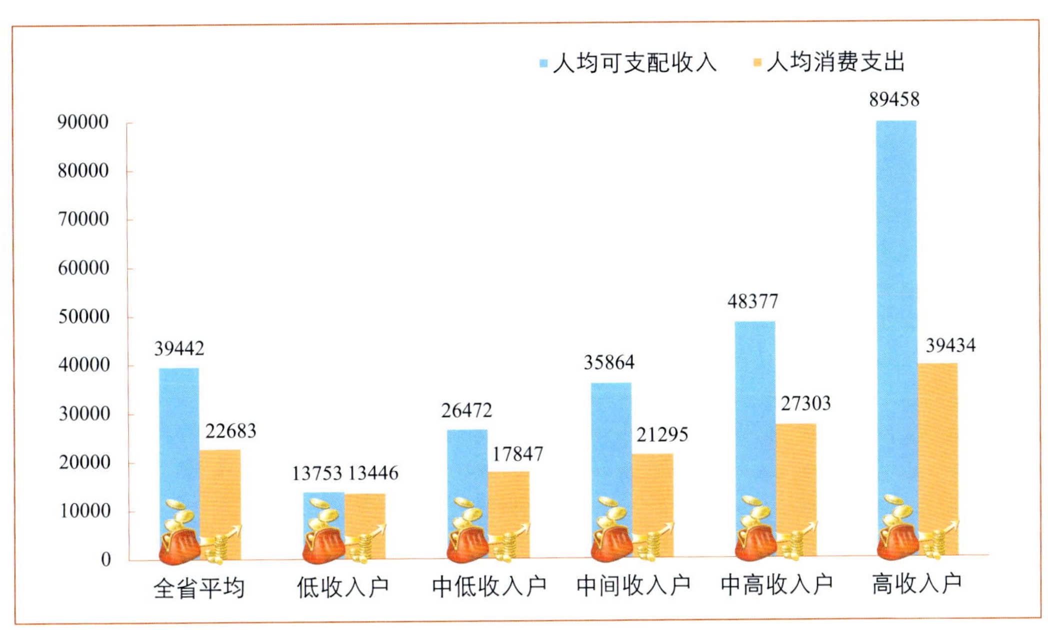

2020 年按收入等级分的农村居民家庭人均收支情况（元）

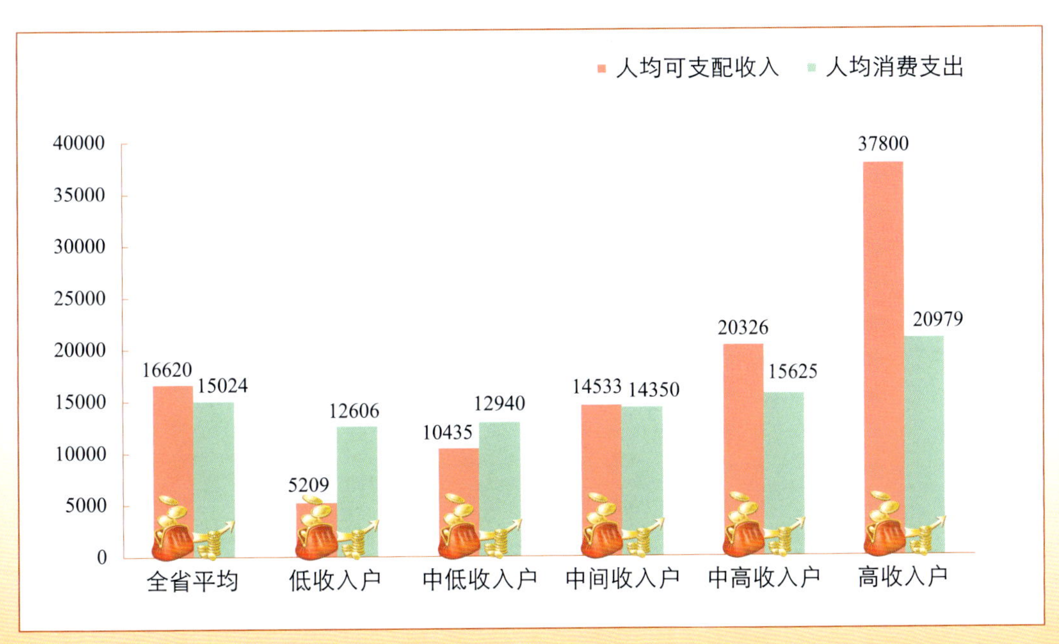

2020年全国各省城镇居民人均可支配收入（元）

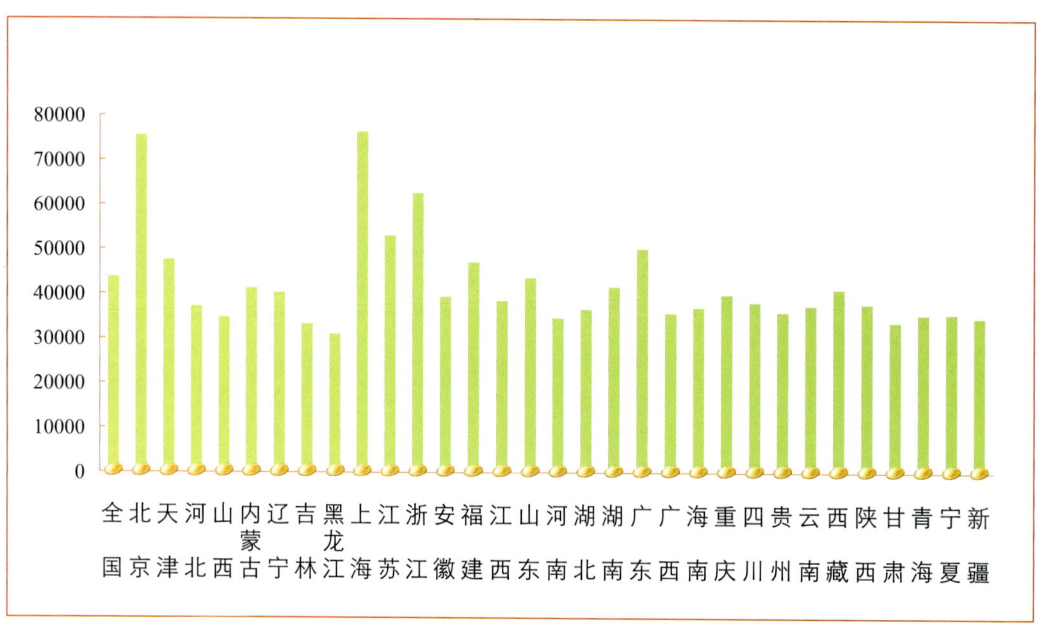

2020年全国各省农村居民人均可支配收入（元）

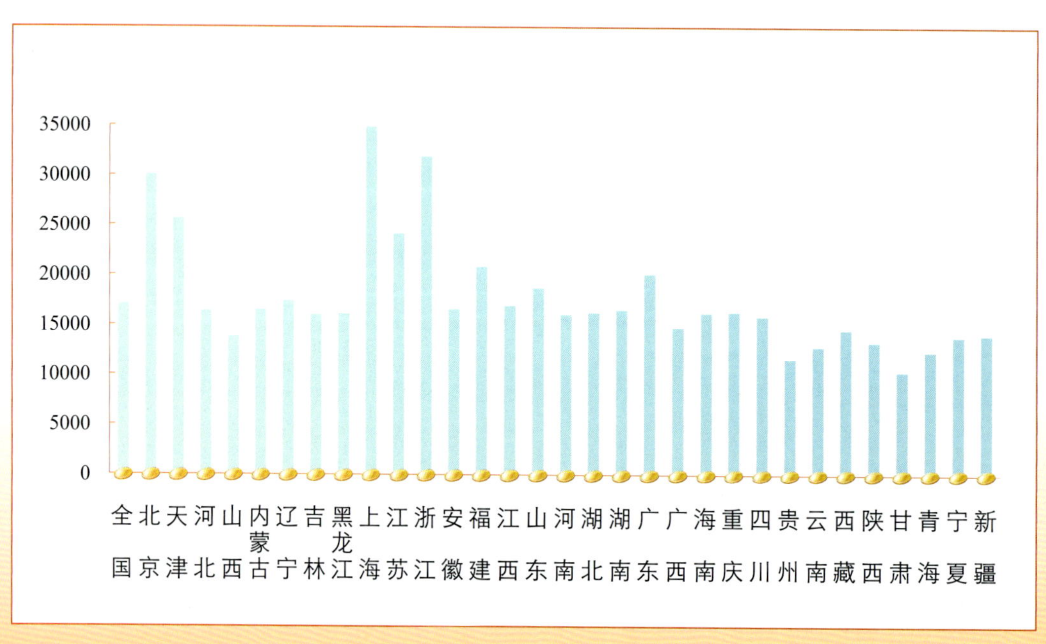

2020 年安徽城镇居民人均生活消费支出构成（%）

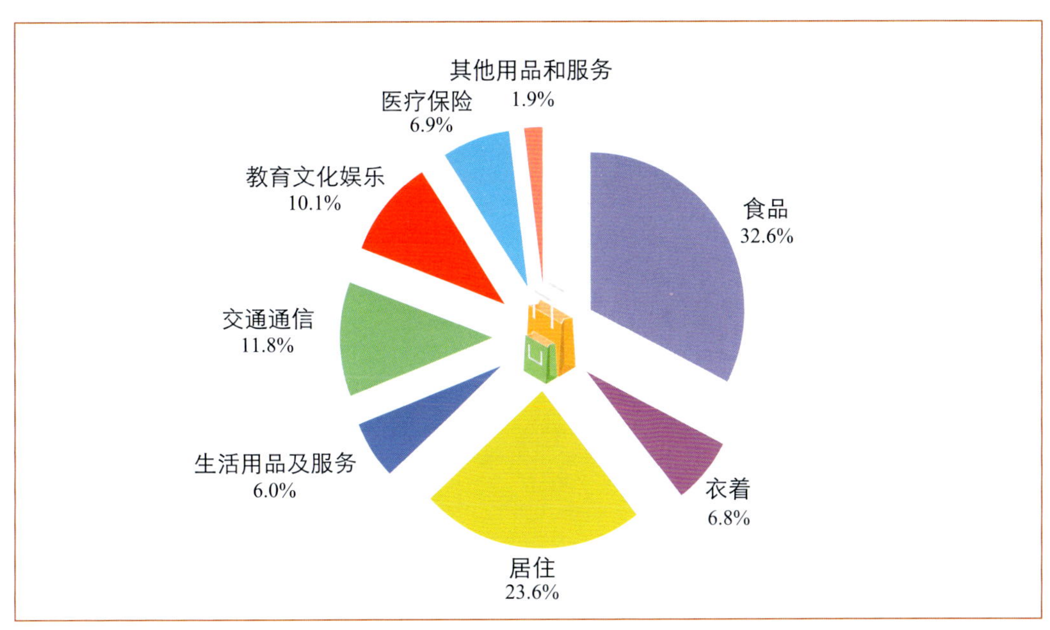

2020 年安徽农村居民人均生活消费支出构成（%）

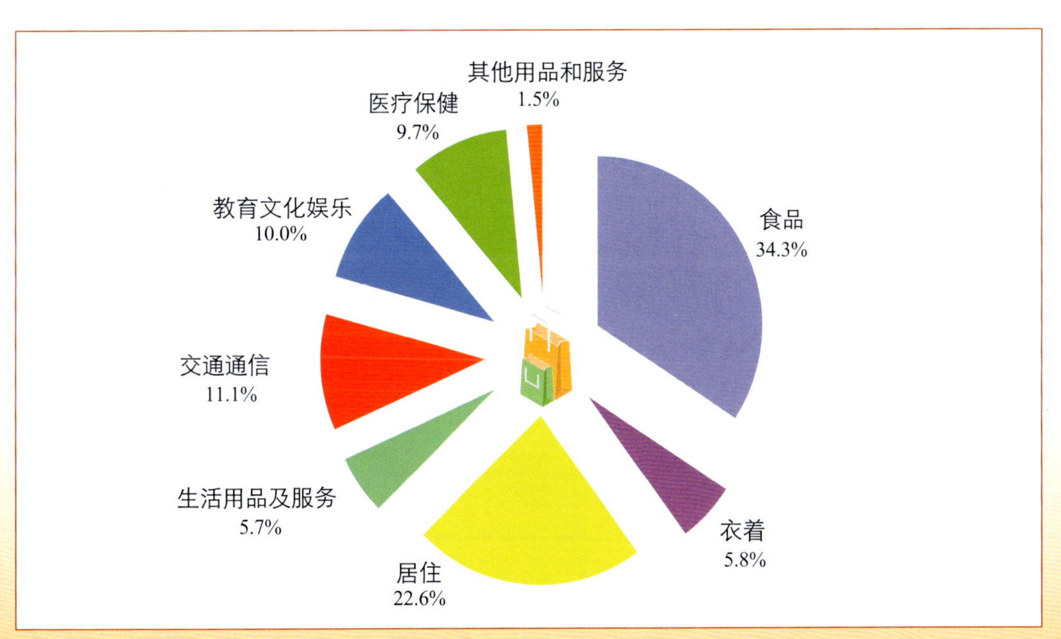

城镇居民恩格尔系数（%）

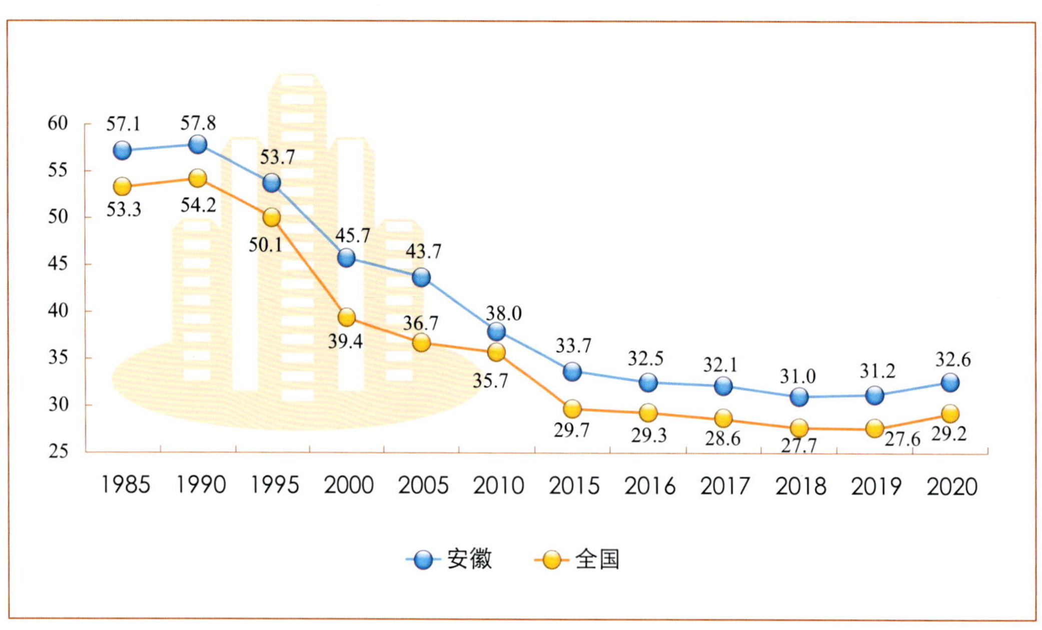

农村居民恩格尔系数（%）

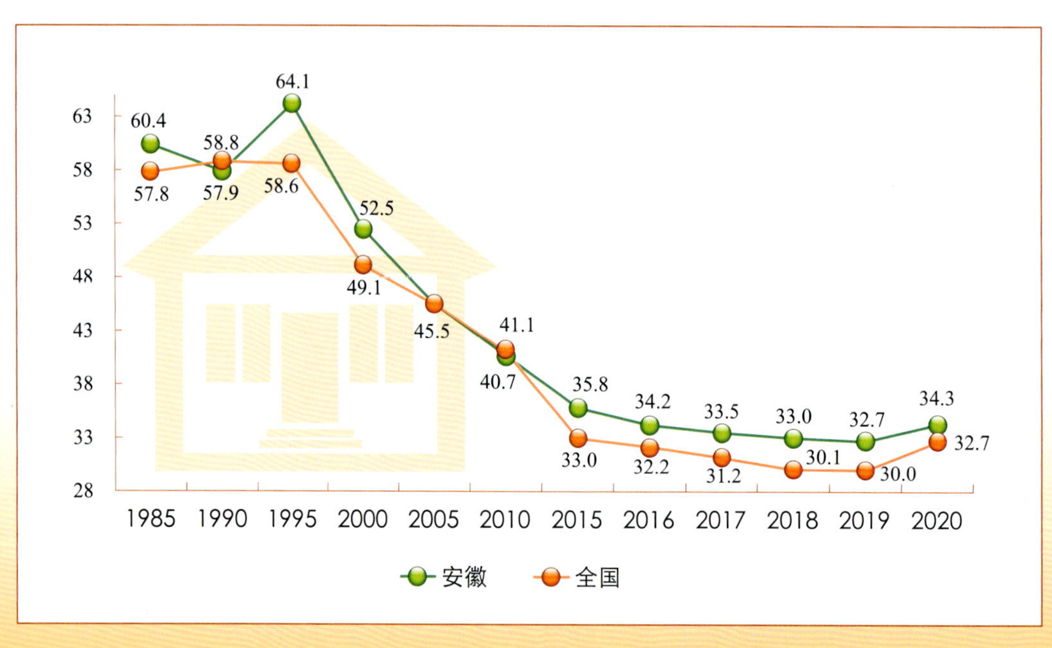

居民消费价格指数（上年 =100）

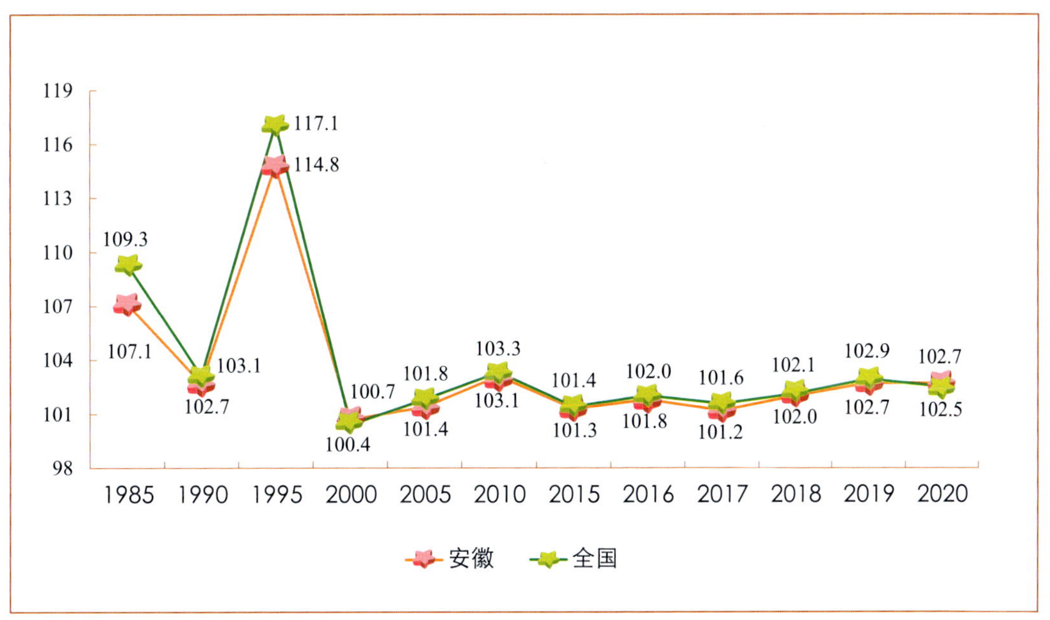

城市居民消费价格指数（上年 =100）

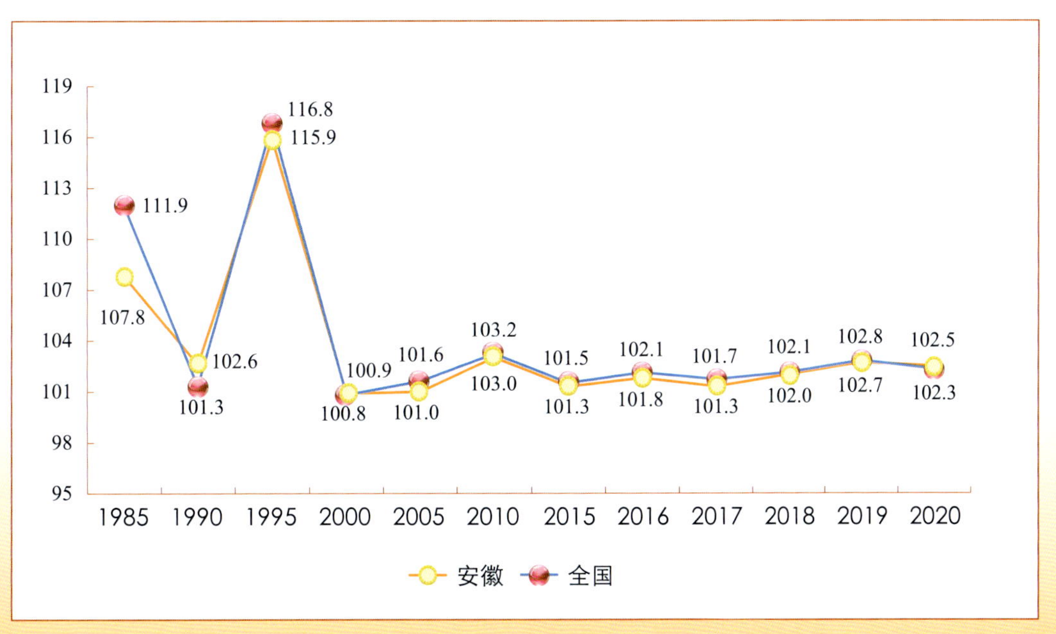

农村居民消费价格指数（上年 =100）

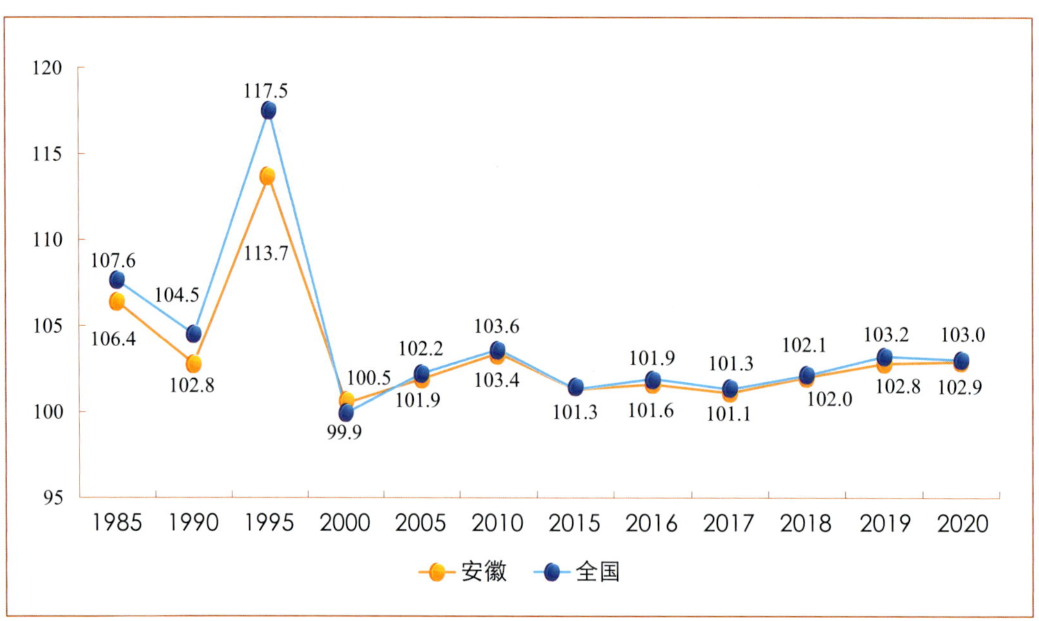

商品零售价格指数（上年 =100）

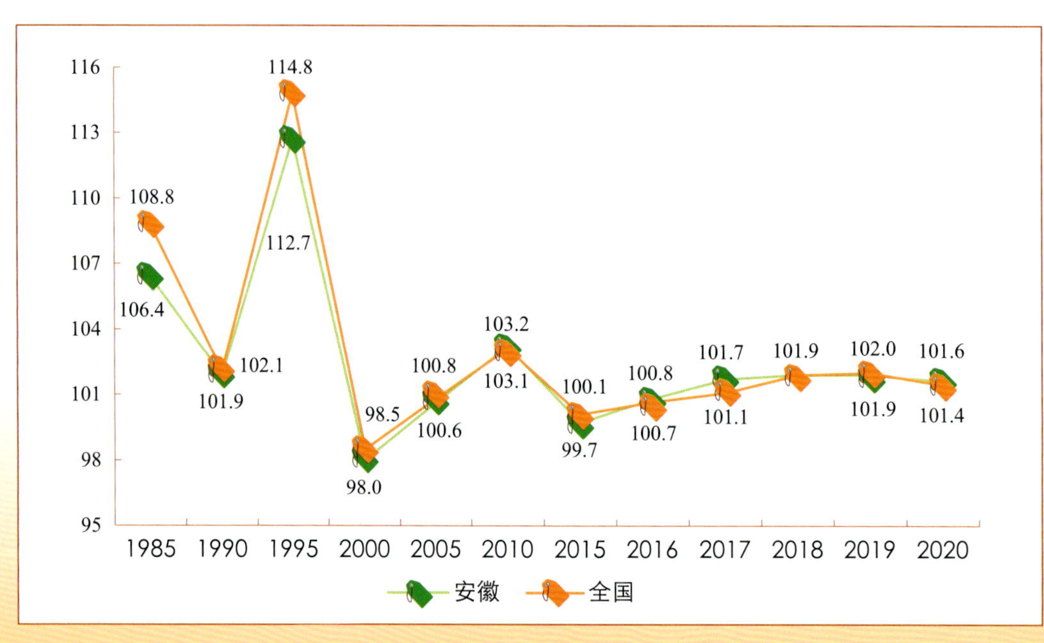

工业生产者出厂价格指数（上年=100）

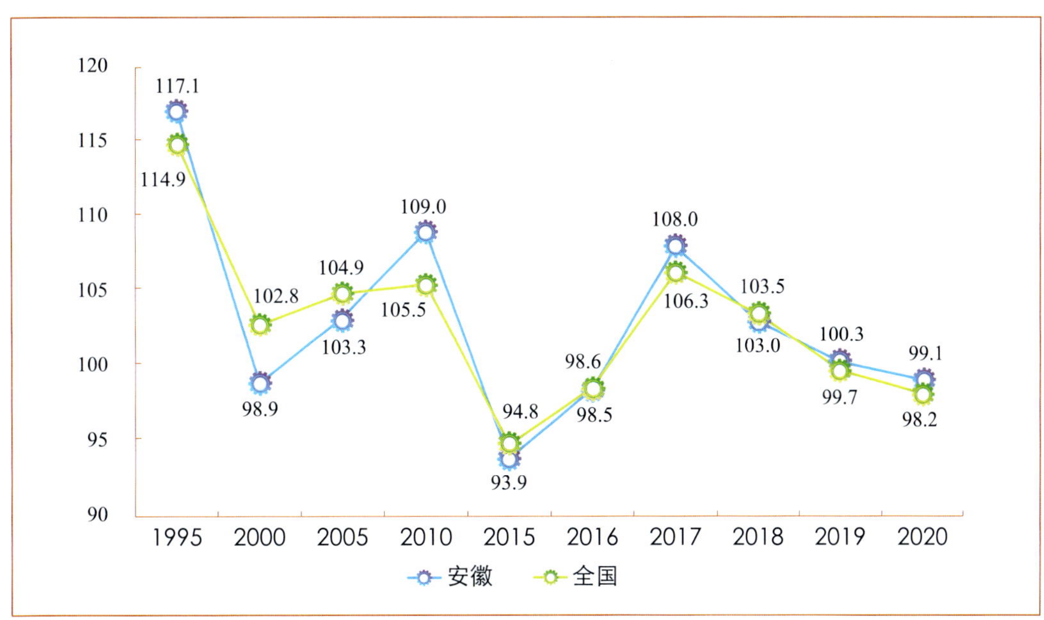

工业生产者购进价格指数（上年=100）

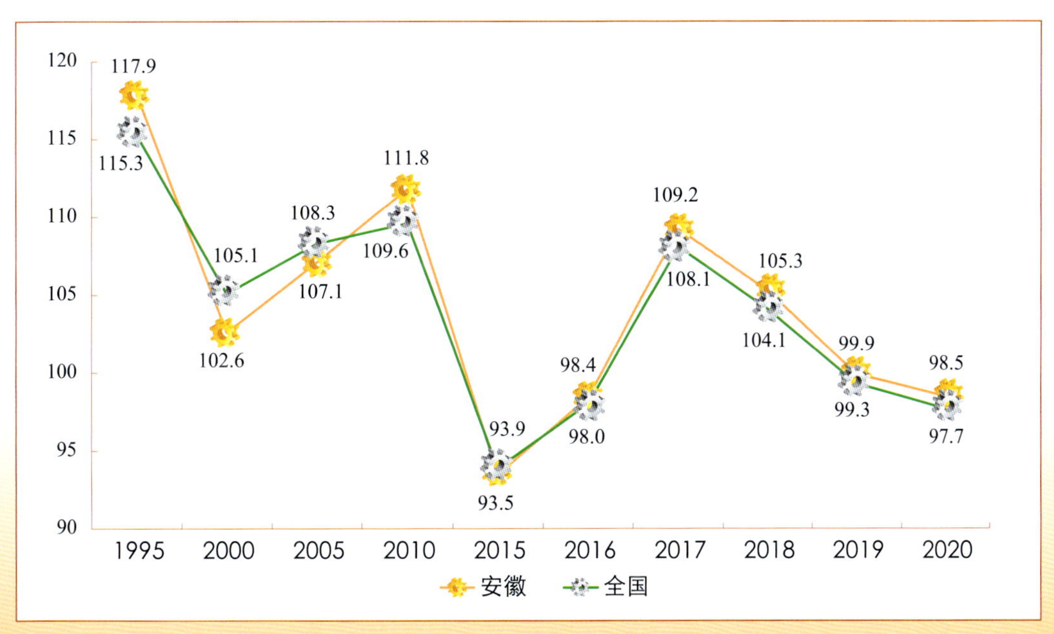

《安徽调查年鉴-2021》
编委会和编辑人员

ANHUI SURVEY YEARBOOK-2021
EDITORIAL BOARD AND EDITORIAL STAFF

Editorial Board

Editorial Staff

编者说明

一、《安徽调查年鉴—2021》由国家统计局安徽调查总队独立编辑出版，是一部全面反映安徽省农村社会经济、城市社会经济发展情况的资料性年刊。本书收录了全省和市、县（区）2020年经济和社会发展各有关方面的调查统计数据，以及全国和各省（区、市）重要历史年份主要统计调查数据。

二、本年鉴统计调查数据分为五个篇章，即：1. 综合；2. 农业调查；3. 人民生活；4. 价格调查；5. 专项调查。为方便读者理解和使用有关数据，各篇章前设有简要说明，对本篇章的主要内容、资料来源、统计范围、统计方法以及历史变动情况予以简要概述，篇末附有主要指标解释，介绍了统计指标的含义、统计范围和统计方法。

三、本年鉴所涉及的全国性统计数据，除特殊注明外，均未包括香港、澳门特别行政区和台湾省数据。

四、资料中所使用的度量衡单位均采用国际统一标准计量单位。

五、本年鉴部分数据合计数或相对数，由于单位取舍不同产生的计算误差未作机械调整。

六、本书凡带有续表的资料，有关注解均列在最后一张续表的下方。

七、本书符号使用说明：“…”表示该数据不足本表最小计量单位数；“空格”表示该项无统计数据；“#”表示其中的主要项；“*”或“①”表示本表下有注解。

Editor's Notes

I. *Anhui Survey Yearbook 2021* is an annual statistical publication, which reflects comprehensively the rural and urban economic and social development of Anhui. It covers data for 2020 and key statistical and survey data in recent years and some historically important years at provincial, city and county level and the local levels of province, autonomous region and municipality directly under the Central Government.

II. The Yearbook contains five chapters: 1. General Survey; 2 Agricultural Survey; 3 People's Living Conditions; 4 Price Survey; 5. Special Survey. To facilitate readers, the Brief Introduction at the beginning of each chapter provides a summary of the main contents of the chapter, data sources, statistical scope, statistical methods and historical changes. At the end of each chapter, Explanatory Notes on Main Statistical Indicators are included.

III. The national data in this book do not include those of the Hong Kong Special Administrative Region, the Macao Special Administrative Region and Taiwan Province, except for otherwise specified.

IV. The units of measurement used in this yearbook are internationally standard measurement units.

V. Statistical discrepancies on totals and relative figures due to rounding are not adjusted in the Yearbook.

VI. All tables with continued ones, the footnotes are at the bottom of the last continued table.

VII. Notations used in the yearbook: "…" indicates that the figure is not large enough to be measured with the smallest unit in the table; (blank space) indicates that data are unknown, or are not available; "#" indicates a major breakdown of the total; and "*" or "①" indicates footnotes at the end of the table.

目　　录

Contents

第一篇　综　合

General Survey

第二篇　农业调查

Agricultural Survey

第三篇 人民生活

People's Living Conditions

第四篇 价格调查

Price Survey

第五篇 专项调查

Special Survey

坚持守正创新　强化使命担当
奋力推进安徽调查事业实现新发展

——2021年安徽调查工作会议工作报告

安徽总队党组书记、总队长　刘文峰

（2021年1月26日）

同志们：

这次会议的主要任务是，以习近平新时代中国特色社会主义思想为指导，全面贯彻党的十九大和十九届二中、三中、四中、五中全会和中央经济工作会议精神，深入贯彻习近平总书记关于统计工作重要讲话、指示、批示精神，学习传达李克强总理、韩正副总理重要批示精神，贯彻落实全国统计工作会议和省领导指示、批示精神，总结2020年工作，分析当前形势，部署2021年重点任务。

一、2020年工作回顾

刚刚过去的2020年是新中国历史上极不平凡的一年。在全面建成小康社会和“十三五”收官大考之年，我国遭遇新冠肺炎疫情严重冲击，全省遭受历史罕见洪涝灾害。面对“战疫战洪战贫大战大考”，在国家统计局坚强领导和省委、省政府大力支持下，全系统广大干部职工锐意进取、攻坚克难，圆满完成了各项目标任务，交出了满意的答卷，取得了优良的成绩。在国家统计局组织的24项年度业务考核中，总队获得11项优秀、9项良好，优良率达到83.3%，综合排名较上年前进3位，居全国第6位。

（一）统筹疫情防控和统计调查工作取得突出成绩

坚决贯彻党中央关于统筹疫情防控和经济社会发展重大决策，一手抓疫情防控，一手抓统计调查，及时成立总队疫情防控领导小组，多次召开会议研究部署全系统疫情防控工作，千方百计筹措解决防疫物资，筑牢抗疫防线。全系统闻令而动，冲锋在前，下沉社区，联防联控，迅速投身疫情防控的人民战争、总体战、阻击战，涌现出“全国优秀共产党员”“全国抗击新冠肺炎疫情先进个人”张谦等一批先进典型。充分发挥调查“轻骑兵”优势，多措并举扎实开展统计调查工作，确保工作不断、秩序不乱、质量不降。聚焦疫情、汛情等重大突发事件影响，组织开展35项快速专题调研，及时上报调查分析报告，为打赢疫情防控阻击战、复工复产联动战、防汛救灾保卫战，提供了有力的调查信息支撑，彰显了新时代安徽调查人的使命担当和智慧力量。

（二）脱贫攻坚普查高质量完成

坚决贯彻落实习近平总书记关于“脱贫攻坚普查是件大事”的重要指示精神，将做好脱贫攻坚普查作为全系统一项重大政治任务和义不容辞责任，聚焦目标任务，周密部署，扎实推进。保障落实“四个到位”，选优配强普查人员，成立各级临时党组织，全面实施质量管理，准确把握重点任务、关键环节、核心内容，高质量完成普查准备、综合试点、业务培训、清查摸底、普查登记、审核验收等各项任务。安徽省制定的普查方案、拍摄的培训视频在全国推广。现场登记期间，全省20个国定贫困县和4个抽中县的1.3万名异地普查员克服疫情、灾情影响，连续奋战20多天，使安徽这个洪涝灾害影响最重、普查户数第四多的省份，没有一户建档立卡户延期普查，没有一名异地普查人员发生安全意外，没有发现一起违规违纪事件，没有爆出一条负面舆情。普查数据一次性通过国家验收，得到国家普查办的高度肯定。在此基础上，根据省政府工作安排，还组织实施了全省脱贫攻坚调查，调查主要工作已顺利完成。

（三）重点领域统计改革成果丰硕

落实深化统计管理体制改革重点举措，努力传承安徽改革创新基因，下好创新“先手棋”。推进粮食畜牧业统计调查数据归口管理，争取全省各级政府发文，局队联合召开会议部署，印发工作指南、实施细则等工作要求，实现了工作平稳过渡，数据有效衔接。不断探索空间地理信息技术在农业农村调查中的应用，建设无人机遥感综合数据管理平台，“天空地”一体化遥感测量与农作物估产应用项目代表国家参与国际交流。以无人机遥感估产试点成果为基础，“主要农作物使用无人机快速预产研究”列入国家统计局高分二期子课题，参与“油菜籽面积遥感测量”和“黄淮海小麦遥感估产”等高分重大专项课题。探索运用物联网技术进行粮食测产也取得初步成果。圆满完成住户调查样本轮换工作，稳步推进电子记账，局部实现调查手段迭代更新。坚持多部门协作，推进消费价格、工业生产者价格、房地产价格基期轮换，积极承担新程序测试等任务，向兄弟总队输出和分享了宝贵经验。多专业参与全国统计改革探索，以创新实践贡献安徽调查智慧。

（四）统计法治建设扎实推进

坚持将防惩统计造假、弄虚作假作为贯彻习近平总书记关于统计工作重要讲话、指示、批示精神的根本落脚点，强化法治保障，夯实基层基础。抓好领导干部“关键少数”，深入学习贯彻《统计法》《统计法实施条例》，传达学习《防范和惩治统计造假弄虚作假重要文件选编》，组织《意见》《办法》《规定》精神再学习。及时通报统计违法案件，发挥警示作用。做好“七五”统计普法收官，谋划“八五”普法工作。充分利用地铁广告、微信公众号等丰富宣教形式，“法治宣传月”活动取得良好效果。加强制度建设，制订出台《安徽调查队系统统计行政处罚裁量权实施办法（试行）》《安徽调查队系统调查统计从业人员统计信用档案管理实施办法（试行）》等制度。65 人通过年度统计执法证资格培训考试，全系统持证执法人员总数占比已接近四成，统计执法力量得到进一步加强。加大统计违法案件查处力度，总队机关和部分市队相继取得统计执法立案“零突破”。加强基层基础工作，规范辅调员管理，完善农村社会经济信息观察员联系制度。全面开展数据质量检查，及时发现问题、督促整改，基层基础工作短板不断补强。

（五）常规统计调查能力持续增强

严格执行统计方法制度，提升调查能力水平，圆满完成各项国家调查和重大专项调查任务。居民收支调查数据客观反映全省居民收支状况，CPI、PPI 发挥价格监测、经济预警预报作用，为全省经济管理和民生政策落实提供了可靠依据。粮食产量调查创新方法手段，为保障粮食安全摸清了家底。畜牧业调查紧盯生猪疫情和周期影响，准确反映畜牧业生产形势。劳动力调查有力推进，扩点工作已由省政府办公厅发文部署，拍摄的培训视频作为国家培训教材在全国推广，就业状况跟踪调研继续开展，服务全省就业工作获得有关部门肯定。利用网签数据按小区编制二手房价格指数全面推行，房价监测更加科学规范。制造业 PMI 调查平稳运行，数据影响力进一步增强。贫困监测、农民工监测、退耕还林监测和全面从严治党民意调查等专项调查圆满完成。

（六）统计服务效能实现新突破

积极发挥统计调查资政服务职能。全系统聚焦改革重点、政策难点、民生热点，强化“六稳”“六保”政策跟踪调研，为各级党委政府科学决策提供了大量信息。总队机关全年共报送各类分析信息 500 余篇，开展专题调研 110 余项。“失业保险金申领中的困难问题”等 19 篇分析信息获中央领导同志批示，27 篇调查报告获省领导批示，各类调查分析信息撰写量、被国家统计局和省委省政府采用量、获省以上领导批示量，均创历史最好成绩。在全省政务信息工作考核考评中，总队获得省直单位、中央驻皖单位和“报国办信息专项”三个第 1 名。调查数据解读能力不断提高，经济形势新闻发布制度不断完善，成功举办第十一届“中国统计开放日”活动，“安徽调查微信”等宣传阵地的传播力、影响力逐步增强。国家调查队信息咨询监督职能的发挥正在迈进新境界。

（七）系统管理规范化水平稳步提升

认真贯彻新时代党的组织路线，坚持好干部标准，加强干部队伍建设，选优配强各级调查队领导班子，一批年轻干部走上领导岗位。全系统处级领导干部平均年龄下降0.7岁，其中副处级领导干部平均年龄下降2.1岁。做好职级晋升工作，全系统230人次职级获得晋升。加强干部监督，认真组织做好领导干部个人有关事项报告，抽查出错率明显下降。落实“过紧日子”要求，强化预算管理和执行，严控三公经费开支，开展了审计监督。认真落实国家安全人民防线、保密安全工作责任，安全保密工作确保了万无一失。纵深推进机关文明创建，合肥调查队荣获第六届全国文明单位，全系统7家单位荣获省级文明单位。

（八）系统党的建设质量全面提高

认真开展政治机关意识教育，增强“四个意识”，坚定“四个自信”，做到“两个维护”，推深做实“模范机关”创建，努力践行“三个表率”，走好“第一方阵”。发挥党组理论学习中心组学习引领作用，深入学习习近平总书记考察安徽重要讲话指示精神，组织开展党的十九届五中全会精神学习活动，用好“皖调讲习堂”“学思践悟半月谈”等学习平台。深入推进基层党组织标准化建设，打造党建品牌。加强作风建设，坚决反对形式主义、官僚主义，持续改进文风会风，切实为基层减负。认真做好“灯下黑”问题专项整治，对“三项治理”进行了“回头看”。开展两轮政治巡察，规范巡察整改落实情况监督检查，为安徽调查事业发展提供了坚强有力的政治保障。

上述成绩的取得，是国家统计局和省委、省政府坚强领导的结果，是全系统各级党组织和党员干部勠力同心、共同奋斗的结果，也是广大基层辅调员和人民群众积极支持、广泛参与的结果。借此机会，我谨代表总队党组，向长期以来关心支持安徽调查事业发展的各界人士表示衷心感谢！向辛勤奋战在统计调查工作一线的广大干部职工致以崇高敬意！

同志们，千淘万漉虽辛苦，吹尽狂沙始到金。回望“十三五”，安徽调查事业走过了成果丰硕的5年。在习近平新时代中国特色社会主义思想指引下，在各级党委政府关心支持下，全省各级调查队和广大调查工作者认真贯彻落实党中央、国务院重大决策和国家统计局工作部署，砥砺奋进、开拓创新，做了大量强基础、固根本的大事实事，破除了许多前进道路上的困难障碍。统计调查体制更加顺畅，组织机构得到优化，4个新建县队顺利入列；统计法治能力明显增强，调查工作生态不断改善；干部队伍建设得到加强，一批新生力量迅速成长，不少年轻干部走上领导岗位；系统管理效能持续释放，工作条件保障能力不断增强；调查基础工作持续改善，现代信息手段普遍运用；数据质量稳步提升，社会影响力、公信度进一步巩固。全系统全面从严治党纵深推进，党的建设科学化水平显著提高。这些都为我们做好今后的工作，创造了有利条件，打下了坚实基础。

进入“十四五”，全面建设社会主义现代化国家开启新征程，统计调查工作将迎来更大发展机遇。贯彻新发展理念、构建新发展格局的伟大实践，为发挥国家调查队职能作用提供广阔空间，赋予新的使命。新技术、新方法的广泛应用，为加快变革调查方式、提升调查能力提供了强大动力。但也要清醒地看到，安徽调查事业发展仍面临不少挑战，存在不少弱项。主要表现在：调查数据质量基础不够牢固，调查生态环境还需改善，技术创新动力尚显不足，调查工作效率仍待提升，干部队伍建设还需加强，工作保障水平差距明显，系统管理能力有待进一步提高等等。这些都需要我们准确识变、科学应变、主动求变，在新的工作实践中，不断破解难题，推进调查事业新发展。

十五载岁月铸辉煌，十五年青春恰年少。管理体制改革后的安徽调查事业已走过15年不平凡的历程。站在新的发展起点，我们要牢固树立机遇意识、使命意识，坚定信心、乘势而上，以更大的勇气、更实的作为、更新的思路，推进“十四五”时期安徽调查事业实现新跨越。

二、胸怀全局，提高站位，正确把握调查工作新形势新要求

统计事业是党和国家的重要事业，统计调查工作是事关经济社会发展全局的基础性综合性工作。孟子曰：“先立乎其大者，则其小者不能夺也”。“十四五”时期是安徽调查事业发展的重要机遇期，全系统特别是各级领导班子应胸怀“国之大者”，立足中华民族伟大复兴战略全局和世界百年未有之大变局，提高政治站位，坚持底线思维，树立科学理念，在辩证把握形势任务变与不变中，在结合实际推进统计现代化改革

中，总结过去、干在当下、着眼长远，奋力推动安徽调查事业不断前进。

一是必须牢固树立政治机关的意识。统计工作既是业务工作，又是政治工作。各级调查队是国家统计局垂直管理的派出机构，肩负着强化中央统计工作权威，维护政府统计公信力、支撑国家治理体系和治理能力现代化的光荣使命，在践行“两个维护”第一方阵的要求上，要坚定执行、不打折扣，始终在政治立场、政治方向、政治原则、政治道路上，同以习近平同志为核心的党中央保持高度一致。为人民谋幸福、为民族谋复兴，这既是我们党领导现代化建设的出发点和落脚点，也是新发展理念的“根”和“魂”。只有坚持以人民为中心的发展思想，牢记“为国统计、为民调查”的初心，才会有正确的事业观、政绩观，才能真正把政治机关建设落在实处。

二是必须始终坚守数据质量的底线。数据质量是统计调查工作的灵魂，是统计调查机构发挥职能作用的前提和基础。党的十八大以来，以习近平同志为核心的党中央高度重视统计工作，出台了一系列事关统计事业长远发展的重要文件，对完善统计调查体制、发挥统计监督职能提出了新任务、新要求，其中最重要的一点就是提高统计数据质量。实践证明，经济社会越发展，经济形态越多样，经济形势越复杂，对统计调查数据的质量要求就越高。我们要认真学习领会习近平总书记关于统计工作重要讲话、指示、批示精神，深入贯彻落实中央《意见》《办法》《规定》精神，增强质量意识、坚持底线思维，确保统计调查数据真实准确、完整及时。

三是必须持续增强改革创新的动力。改革开放是当代中国最鲜明的特色，也是统计调查事业发展的时代命题。近年来，全系统按照国家统计局统一部署，在调查方法手段上加大创新力度，取得了可喜进步。但也要清醒地认识到，与建设现代化经济体系新要求，与数字经济、数字社会的发展新趋势相比，我们在调查手段、工作保障、技术运用、统计体制等方面，还存在不少短板弱项。面对新的形势，全系统要进一步增强改革创新的紧迫感、主动性，抓住统计现代化改革的重大机遇，大力推动新技术、新方法与统计调查工作深度融合，汇聚各方面有利因素，争取各方面积极支持，以改革的手段、创新的思路、开放的心态，着力破解事业发展中面临的瓶颈难题，为安徽调查事业高质量发展提供良好的软硬件支撑。

四是必须全面提升统计服务的水平。“十四五”时期，随着我国进入新发展阶段，贯彻新发展理念、构建新发展格局，需要更高质量的统计服务保障，各领域对统计服务的需求将更加丰富多元，就业收入、农业农村、价格景气等民生领域调查数据信息将备受关注。统计调查、统计报告、统计监督职能的进一步发挥，意味着统计服务的内涵和领域不断拓展，统计服务的重要性、综合性将进一步凸显。全系统必须深刻把握新时代统计服务规律性、方向性，牢固树立“大服务”理念，充分发挥“数库”和“智库”作用，围绕党和国家中心工作，密切关注“五位一体”总体布局特别是民生领域新情况、新变化，统筹做好统计调查服务、数据信息服务、分析研究服务和咨询监督服务，不断提升统计调查服务决策、服务社会的能力水平。

五是必须坚持贯彻系统管理的理念。唯物辩证法认为，事物是普遍联系的，事物和事物各要素相互影响、互相制约，整个世界是互相联系的整体，也是相互联系的系统。全省统计调查工作也是一个系统，涉及许多具体管理问题，是一个复杂的系统工程。近年来，我们在加强系统管理中，形成了不少好的经验做法，但在一些方面，也客观存在不善统筹、缺乏协调等现象。“十四五”时期，加强和改进系统管理，必须树立“一盘棋”思想，坚持系统观念，强化统筹协调，形成改革合力，确保政令畅通。盯紧制约事业发展的主要矛盾问题，注重推动各项决策互相促进、协同配合，防止畸重畸轻、顾此失彼、各行其是。

三、2021 年调查工作思路和重点任务

今年是中国共产党百年华诞，也是实施“十四五”规划的开局之年，全面建设社会主义现代化国家开启了新征程，安徽调查事业迎来发展新起点。2021 年全省调查工作的总体思路是：以习近平新时代中国特色社会主义思想为指导，全面贯彻党的十九大和十九届二中、三中、四中、五中全会精神，认真落实党中央、国务院关于统计工作决策部署，按照国家统计局和安徽省委、省政府工作要求，坚持和加强党对调查

工作的全面领导，以推进安徽调查事业高质量发展为主题，以提高数据质量为中心，聚焦工作质量巩固提升这条主线，强化统计法治和基层基础两个保障，着力提升统计调查、统计服务、系统管理三种能力，突出改革导向、质量导向、问题导向、目标导向，坚持守正创新，强化使命担当，为“十四五”开好局起好步和推进统计现代化改革，贡献安徽调查力量。

（一）全力推进重点改革落地见效

扎实做好分省月度劳动力调查，实施市管县调查管理方式，有序推进增点扩样工作，认真开展调查员选聘培训，加大新增调查任务地区检查指导力度，强化数据生产全过程质量管控，全面真实反映就业失业状况。加强与有关部门协调配合，确保新增样本网点有人调查、有钱办事，保证扩样后劳动力调查工作高质量。扎实做好基于第二轮转组样本的住户调查，不断提升住户收支调查工作质量，从严审核样本替换，规范替换操作，全面核实排查“双低户”，加大电子记账推广力度，适时将分市县数据转接内网平台处理，做好样本轮换后的样本评估和数据衔接，准确反映居民收入增长和农民工流动等情况。进一步完善粮食调查数据归口管理制度，严格粮食面积产量数据评估，坚持“县数省核”，进一步夯实粮食产量调查工作基础。扎实做好新基期下工业生产者价格调查和居民消费价格调查，核准基期数据，采准当期价格，及时开展指数衔接试算，推动新旧基期调查平稳过渡，深入做好月度数据发布解读。扎实开展居民消费价格调查全国网络集中采价工作，在新增加房地产价格调查城市推行利用网签数据按板块编制二手住宅销售价格指数方法。认真组织实施新一轮 ICP 调查。

（二）持续强化统计法治能力建设

推动安徽调查队系统防范和惩治统计造假、弄虚作假责任制落实，将责任制落实情况作为执法监督检查、专项检查和巡察工作的重点。汇编全系统行政处罚案件，充分发挥警示教育作用。不断完善执法监督制度，适时修订完善统计执法检查规范、“双随机”抽查办法、统计违法举报工作实施办法等制度规定，组织开展执法案件评审，提升工作规范化水平。进一步做好统计执法人员培训，组织新一轮执法证资格考试，结合系统执法监督实际，开展统计法律法规、执法检查程序、执法文书制作使用等专题培训，不断提高培训针对性、实效性。制定全系统统计执法监督计划，拓宽执法监督检查面，加大统计执法检查指导力度，坚持问题导向，层层落实落细。建立健全执法部门与业务部门协调联动机制，用好执法监督成果。完善执法检查通报、处理工作机制，及时反馈检查结果和整改意见，严格督促整改落实到位。严肃查处统计违纪违法行为，强化责任追究，严格落实统计造假、弄虚作假“一票否决制”。

2021 年是统计“八五”普法开局之年，各地要高度重视统计法治宣传教育工作，继续以“12•4”国家宪法日、“12•8”《统计法》颁布纪念日等为重点，面向社会公众强化统计法宣传。进一步丰富普法宣传载体，充分运用各种新媒体全方位开展法治宣传教育，努力营造良好法治环境。

（三）全面提升基层基础建设质量

加强辅助调查员管理，规范选聘工作，明确工作职责，落实经费补贴。强化辅助调查员业务培训，不断提升信息采集能力，切实满足一线工作需要。鼓励市县调查队通过设置公益性岗位、劳务派遣等方式，探索更多集约高效的辅调员组织管理方式。健全完善基层调查业务管理工作制度。严格执行数据质量控制办法和调查业务流程规范，健全调查工作台账，确保源头数据采集留痕可查，加大数据审核力度，开展数据联审会审，不断提高数据质量。积极探索开展专项调查数据质量检查。市县调查队要结合实际，建立健全各项管理工作制度和调查业务工作制度，强化制度执行，积极营造制度管人、管事、管数的良好氛围，通过制度建设充分调动干部工作积极性、主动性和创造性，有效提升调查业务能力和规范化水平。

（四）扎实做好各项常规调查工作

不折不扣完成好国家调查任务。扎实开展脱贫县农村住户监测调查、农民工监测和退耕还林监测，为脱贫攻坚向乡村振兴过渡提供高质量数据支撑。完善畜牧业统计调查数据归口管理，确保省市县三级数据衔接；围绕生产能力、市场供应、价格变化等，积极利用农村统计调查新平台，做好畜禽监测、生猪大县月度监测和每月问卷调查，推进小品种畜禽统计调查工作。认真做好农户耕地流转情况调查，摸清全省耕地流转状况。严格执行新设立小微企业和个体经营户跟踪调查制度，做好服务零售结构调查准备工作，围绕长三角高质量一体化发展，试编制造业 PMI 地区和行业指数。高标准做好专项调查，扎实开展全面从严治党调查，协助做好全国文明城市测评工作，稳妥有序开展省内文明城市模拟测评。

（五）不断加大统计改革创新力度

巩固深化遥感、无人机等现代技术应用，开展无人机综合管理平台全流程测试和应用培训，利用遥感和无人机开展估产研究和事后质量抽查。强化成果运用，推进遥感监测结果服务基层，进一步提高粮食调查数据公信力。

大力推进全系统网络安全和信息化工作，夯实基础建设，推进直接接入国家统计局主干网，实现系统网络独立管理，按期完成信息化创新项目。加强网络安全检查，及时排查风险，提升网络安全防护水平。强化信息技术应用，提升联网直报平台、视频会议系统的维护管理水平，积极探索统计云、大数据、区块链等新兴技术应用，更好服务调查工作创新发展需要。

（六）充分发挥统计调查服务职能

一是坚持质量导向，增强质量意识，压实工作责任。推动调查分析信息“质量工程”不断深入。完善调查分析信息质量管理台账，推动分析信息工作责任落实落细。围绕重点民生领域，着力打造分析研究精品。继续开展全省就业状况跟踪分析研究。做好全系统统计科研工作，力争取得新突破。二是坚持系统联动，健全专题调研选题工作机制。及时对接重大调研需求，切实增强选题的精准性、有效性。引导市县队合理分配调研资源，做好全系统专题调研任务统筹组织。三是坚持能力建设，继续完善全系统分析研究骨干人才培养工作机制。突出激励导向，创新管理手段，聚焦能力培养，注重在工作实战中发现人才、培养人才，以分析研究拔尖人才带动全系统分析研究整体素质提升。充分利用省内高校和研究机构教育资源平台，加强对调查分析研究人才的培养。四是坚持精准高效，探索媒体融合，推动统计新闻宣传和资政服务再上新台阶。做好新闻发布会组织工作，提升调查工作影响力。充分发挥“调查服务直通车”机制优势，提升数据服务产品编辑质量。强化统计调查数据解读工作，及时开展经济形势分析预测预判，提升舆情监测和应对能力。

（七）加快提升系统建设管理能力

推进政务管理服务能力建设，确保全系统上下运转高效、政令畅通，强化综合协调、公文流转、会议管理、公务接待、保密保卫、值班应急、资产管理、档案机要、政务公开等各方面管理的规范化水平。强化督查督办，紧紧围绕年度重点工作，不断完善督查工作机制，实行动态管理、限期办结、督查通报，全力推进督办事项优质高效完成。做好全系统每月要事通报，围绕重点工作、重大决策，严格督查、定期通报，确保“件件有落实、事事有回音”。不断提升系统财务管理质量，统筹协调、妥善安排，落实过“紧日子”要求，加强预算管理和执行，全力做好重点支出项目经费保障，适应财务管理新形势，不断优化经费支出结构，严格落实会议培训、公务接待、资产管理等各项财务规定。

四、夯实基础，坚定信心，全面加强系统党的建设

百年征程波澜壮阔，百年初心历久弥坚。站在新的历史起点上，推进安徽调查事业实现新跨越，必须按照新时代党的建设总要求，以党的政治建设为统领，着力深化理论武装，着力夯实基层基础，把党的领导贯穿到统计调查工作各方面全过程，推动各级调查队把党建责任落到实处。

（一）加强政治建设，提升政治能力

全系统必须牢固树立政治机关的意识，进一步增强“四个意识”，坚定“四个自信”，做到“两个维护”，始终在思想上政治上行动上同以习近平同志为核心的党中央保持高度一致。党员干部特别是领导干部要以党章为根本遵循，带头落实全面从严治党责任，严守政治纪律和政治规矩，深入贯彻民主集中制、请示报告等政治制度，切实在工作实践中增强政治意识，不断提高政治判断力、政治领悟力、政治执行力。各级调查队党组织要严肃党内政治生活，切实扛起党建责任，突出政治功能、强化政治引领，高质量开好民主

生活会、组织生活会，推动党建与业务工作深度融合，确保党中央和上级党组织决策部署全面落实。把政治机关建设同模范机关创建紧密结合起来，利用主题党日、党员民主评议、党内谈心谈话、支部书记述职评议考核等工作机制，着力在全系统营造良好的政治生态。围绕建党 100 周年，组织开展系列活动，深入开展党史、国史、共和国统计史和党性教育，弘扬调查文化。

（二）加强思想建设，强化理论武装

始终将深入学习贯彻习近平新时代中国特色社会主义思想作为首要政治任务，落实好“第一议题”“第一时间”制度，巩固拓展“不忘初心、牢记使命”主题教育成果，坚持学懂弄通做实，注重将学习成果落实在干事创业和推动事业发展上。落实好“五级联动”学习机制，提升党组理论学习中心组学习质量，充分发挥领学促学作用。以落实党支部工作条例为抓手，严格执行“三会一课”等制度，确保党内政治生活严肃规范。建好用好“青年理论学习 e 家”“学思践悟半月谈”平台，打造青年大学习党建品牌。组织开展党的十九届五中全会精神学习活动，举办学习轮训班，充分利用线上线下学习资源，引导广大党员自觉主动学、及时跟进学、联系实际学。严格落实意识形态工作责任制，突出党对意识形态工作的领导，开展干部职工思想动态分析，及时了解、掌握动态，加强全系统意识形态阵地建设和管理。

（三）加强干部建设，打造高素质队伍

深入贯彻落实新时代党的组织路线，严格执行党政领导干部选拔任用工作条例，落实好干部标准，坚持德才兼备、以德为先、任人唯贤，严把选人用人政治关、能力关、素质关，切实把政治素质优、担当精神足、工作能力强的干部选出来、用起来。不断增强班子建设的系统性、前瞻性，加快优秀年轻干部培养使用，选优配强市县队领导班子。坚持严管与厚爱结合、激励与约束并重，充分调动全系统干部干事创业的积极性主动性创造性，打造忠诚干净担当的统计调查干部队伍。完善人才培养体系，推进统计调查拔尖人才培养，强化考核评价结果运用，完善先进典型表彰激励机制。

（四）加强作风建设，切实改进作风

全系统各级调查队领导班子要带头转作风、纠“四风”，坚持理论联系实际、密切联系群众、批评和自我批评的优良作风，持续拓展整治“四风”成果。持续落实中央八项规定精神，严格控制“三公”经费支出，规范公务接待，切实精简会议和发文。坚持开源节流、厉行节约，坚决压减一切不必要开支，把有限经费用在刀刃上、紧要处。大力弘扬统计核心价值观，弘扬“为民调查、崇法唯实”的‘’新时代国家调查队精神，弘扬苏区调查精神，聚焦统计改革重点、调查工作难点、社会民生热点，走基层、访一线、重实效，深入开展调查研究，在破解发展难题、服务人民群众中提站位、强素质。认真落实定点帮扶工作责任，助力帮扶村乡村振兴事业。

（五）加强纪律建设，严明党纪党规

持续做好政治监督、日常监督，推动“两个责任”落实落到位，扎实推进垂直管理单位纪检监察体制改革，按照“三为主一报告”要求，促进主体责任、监督责任协同发力、形成合力。常态化开展警示教育，以强化政治纪律、组织纪律为重点，带动廉洁纪律、群众纪律、工作纪律、生活纪律严起来，使铁的纪律成为广大党员、干部日常习惯和自觉遵循。聚焦公务接待等重点领域，坚持执纪必严、违纪必究，深化运用监督执纪“四种形态”，注重抓早抓小、防微杜渐。深化标本兼治，健全防控机制，坚持将监督执纪问责与巡视巡察、执法检查、廉政谈话等日常监督互相贯通、协调推进，增强纪律约束力、制度执行力。强化对纪检监察干部的教育监督管理，建设高素质纪检监察干部队伍。

（六）加强统筹管理，推动系统融合

坚持和加强系统党建条块结合工作机制，不断完善系统党建制度体系，做好“条块”任务协调，推动全系统党的建设成效更好发挥。坚持系统观念，健全落实党的领导各项制度，通过制度废改立抓紧对相关制度进行梳理完善，确保全面从严治党主体责任履行规范化、清单化，推动全系统党建工作责任落实落细，形成全系统党的建设强大合力。坚持问题导向，瞄着问题去、对着问题改，在补短板、强弱项上持续用力，推动党建和业务工作相互融合、相互促进，各级调查队党组（队委会）要围绕中心抓党建，抓好党建促业务，坚持党建工作和业务工作一起谋划、一起部署、一起落实、一起检查，使各项措施在部署上相互配合、在实施中互相促进。

同志们，过去的一年，我们付出了巨大努力，取得了优良成绩，但走过千山万水，仍然要跋山涉水。面对新阶段、新任务、新挑战，征途漫漫、惟有奋斗。让我们更加紧密地团结在以习近平同志为核心的党中央周围，坚定信心，积极作为，把各项工作抓紧、抓实、抓出成效，奋力推进安徽调查事业在现有基础上稳步前进，以优异成绩向建党 100 周年献礼！

2020年安徽调查总队大事记

1月

1月17日，安徽调查总队召开全系统主题教育总结视频会议。

是月，安徽调查总队荣获“2017-2019年度省直机关文明单位”荣誉称号。

2月

2月28日，安徽调查总队召开全省调查工作视频会议。

是月，安徽总队党组印发《关于开展向张谦同志学习活动的通知》，号召全系统党员干部向因公殉职的池州调查队队长张谦同志学习。

3月

是月，安徽调查总队编印出版《2019安徽民生调查报告》。

是月，安徽调查总队扎实开展“疫战到底进社区”行动，积极参加所在街道社区和帮扶村疫情防控工作。

4月

4月13日，安徽调查总队荣获2019年度全省平安建设（综治工作）优秀单位。

4月14日，安徽省政协副主席夏涛一行到安徽调查总队调研就业状况调查相关工作。

是月，安徽总队企业处和张军锋分别荣获全省经济普查“先进集体”和“先进个人”称号。

是月，安徽省2019年度省直单位定点扶贫工作成效考核结果公布，安徽调查总队荣列先进等次，进入第一方阵。

5月

5月7日至8日，安徽省召开脱贫攻坚普查综合试点总结会议。

5月26日，安徽调查总队举办流通消费价格新基期权数测算及专项调查工作视频培训会。

5月29日，安徽调查总队召开全系统全面从严治党工作视频会议。

6月

6月24日，中共安徽省委作出《关于表彰“安徽省优秀共产党员”“安徽省先进党组织”的决定》，追授张谦同志为“安徽省优秀共产党员”。

6月28日，安徽调查总队高亚奇、姚闯、张雅平三名同志获评包河社区优秀志愿者。

6月29日，安徽调查总队召开纪念建党99周年大会，表彰总队机关先进党支部和优秀共产党员、优秀党务工作者。

是月，安徽调查总队获评“2019年度省直单位机要密码工作优秀单位”。

是月，安徽调查总队荣获安徽省第十二届文明单位荣誉称号。

7月

7月6日，安徽调查总队召开全省工价新基期权数专项调查视频培训会。

7 月 17 日，安徽调查总队举办全系统“致敬楷模，战疫有我”故事会，展示全系统党员干部“不忘初心、牢记使命”政治担当。

7 月 22 日，安徽调查总队举办全系统民法典视频讲座。

8 月

8 月 11 日，安徽调查总队在省直机关“学习强国”学习平台表彰会上作经验交流。

是月，安徽调查总队召开市队纪检组长履职汇报会。

是月，安徽调查总队举办两期以学习贯彻习近平新时代中国特色社会主义思想和党的十九大及历次全会精神为主题的机关党员培训班。

9 月

9 月 8 日，《中共中央关于表彰全国优秀共产党员和全国先进基层党组织的决定》《中共中央 国务院 中央军委关于表彰全国抗击新冠肺炎疫情先进个人和先进集体的决定》发布，原国家统计局池州调查队队长张谦同志被追授为“全国优秀共产党员”“全国抗击新冠肺炎疫情先进个人”。

9 月 10 日至 11 日，安徽调查总队在合肥举办 2020 年统计执法监督暨数据质量检查工作培训班。

9 月 18 日，安徽调查总队举办安徽省第十一届“中国统计开放日”活动。

10 月

是月，安徽调查总队许善军、魏启文、汪思源家庭荣获 2020 年度省直机关“最美家庭”荣誉称号。

11 月

11 月 10 日至 12 日，安徽调查总队在蚌埠市举办全省住户调查年报暨内网应用系统培训班。

11 月 20 日，安徽调查总队举办全系统学习贯彻习近平总书记考察安徽重要讲话精神辅导报告会。

11 月 23 日至 27 日，安徽调查总队在青阳举办安徽调查队系统党务干部培训班。

12 月

12 月 3 日至 11 日，安徽调查总队举办了“线上+面授”混合式全省人事业务工作培训班。

12 月 8 日，安徽调查总队与省统计局联合举办“12•8”统计法治宣传日活动。

12 月 15 日，安徽调查总队召开公务接待和津贴补贴发放不规范问题再次专项治理动员部署培训视频会议。

12 月 16 日至 17 日，安徽调查总队在合肥召开全省居民消费价格调查工作会议。

12 月 22 日至 24 日，安徽调查总队在阜阳举办了全省统计调查分析信息培训班。

12 月 23 日，安徽调查总队召开机关妇女代表大会，选举产生了新一届机关妇委会委员。

12 月 25 日，安徽调查总队召开全系统 2020 年决算编制、绩效管理、内部控制以及政府采购等工作视频会议。

12 月 28 日，安徽调查总队与省统计局联合召开全省劳动力调查动员部署会议。

是月，安徽省政府发文推进劳动力调查工作。

1

综　合

Chapter 1 General Survey

简要说明

一、本篇资料包括文字和数据，主要反映全省主要调查指标运行情况，包括主要农产品产量、城乡居民生活及物价水平等。

本版责任编辑：周雯雯

2020年安徽主要民生统计指标运行情况

2020年以来，全省各地区各部门认真贯彻落实党中央、国务院和省委、省政府决策部署，统筹疫情防控和经济社会发展成效持续显现，主要民生统计指标运行逐步回稳，就业形势继续改善，居民消费价格涨幅回落，制造业企业经营预期趋于平稳，社会民生领域大局稳定，有力支撑了全省经济社会加快恢复发展。

一、主要民生调查指标运行情况

（一）农业生产供给总体稳定

粮食生产能力稳定在800亿斤以上。全年粮食总产量803.8亿斤，比上年减少0.9%，连续4年稳定在800亿斤以上，稳居全国第4位。其中，夏粮增长0.9%，早稻减少9.7%，秋粮减少1.7%。从粮食作物亩产水平看，夏粮生长期天气条件总体有利，增长1.3%；早稻、秋粮受部分地区洪涝灾害等因素影响，分别下降12.7%、1.9%。从播种面积看，全年粮食种植面积10935万亩，增加4.5万亩。其中，夏粮面积减少15.6万亩，下降0.4%；早稻增加8.6万亩，增长3.5%；秋粮增加11.5万亩，增长0.2%。畜牧业发展态势向好。战胜新冠肺炎和防控非洲猪瘟疫情取得阶段性成果，生猪年末存栏大幅增长，已恢复至正常年份水平，全年出栏量同比略降。牛羊禽延续增长态势，禽蛋牛奶大幅增长。肉产品总产量下降1.4%，畜产品总产量增长2.3%。生猪产能加快恢复。2020年末，全省生猪存栏1419.3万头，同比增长30.0%；能繁母猪存栏135.1万头，同比增长40.0%。生猪存栏已恢复至2017年正常年份水平，能繁母猪存栏已超过2017年末12.1%。

（二）城乡就业形势继续改善

城镇调查失业率逐步回落。四季度安徽城镇调查失业率5.4%，连续5个季度位居中部省份最低。农民工就业基本稳定。2020年，全省农民工总量为1967.4万人，同比减少10万人，减幅0.5%。其中，外出就业农民工1342.1万人，同比减少57万人，减幅4.1%；本地就业农民工625.2万人，同比增加47万人，增幅8.1%。

（三）市场物价运行趋于稳定

居民消费价格涨幅回落。从月度同比看，受猪肉等重要商品价格回落及上年高基数因素影响，全省居民消费价格呈前高后低、逐步回落态势，价格涨幅由年初超过5%回落至四季度的1%以内。11月份，CPI同比由10月上涨0.4%转为下降0.6%，自2010年以来CPI同比首次由正转负；12月份，受猪肉、鲜菜价格反弹影响，CPI同比上涨0.4，涨幅与10月份持平。全年，全省居民消费价格比上年上涨2.7%，比全国高0.2个百分点，价格调控预期目标较好实现。工业生产者出厂价格由负转正。从月度同比看，全省工业生产者价格呈V型走势，上半年受疫情影响同比降幅一度扩大，下半年受经济加快恢复带动，工业品价格明显回升，降幅逐步收窄转正。12月份，全省PPI同比在连续9个月下降后转正，上涨0.8%；环比上涨1.2%，涨幅创48个月以来新高。全年，全省工业生产者出厂价格比上年下降0.9%，工业生产者购进价格下降1.5%。

（四）居民收入增速逐季加快

居民收入增速逐季回升。2020年，全省居民人均可支配收入为28103元，增长6.4%，增速比前三季度、上半年、一季度分别快0.4、1.8和4.5个百分点。城乡居民收入位次前移。2020年，全省城乡居民人均可支配收入分别为39442元、16620元，同比增长5.1%、7.8%，增速分别比全国平均水平高1.6、0.9个百分点，分别居全国第5、11位。居民收入形成渠道稳定恢复。各项民生政策持续落地见效，经济活力逐步增强，居民收入形成趋于常态化。工资性收入依然是城镇居民主要增收动力，人均23636元，同比增长4.8%，对收入增长的贡献率最大，达到57.2%，拉动可支配收入增长2.9个百分点。农民转移净收入快速增长，对农民增收的贡献最大，居四项收入之首。2020年安徽农村居民人均转移净收入4225元，超过全国564元，增长 13.6%，比全国高 2.6 个百分点，对收入增长的贡献达到 42.1%，拉动收入增长 3.3 个百分点。

（五）制造企业经营预期稳定

制造业采购经理指数连续 10 个月处于扩张区间。12 月份，全省制造业 PMI 为 53.6%，高于全国 1.7 个百分点，与上月持平，工业经济延续恢复态势。制造业供求状况同步改善。12 月份，制造业生产和新订单指数分别为 56.4%、56.5%，虽生产指数环比有所回落，但供需两端仍保持扩张态势，医药等高技术制造行业发展预期向好。制造业企业用工、流通和出口形势好转。12 月份，制造业从业人员指数、供应商配送时间指数和新出口订单指数分别为 51.6%、51.1%、49.7%，环比均上升 0.8 个百分点。

二、民生领域的困难和问题

（一）就业压力依然较大

今年以来，虽然安徽城镇调查失业率逐季回落，但就业市场尚未完全恢复。同时，受疫情影响，就业市场结构性矛盾凸显，不同行业恢复不平衡，女性就业难、失业人员再就业能力不足等问题较为突出。

（二）居民长期增收面临挑战

为应对疫情汛情冲击影响，全省上下积极通过减税降费、稳定就业、增加补贴等政策举措确保城乡居民收入保持一定增速，但全年农民经营性净收入和城镇居民工资性收入增幅同比仍分别回落 5.5 和 2.7 个百分点，且短期措施的持续效应不强，城乡居民增收难度较大。此外，虽然今年以来农村居民收入增长快于城镇居民，但受农村居民收入稳定性较弱等因素影响，城乡居民收入差距却在拉大。全年城乡居民收入比为 2.37，分别比前三季度、上半年、一季度扩大 0.02、0.14 和 0.22。

（三）企业经营成本压力加大

近几个月，随着原材料价格的上涨，制造业企业生产成本有所加大。12 月份，反映“原材料成本高”的制造业企业占比为 54.2%，比上月高 2.6 个百分点，再创年内新高，已连续 4 个月上升，需引起关注。

三、政策建议

（一）继续强化就业优先政策

紧扣“免、减、缓、返、补”五方面政策，深化“四送一服”，支持帮助企业特别是中小微企业稳定就业存量。优先支持拉动就业能力强的投资项目，带动就业潜力加速释放。围绕高校毕业生、农民工、退役军人、就业困难人员等重点群体，进一步强化政策支持。提升人岗匹配效率，扩大以工代训范围，支持企业以训稳岗、以训待岗。同时，进一步扩大失业保险的保障范围，及时发放失业保险金、失业补助金，并加强与低保、社会救助衔接，切实保障失业人员基本生活。

（二）健全城乡居民增收长效机制

从农村居民收入看，稳定农业经营是基础，提供非农就业机会是关键。要稳定农业生产，提高农业抗灾能力，继续推动农业保险持续“扩面、增品、提标”，通过“补链、延链、强链”进一步提升粮食、畜牧和特色农产品质量和价值。要拓宽农民非农就业渠道，引导发展乡村旅游等第三产业实现农民就地就近创业就业。从城镇居民收入看，增加工资性收入是关键。要进一步完善最低工资保障制度，健全机关事业单位常态化增资机制，引导各行业建立从业人员工资增长机制，确保经济发展与劳动报酬同步提高。

撰稿：张尚豪

2020年安徽粮食生产保持稳定

2020年，根据中央粮食生产“稳面积、稳产量、提品质、提效益”的要求，安徽省委、省政府高度重视粮食生产，先后克服上年秋种大旱、今年新冠疫情、洪涝灾害等不利影响，将粮食面积作为约束性指标分解到市，并要求市政府层层分解到县、乡（镇）、村，落实到田，压实粮食生产责任，实施藏粮于地、藏粮于技战略，为科学种田、加强田间管理提供支撑。同时，积极采取灾后补救措施，排除万难恢复农业生产，千方百计稳定粮食产量，打赢了防汛救灾硬仗，全年粮食生产保持稳定。据国家统计局安徽调查总队遥感测量和对地抽样调查，经国家统计局审定：安徽全年粮食平均亩产367.5公斤，比上年减少3.4公斤，降幅0.90%；粮食播种面积7290.0千公顷，比上年增加3.0千公顷，增幅0.04%；粮食总产量4019.0万吨，比上年减少35.0万吨，同比下降0.86%，面积、产量均居全国第4位。

一、夏粮生产喜获丰收

根据全省实测结果，2020年安徽小麦喜获丰收。全省夏粮种植面积2826.0千公顷，比上年下降0.37%；平均亩产394.4公斤，比上年增长1.27%；夏粮总产1671.9万吨，比上年增长0.90%，夏粮生产实现“十七连丰”，呈现“总产增、单产增、面积略减”的生产局面。

（一）夏粮生产有利因素

一是政策发力促进生产。2020年，粮食生产受到各级政府前所未有的重视。安徽省委、省政府主要负责同志多次深入一线指挥调度，召开专题会议部署工作。上年秋种期间，农业旱情严重，全省各级农业农村部门把“抗大旱、促秋种”作为中心任务，强力推动抗旱秋种。小麦生长期间各地各相关部门克服疫情影响，组织农户有序生产，狠抓赤霉病等重大病虫害防治工作，防控资金政策落实有效，为夏粮生产奠定有利基础。

二是气候影响利大于弊。2020年小麦播期安徽江淮地区旱情较重，小麦播种总体略微推迟，但主产区皖北地区地下水灌溉条件较好，基本未受到旱情影响。1、2月份全省平均气温较常年同期偏高，平均降水量较常年同期偏多，月内多次阴雨（雪）天气，有效缓解前期旱情，补充土壤墒情，有利于在地小麦次生根下扎，以及迟播小麦苗情转化及安全越冬。进入3月份后，全省气温回升较快，多晴好天气，土壤墒情充足，有利于小麦返青拔节，主产区小麦生长进程较常年提前5-7天，虽然多地出现短暂降温降水天气，但总体来看对小麦生长影响不大。4月份全省气温与常年基本持平，降水量显著减少，日照时数偏多，有利于病虫害防治，促进籽粒饱满，提高粒重。5月上旬，全省普降甘霖，有效解决部分地区4月少雨导致的墒情不足问题，中下旬以晴好天气为主，温度高于常年同期，昼夜温差大，有利于小麦干物质积累。6月上旬安徽全境以晴好天气为主，尤其是主产区皖北地区，农户对小麦进行了抢晴收晒，收获条件良好。总体来看，小麦生长收获过程中水光热条件较为理想。

三是病虫害防治及时到位。2020年小麦病虫害总体发生程度轻，少数地区受前一段时间温度较高、雨水较多影响出现麦蜘蛛、蚜虫及纹枯病、条锈病等病虫害。在此期间，农户受疫情影响外出人数减少，用于加强田管、除草增肥的时间和精力增多，加之各地、各部门狠抓小麦赤霉病等重大病虫害防控工作，及时出台防控措施，加大宣传力度，充分发挥财政补贴政策的引导作用，并及时组织专家和农技人员深入田间地头，有针对性地开展“一喷三防”等工作，轻度发生的病虫害得到有效防治。据统计，全省共落实防控资金6.28亿元，防治赤霉病8692.8万亩，防治效果较好，调查显示全省小麦赤霉病病粒率仅为0.03%。

四是农技农机广泛应用。2020年夏粮播种生长期间，安徽先后经历了重大旱情、新冠疫情突发情况，全省农业农村部门发动广大农技人员约1.3万人，通过包村联户服务有序组织广大生产主体，实行分时错峰下地，指导开展追肥、除草、防病虫害等相关工作，累计技术指导服务 8707.2 万亩次，有效促进田间管理科学高效进行。此外，全省各地大力推进农业机械化进程，助力小麦抢收工作，累计发放 3.4 万张农机跨区作业证，并开通农机跨区作业绿色通道和农机专用加油通道，下派 7 个指导服务工作组赴抢收一线巡回开展机收指导服务，据统计，全省投入各类农机 330 万台套，其中联合收割机 20 余万台，为小麦应收尽收提供保障。

五是农资供给价稳量足。据了解，安徽农资生产经营企业复工复产率在年初即已达 100%，农资市场产品供应充足，农资价格基本稳定，种子价格总体持平略减，化肥、农药价格较上年同期基本持平，夏粮生产物资保障有力。

（二）夏粮生产不利因素

一是旱情影响小麦适期播种。上年秋种期间，安徽江淮麦区发生严重旱情，影响小麦适期播种。但在省委省政府高度重视、强力推进下，各项抗旱资金措施落实到位，部分农户提前播种等雨出苗。另外江淮、皖南地区为全省的油菜主产区，受到旱情影响，缺水地块无法进行油菜播种移栽，部分农户及时改种了小麦。墒情好转后，一些冬小麦迟播未播地区陆续补种，多重因素稳定了今年安徽小麦种植面积。

二是部分农户生产粗放。受小麦国家最低收购价格下调、收购标准提高、种植成本上涨等多重因素影响，部分缺乏劳动力的农户田管措施较为粗放，生产条件较差的地块靠天收的情况仍然存在。

二、早稻面积止跌回升

2020 年，安徽积极贯彻落实国务院常务会议关于恢复双季稻生产的决策部署，全省早稻面积 170.3 千公顷，比上年增加 5.7 千公顷，同比增长 3.46%。但受 6 月以来强降水天气导致的水涝灾害影响，早稻产量大幅下降，亩产为 357.0 公斤，比上年减少 52.1 公斤，同比下降 12.73%；总产 91.2 万吨，比上年减少 9.8 万吨，同比下降 9.70%。

（一）生产特点

一是种植面积止跌回升。安徽积极贯彻落实国务院常务会议关于恢复双季稻生产的决策部署，克服疫情影响，抢抓季节，压实责任，及早谋划落实。受国家政策、技术发展、劳力充裕等积极因素条件影响，今年全省早稻面积实现止跌回升，成功扭转了连续多年下滑的势头。

二是主导品种持续优化。安徽早稻主栽品种以早中熟常规早籼稻为主。今年全省持续推进优质品种应用，主导品种较为稳定，主要有早籼 615、中早 25、早籼 788、浙辐 203、中嘉早 17、嘉兴 8 号等，占总面积的 90%左右。各地通过扩大优质品种应用，稳步推进优质稻米发展，为订单生产和品牌提升奠定了基础。

三是生产技术科学合理。在主推技术上，重点应用工厂化集中育秧机插秧、软盘育秧抛秧、水稻机插秧侧深施肥、全程绿色防控等高质高效栽培技术，同时，大力实施抗灾避灾综合技术等措施，充分发挥科技在早稻生产中的关键作用。

（二）影响因素

一是 2020 年早稻生育进程比去年略迟。生产区早稻齐穗期集中在 6 月 20 日-28 日（其中移（抛）栽早稻齐穗期 6 月 20 日-25 日，直播早稻齐穗期在 6 月 25 日-30 日），生育进程比上年推迟 2-3 天。

二是由于 2020 年早春气温低，播种期长，导致早稻生育进程跨度大，苗情不均。受梅雨季节持续低温阴雨天气影响，抽穗灌浆期延长。截至 6 月底，早稻一类苗 46.1 万亩，占 32.1%；二类苗 63.4 万亩，占 44.1%；三类苗 34.3 万亩，占 23.8%。一、二类苗比例占 76.2%，比上年同期降低 7.1 个百分点，比分蘖—孕穗初期期增加 3.9 个百分点。

三是多雨天气影响早稻收获。安徽自 6 月 2 日入梅至 8 月 1 日出梅，梅雨期长达 60 天，以大别山区、皖南山区为中心，全省出现大范围持续性强降水，平均降水量是常年同期的 2.1 倍，水涝灾害程度由北向南逐渐加重。梅雨期之长、暴雨日数之多、累计雨量之大、覆盖范围之广、梅雨强度之强，均为历史少见。受生长后期灾害性天气影响，产量大幅下降，但由于早稻播种面积仅占全年粮食播种面积的 2.34%，因此，旱稻减产对全年粮食总产影响较小。

三、秋粮因灾减产

夏播期间，安徽总体气候有利，夏播作物基本满种，实现秋粮播种面积 4293.7 千公顷，比上年增加 7.7 千公顷，增幅 0.18%。但 6、7 月份以来，安徽长江、淮河两大流域遭遇特大洪涝灾害，全省大部分地区粮食作物受连续低温、寡照、多雨天气影响较大，秋粮平均亩产 350.3 公斤，比上年减少 6.9 公斤，降幅 1.92%；秋粮总产 2255.9 万吨，比上年减少 40.1 万吨，降幅 1.75%。

（一）秋粮作物实现应播尽播

安徽夏播作物播期集中于 5 月下旬及 6 月上旬，6 月份连续的低温、寡照、多雨对已播作物的发育出苗，未播旱地作物播种或水稻移栽带来一定影响，但在当期影响不大，仅造成部分地势低洼、排水困难的地块播期推迟。所以，总体来看，全省夏播粮食作物基本满种，强降水天气对作物播种造成的影响微乎其微，基本实现应播尽播。根据夏播面积调查结果，结合各地受灾及灾后改种补种情况，各品种播种面积呈现“双晚、玉米、薯类、杂粮增，中单晚稻、大豆减”的“四增两减”态势。

（二）秋季作物长势差异较大

7 月份，安徽长江、淮河两大流域同时遭遇历史罕见的特大洪涝灾害，导致秋季在地作物长势差异较大。受灾较轻的皖北地区少量低洼地块积水，土壤墒情过度饱和导致旱地作物根系发育不良，但江淮分水岭等地势相对较高或排水条件良好的区域，充足降水对夏播作物的生长总体有利。全省中单晚稻呈现“北部好于南部、旱稻好于水稻、过水稻好于漫水稻”的特点。沿淮淮北地势较高或排水通畅地区(江淮分水岭)的中单晚稻因水分充足，长势好于上年同期苗情（上年受旱）；主产区江淮、皖南地区未受灾或过水即退的水稻，虽然前期连阴雨导致低温寡照、烤田不足、植株不够健壮，但出梅后光温水条件逐渐适宜，利于有效分蘖增加以及穗粒的灌浆结实，苗情转化升级快，长势接近正常水平；部分雨水浸泡时间长或至今仍未退水地区的水稻减产甚至绝收。总体而言，中单晚稻长势较上年相对较弱。沿淮及沿江地区受灾严重，王家坝、白湖等多个蓄滞洪区开闸蓄洪，全省受灾面积达 1840.0 万亩（应急管理部门数据），受灾农田由于洪水浸泡时间长，水稻根系受损、植株抗性下降、稻穗发育不良，虽然江淮东部及沿淮部分地区的中单晚稻、淮河以北的大豆长势好于上年，但大部分受灾作物并未因 8 月以来的有利气象条件达到正常生长水平，中单晚稻长势较上年相对较弱。另外，由于早稻收获让茬迟，晚稻栽播比去年有所推迟，秧苗素质总体偏差，生育进程偏晚，部分地区因补改种造成老秧迟栽，移栽后返青慢，积温情况不乐观。

（三）病虫害发生较轻

据各地反映和实地调研，2020 年农作物病虫害轻微发生，玉米钻蛀性害虫草地贪夜蛾、玉米螟及水稻“两迁”害虫、稻曲病、稻瘟病、纹枯病等常发病虫害的发生轻于常年，对大豆产量危害较重的“症青”几乎绝迹。加之特殊气候条件下，全省各地加大病虫害防治力度，秋季农作物病虫害发生程度较轻，病虫害对粮食生产基本上没有造成大的影响。

（四）秋杂粮等其他作物生产形势看好

据了解，受红薯高粱等秋杂作物收益提高、订单农业发展良好以及灾后补改种等多重因素的影响，安徽 2020 年薯类、秋杂作物面积大幅增加。加上秋杂作物多为旱粮，主播种区皖北地区受水涝灾害影响较轻，秋杂粮单产与上年持平，总产大幅增加。

（五）灾后补救政策措施得力

据相关部门统计，安徽全省农作物洪涝灾害受灾面积 1840 万亩，其中成灾面积 1178.8 万亩，绝收面积 584.10 万亩。受灾主要粮食作物为水稻，其次为玉米、大豆等。对此，安徽省委、省政府高度重视灾后恢复生产工作，各级政府、农业部门认真落实相关部署，强化灾情预警、争取救灾资金、指导恢复生产、做好协同理赔、及时改种补种。尽管安徽直至 7 月底强降水才略有缓和，压缩了改种补种的回旋空间，但各地抢抓农时，克服困难，退水既补、及时田管，根据退水时间及土地条件改种玉米、双季晚稻、马铃薯及蔬菜、花生等经济作物，推动灾后农业恢复生产。据农业部门统计，截至 9 月上旬，全省已完成改补种面积 396.12 万亩，占具备补种条件面积的 95.84%，切实做到补足种满，将灾害损失降到最低。

总体而言，在安徽省委、省政府高度重视和正确领导下，全省上下扛起维护国家粮食安全的政治责任，先后克服新冠疫情、洪涝灾害等不利影响，全力以赴推动农业生产灾后恢复，有力地巩固了粮食生产，确保了大灾之年农业生产的稳定。

撰稿：王　奎

2020 年安徽畜牧业发展态势向好

2020 年，安徽畜牧业战胜新冠肺炎和防控非洲猪瘟疫情取得阶段性成果，生猪产能明显恢复，年末存栏大幅增长，存栏已恢复至正常年份水平，全年出栏量同比略降。牛羊禽延续增长态势，禽蛋牛奶大幅增长。肉产品总产量下降 1.4%，畜产品总产量增长 2.3%。

一、生猪产能明显恢复，存栏同比大幅增长

（一）生猪存栏已恢复至正常年份水平

2020 年末，全省生猪存栏 1419.3 万头，同比增长 30.0%；能繁母猪存栏 135.1 万头，同比增长 40.0%。生猪存栏已恢复至 2017 年正常年份水平，能繁母猪存栏已超过 2017 年末 12.1%。

（二）四季度生猪出栏扭转同比下降态势

2020 年四季度，安徽生猪出栏扭转前三季度同比下降态势，出栏 732.7 万头，同比增长 13.4%；全年生猪出栏 2150.5 万头，同比下降 6.2%，比 2020 年前三季度降幅收窄 7.7 个百分点，比上年同期降幅收窄 13.3 个百分点。

（三）四季度肥猪售出均价环比回落

从肥猪出售平均价格看，四季度全省均价 30.47 元，环比下降 13.2%。仔猪价格有明显回落。18 个大县仔猪 1-9 月平均售价每公斤 100 元以上，12 月份跌至 80.2 元。但岁末年初生猪价格出现反弹，主要原因：一是饲养成本上涨，当前豆粕价格 3562 元/吨，同比上涨 16.9%；玉米 2654 元/吨，同比上涨 35.3%。二是人工费及防疫成本增加，目前生产类技术人元月工资达 8000 元左右，普通喂猪、打扫卫生人员月工资 5500 元左右，同比上涨 10%-25%。三是近期出现冷鲜外包装新冠疫情，民众对进口或冷冻食品购买欲下降，本地生猪市场需求增加。四是民众心理逐渐接受生猪目前高价。

（四）大型户布局力度较大

四季度末，大型养殖户生猪存栏 522.7 万头，同比增长 323.7%，环比增长 22.0%。表明生猪养殖规模化、产业化进程加快。截至目前，天邦、温氏、牧原、新希望等 10 家大型企业在皖生猪存栏 455.65 万头，其中能繁母猪存栏 85.41 万头，生猪累计出栏 421.13 万头；在建猪场 88 个，设计年出栏生猪 725.75 万头，存栏母猪 30.63 万头。

二、牛羊养殖平稳增长

2020 年年末，全省牛存栏 94.8 万头，同比增长 8.0%；2020 年牛出栏 64.6 万头，同比增长 4.5%；牛肉产量 9.9 万吨，同比增长 4.6%；生牛奶产量 37.6 万吨，同比增长 11.5%。羊存栏 597.9 万只，同比增长 9.1%；全年羊出栏 1439.8 万只，同比增长 9.6%；羊肉产量 20.7 万吨，同比增长 9.7%。

三、家禽养殖发展态势良好

2020 年末，全省家禽存栏 3.1 亿只，同比增长 13.2%；2020 年家禽出栏 10.8 亿只，同比增长 4.5%；禽蛋产量 184.2 万吨，同比增长 9.2%。年初由于新冠肺炎疫情影响，导致需求及运输困难，一季度家禽养殖受挫。随着二季度复工复产，家禽生产基本恢复正常，且由于禽肉价格低于其他肉类，高猪价下禽肉替代消费效应，家禽需求增加，家禽养殖形势持续向好，全年出栏增幅相比前三季度提高 2 个百分点。

撰稿：孔二娟

收入稳步增长　制约因素犹存

——2020年安徽城镇居民收入状况分析

2020年，安徽省委、省政府认真贯彻落实党中央、国务院决策部署，统筹推进疫情防控、防汛救灾和经济社会发展，全省经济持续稳定恢复，城镇居民收入继续增长，但仍存在内需恢复缓慢、工资性收入增长乏力等困难和挑战。

一、城镇居民收入情况

2020年，安徽城镇居民人均可支配收入39442元，同比增长5.1%。增速较去年同期下降4个百分点；较上半年和前三季度分别提高1.6和0.2个百分点。增速位居全国第5位，快于全国平均增速，与全国平均水平相比，安徽省高出1.6个百分点；居中部第2位，仅次于江西。

（一）收入与全国差距继续缩小

因安徽省城镇居民收入增速显著快于全国平均增速，收入水平与全国平均水平的相对差距、绝对差距均有所缩小。数据显示，2020年全省城镇居民收入达到全国平均水平的90.0%，较上年同期提高1.4个百分点；与全国平均水平的绝对差为4392元，比上年同期差距4819元缩小427元。

（二）稳就业成效明显，工资性收入增长贡献突出

2020年，安徽各级陆续出台一系列稳就业政策，加大对企业和高校毕业生、城镇就业困难人员等重点群体的扶持力度；切实加强劳动技能培训，不断提升劳动力素质。此外，向参与疫情防控医疗卫生人员发放防疫津贴等因素也都促进了工资性收入的增长。2020年，工资性收入依然是城镇居民主要增收动力，人均23636元，同比增长4.8%，对收入增长的贡献率最大，达到57.2%，拉动可支配收入增长2.9个百分点。

（三）经营净收入小幅增长

全年城镇居民人均经营净收入6189元，同比增长3.5%。全省积极应对疫情影响，切实加大对小微企业、个体工商户等扶持力度，如阶段性减免企业缴纳养老、失业、工伤三项社会保险费，落实服务小微企业金融、小微企业普惠性税收减免政策，对中小微企业、个体工商户减免房租、降低融资成本等，企业和个体工商户经营困难逐步得以纾解，经营情况有所好转。随着疫情逐步得到控制，居民外出休闲、就餐、购物等意愿增强，为三产经营净收入增长提供了动力。

（四）民生保障有力度，转移净收入快速增长

城镇居民人均转移净收入6113元，同比增长5.1%，对收入增长贡献率15.5%。2020年全省继续加大民生领域的投入，有力促进了城镇居民转移净收入增长。一是提高基本养老金标准，企业和机关事业单位退休人员养老金标准人均增长138元；二是提高最低生活保障标准，全省城市低保水平人均增加51.2元；三是落实个人所得税减免政策，减少居民转移性支出，进而推动转移净收入增长。

（五）财产净收入稳步增长

2020年，全省城镇居民人均财产净收入3504元，同比增长9.8%，占可支配收入的比重为8.9%，对收入增长的贡献率为16.4%，拉动可支配收入增长0.8个百分点。当前全省城镇居民财产收入的主要来源为房产、利息、保险与红利。随着房价、房租上涨，居民出租房屋收入等房产类收入实现较快增长；居民存款余额增长，带动利息收入稳步增长；同时居民投资理财意愿和能力增强，财产性收入也随之有所提高。

表 1　2020 年安徽城镇居民人均可支配收入

指标名称	绝对量（元）	同比增长（%）	占比（%）	贡献率（%）	拉动增长（%）
可支配收入	**39442**	**5.1**	**100**	-	-
工资性收入	23636	4.8	59.9	57.2	2.9
经营净收入	6189	3.5	15.7	10.9	0.6
财产净收入	3504	9.8	8.9	16.4	0.8
转移净收入	6113	5.1	15.5	15.5	0.8

（六）城乡收入倍差继续缩小

随着供给侧结构性改革不断深入，收入分配格局持续优化，安徽城乡居民可支配收入倍差逐渐缩小。2020 年，安徽城乡居民人均收入倍差为 2.37，同比下降 0.06，比全国低 0.19。

二、制约城镇居民增收的因素

（一）消费下降明显，内需恢复较慢

受疫情影响，全省城镇居民消费信心和热情不高，消费态度趋向谨慎保守。数据显示，2020 年，全省城镇居民人均生活消费支出 22683 元，比去年减少了 1099 元，同比下降 4.6%；占可支配收入比重为 57.5%，比去年下降了 5.8 个百分点，比全国平均水平低 4.1 个百分点。其中教育文化娱乐支出减少最多，人均下降 519 元，降幅达到 18.5%；其次是衣着支出，人均下降 215 元，降幅达到 12.2%。

（二）工资性收入增长乏力，与全国平均水平差距明显

作为城镇居民增收的主要支撑，安徽城镇居民工资性收入与全国平均水平相比，存在一定差距。2020 年，城镇居民人均工资性收入为 23636 元，比全国平均水平低 2745 元。此外，需关注到，2020 年工资性收入增长明显放缓，增速较去年同期下降了 2.7 个百分点。一方面，受疫情的影响，部分企业效益下降，减员、降薪，员工的就业时间和收入双双减少，抑制了工资性收入的增长。另一方面，近几年，安徽城镇居民工资性收入增长的动力主要得益于政策性增资，如各地提高最低工资标准、行政事业单位发放一次性考核奖和绩效、部分国有企业提高职工工资等，此类政策的增收效应递减，后续难以支撑工资性收入持续快速增长。

（三）受疫情影响，经营净收入增速明显下降

2020 年，安徽城镇居民人均经营净收入同比增长 3.5%，回升态势明显，但增速较去年回落 4.3 个百分点，增长压力仍然较大。自疫情爆发以来，住宿餐饮业、批发零售业、教育、文化体育和娱乐业等第三产业受到相当大的冲击，疫情防控新常态下，复工复产、复商复市虽逐季好转，但恢复幅度有限。全年城镇居民人均第三产业经营净收入 4589 元，同比增长 3.5%，增幅比去年同期下降 5.6 个百分点。

三、几点建议

（一）完善收入分配政策，构建工资增长长效机制

按照居民收支与经济发展同步的要求，确保经济发展的同时劳动报酬同步提高，稳定增加居民工资性收入。全省机关事业单位人员工资性收入在华东及周边地区相对较低，要坚定推进全省机关事业单位增资机制常态化制度化，并引导各行业建立科学的工资增长机制，完善最低工资标准制度。

（二）多措并举促进就业

鼓励创业创新，带动就业，实施积极的创业政策并引导居民树立创业意识，最大限度释放创业对就业的带动效应。加大对新就业形态和灵活就业的支持力度，大力发展“地摊经济”等，创造更多就业机会。全方位做好高校毕业生、城镇就业困难人员、退役军人等重点群体就业工作，加强公益性岗位开发，积极服务就业困难群众。深入实施职业技能提升行动，运用“互联网+培训”，加大线上培训力度，创新培训内容和培训模式，不断提升广大劳动者技能水平，努力实现更高质量和更充分的就业，为城镇居民增收奠定基础。

（三）促消费扩内需，激发经济活力

疫情的影响对居民消费需求产生的抑制作用仍未消除，在做好常态化疫情防控工作的前提下，千方百计释放消费需求，多措并举扩大居民消费，增加社会经济发展的活跃度。加大消费金融支持，对汽车消费进行购置税、贷款个税等税费减免，释放汽车等大宗消费潜力；举办家电以旧换新等惠民购物活动，可适当通过给予居民补贴购买绿色智能家电、环保家具，促进消费升级；鼓励旅游景区门票住宿实行优惠，促进文化旅游体育消费；大力支持推动包括在线教育、互联网健康医疗、新零售、线上旅游等在内的新型消费的发展。

撰稿：张　怡

疫情冲击下农民收入增速放缓　增收举措仍需加强

2020 年，面对新冠肺炎疫情冲击和严峻复杂的国内外环境，安徽省委省政府统筹推进疫情防控和经济社会发展，全省经济持续稳定恢复，农民收入稳步增长，增幅虽然放缓，但呈逐季回升态势。

一、农村居民可支配收入增长特点

（一）收入稳步增长，增幅逐季回升

2020 年安徽农村居民人均可支配收入 16620 元，同比增长 7.8%，高于全国 0.9 个百分点。从季度增幅看，受疫情冲击，增幅明显回落，但呈逐季回升的态势，2020 年一季度、上半年、前三季度和全年分别增长 2.7%、5.5%、6.8%和 7.8%，分别比全国高 1.8、1.8、1.0 和 0.9 个百分点。从收入来源看，工资性收入 5839 元，增长 6.9%，经营净收入 6223 元，增长 4.5%；财产净收入 334 元，增长 18.2%；转移净收入 4225 元，增长 13.6%。

表 1　2020 年安徽农村居民可支配收入

指标名称	绝对量（元）	同比增长（%）	占比（%）	贡献率（%）	拉动增长（%）
可支配收入	**16620**	**7.8**	**100.0**	**100.0**	**7.8**
工资性收入	5839	6.9	35.1	31.3	2.4
经营净收入	6223	4.5	37.4	22.4	1.8
财产净收入	334	18.2	2.0	4.3	0.3
转移净收入	4225	13.6	25.4	42.1	3.3

（二）民生政策显成效，转移净收入贡献大

随着最低生活保障政策不断完善，保基本民生的政策加大，标准不断上调，全省农民转移净收入快速增长，对农民增收的贡献最大，居四项收入之首。2020 年安徽农村居民人均转移净收入 4225 元，超过全国 564 元，增长 13.6%，比全国高 2.6 个百分点，对收入增长的贡献达到 42.1%，拉动收入增长 3.3 个百分点。其中，农村养老保险 298 元，增长 24.8%，五保户救助金 23 元，增长 25.5%，其他生活补贴 50 元，增长 11.1%，救灾款增长 28.6%。从中部六省看，转移净收入居中部六省第 2 位，仅次于河南，其他省分别为山西 3712 元、江西 3535 元、河南 4542 元、湖北 4075 元、湖南 3979 元。

（三）收入位次前移，与全国差异缩小

近年农村居民人均可支配收入在全国位次不断前移，从 2015 年的第 18 位上升到 2020 年的 11 位，先后超过河南、海南、湖南、河北、黑龙江、吉林、湖北等省。同时全省农民收入与全国绝对差和相对差都在持续缩小，从绝对差距看，和全国的差距进一步缩小，由 2015 年的 601 元缩小到 511 元，年均缩小 18 元；从相对量上看，全省农村居民可支配收入与全国比值，由 2015 年的 94.7%提高到 97.0%，年均提高 0.46 个百分点。

（四）增幅超过全国，领先中部和长三角

从近年数据看，全省农村居民人均可支配收入增幅连续 11 年均高于全国，2016 至 2020 年，年均增长 9.0%，高于全国 0.6 个百分点。从中部 6 省增幅看，安徽省农民人均可支配收入增幅居第 1 位，其他 5 省依次为湖南 7.7%、山西 7.6%、江西 7.5%、河南 6.2%和湖北-0.5%。从长三角三省一市增幅看，全省农民人均可支配收入增幅领跑长三角，其他两省一市依次为浙江 6.9%、江苏 6.7%和上海 5.2%。

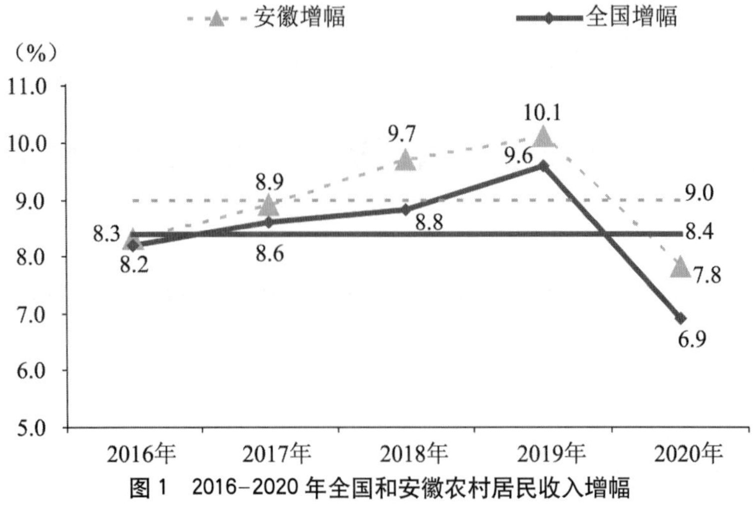

图 1　2016–2020 年全国和安徽农村居民收入增幅

（五）收入分配优化，城乡差距逐渐缩小

随着乡村振兴稳步推进，收入分配格局进一步优化，农民收入增长仍快于城镇居民，安徽城乡居民可支配收入差距逐渐缩小。2020 年，安徽城乡居民人均收入倍差为 2.37，同比下降 0.07，比全国低 0.19。在中部六省中，安徽城乡居民收入倍差居第 4 位，其他省份分别为山西 2.51、江西 2.27、河南 2.16、湖北 2.25、湖南 2.51。

二、制约农村增收的因素

（一）疫情对经济社会冲击明显，经济增长回落

根据地区生产总值统一核算结果，全年全省生产总值 38680.6 亿元，增长 3.9%，比去年同期低 3.6 个百分点，回落幅度超过农民收入 1.3 个百分点。分产业看，第一产业增加值 3184.7 亿元，增长 2.2%；第二产业增加值 15671.7 亿元，增长 5.2%；第三产业增加值 19824.2 亿元，增长 2.8%。

（二）工资收入有待提高，就业质量仍需改善

近年，随着经济发展，省内务工人数不断提升，工资待遇不断提高，但与全国和中部省份相比，全省就业质量仍然不高，工资收入相对偏低。从实际就业收入看，今年全省本地非农务工人员全年务工收入 32382 元，比外出就业人员实际收入低 14407 元。从中部六省数据看，全省工资性收入及其占可支配收入的比重相对偏低，明显低于全国、江西、湖南、山西和河南。2020 年，全省工资性收入 5839 元，比全国低 1135 元，占可支配收入的 35.1%，比全国低 5.6 个百分点。在中部六省中，工资性收入居第 5 位，分别比山西、江西、河南和湖南低 508 元、1462 元、314 元和 731 元。

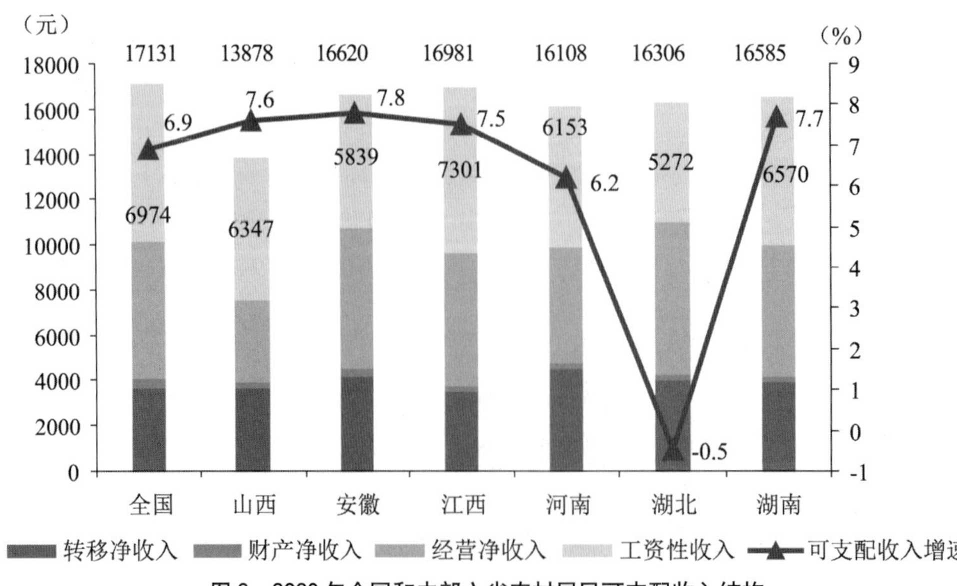

图 2　2020 年全国和中部六省农村居民可支配收入结构

（三）外出务工规模下降，外出收入减少

安徽省是传统的劳务输出大省，外出从业人员寄回带回收入是转移净收入的主要来源。从外出劳动力规模看，外出就业农民工 1342 万人，同比减少 57 万人，减幅 4.1%；全年全省外出农民工人均外出务工 8 个月，同比减少 1.2 个月，外出农民工人均全年外出就业实际收入 46879 元，同比减少 2539 元。

（四）粮食作物因灾减产，制约农民增收

6、7 月份以来，安徽长江、淮河两大流域遭遇特大洪涝灾害，全省大部分地区粮食作物受连续低温、寡照、多雨天气影响较大，造成严重的经济损失，直接制约安徽农民增收。从调查数据看，全省全年粮食总产 803.8 亿斤，比上年减少 7.0 亿斤，下降 0.86%，粮食平均亩产 367.5 公斤，比上年减少 3.4 公斤，下降 0.90%，全年一产净收入人均 3838 元，下降 1.5%。

（五）疫情冲击较为明显，增收速度放缓

总的来看，疫情对全省农民收入影响较为明显，农村居民人均可支配收入增幅回落 2.3 个百分点，本地务工时间减少，经营净收入增长较慢。从本地务工时间看，本地非农务工农民工人均务工 6.9 个月，同比减少 0.8 个月。从家庭经营净收入看，全年经营净收入增长 4.5%，同比回落 5.5 个百分点。

三、促进农民增收的政策建议

从经济发展的角度看，农民收入水平提高归根结底是经济发展质量提高的结果，因此，只有继续统筹推进疫情防控和经济社会发展，扎实做好“六稳”工作，全面落实“六保”任务，推进城乡融合发展，进一步推动经济高质量发展，才能稳步持续促进农民增收。

（一）优化就业创业环境，推进返乡创业就业

从就业规模看，近年来出现外出农民工返回省内就业趋势，尤其是江浙沪地区就业人数和比重逐年下降；但本地工资水平相对较低，农民工资性收入的比重明显低于全国平均水平。因此，为推动农民收入持续增长，应多渠道增加农民就业创业机会，完善就业创业服务体系，加大政策扶持力度，促进农民本地就业创业。

（二）全面推进乡村振兴，构建现代农业体系

一方面通过调结构转方式，加快发展农业农村特色产业，构建现代农业生产体系，推进农产品深加工，提升产业化发展水平，切实推进农村一二三产业融合发展。另一方面支持农业产业化龙头企业发展，带动农业生产、加工、流通全产业链升值，促进农民增收。

（三）整合农村要素资源，拓宽农民增收短板

财产性收入一直是农民收入的短板，财产净收入及其占收入的比较均低于全国平均水平。建议各级政府进一步深化“三变”改革，整合农村闲置资产，创新农村集体经济发展，探索混合经营等多种形式，带动农民融入，不断转变农民增收方式，促进农民财产收入增长。

（四）加大财政支持力度，提高农村转移支付标准

农民是弱势群体，农业是弱势产业，全省数百万 60 岁以上的农村老人及以农业为生的农民是最需要精准帮扶的对象，也是农民增收的重点及难点。相对于城镇，农村养老保险标准较低，各级政府出台政策逐步提高农村基本养老及农业补贴标准，以有力的财政政策支持最需要关注帮助的群体，持续提高农民转移净收入。

撰稿：冉　地

2020 年安徽农民工就业情况分析

根据国家统计局安徽调查总队跟踪监测，2020 年全省农民工就业基本稳定，农民工在本省就业人数上升，从事三产比例增加，总体就业规模和务工收入略有下降，外界环境对全省农民工就业影响有限，就业福利和劳动保障情况继续向好，农民工子女受教育情况良好。

一、农民工总量同比微降

调查资料显示，2020 年全省农民工总量为 1967.4 万人，同比减少 10 万人，减幅 0.5%。其中，外出就业农民工 1342.1 万人，同比减少 57 万人，减幅 4.1%；本地就业农民工 625.2 万人，同比增加 47 万人，增幅 8.1%。农民工总量下降的主要原因，一是随着新型城镇化深入发展，农民逐步向城镇转移，农村人口总量呈下降趋势；二是全省宏观经济发展势头强劲，本省就业机会增加，就业环境改善，越来越多的农民工选择在本地就业；三是受新冠疫情影响，农民工出省就业不确定因素增多，困难加大，他们宁愿选择在家门口就业。

按性别结构分，全省农民工以男性居多，男性占 66.4%，女性占 33.6%。从年龄结构看，壮劳力比重最大，19 岁及以下占 0.8%，20-29 岁占 18.3%，30-40 岁占 28.2%，41-50 岁占 24.9%，51-60 岁占 20.9%，60 岁及以上占 6.9%。从受教育程度看，全省农民工文化程度普遍不高，未上过学及小学文化程度农民工占 17.3%，初中文化程度占 59.6%，高中文化程度占 12.9%，大学专科及以上文化程度占 10.2%。文化程度偏低、接受专业技术培训少成为制约农民收入增长的主要原因。

表 1　安徽农民工人数

单位：万人

指　　标	2018 年	2019 年	2020 年
农民工总人数	**1952.4**	**1977.4**	**1967.4**
1.外出农民工	1429.1	1399.2	1342.1
其中：省内	457.3	478.6	521.5
省外	971.8	920.6	820.6
2.本地农民工	523.3	578.3	625.2

二、农民工在省内就业快速增加

（一）省内就业明显增加

全省外出农民工（离开本人户籍所在的乡、镇、街道就业 6 个月以上）中，在省内就业 521.5 万人，同比增加 42.9 万人，增幅 9%；出省就业 820.6 万人，同比减少 100 万人，同比减少 10.9%。延续近年来外出农民工返回省内就业趋势，省外尤其是江浙沪地区就业人数和比重逐年下降。出现这种情况的主要原因是全省经济社会高质量快速发展，给农民工带来更多的就业岗位。这种趋势还会进一步延续下去。

（二）家乡就业农民工规模快速增长

全省农民工中，在本地就业（在户籍所在的乡、镇、街道范围内非农就业 6 个月以上）人数达 625.2 万人，同比增加 47 万人，增幅 8.1%，成为有记录以来增速最大的一年。农民工在家乡就业快速增长，除了新冠疫情因素外，一是家乡全面实施乡村振兴战略，劳动力市场缺口大，吸引了一批农民工在家乡就业；二是改革开放后的第一批外出农民工年岁已高，陆续返乡，在家乡养老，同时参加一些力所能及的工作，增加收入。

三、第三产业就业比例增加

分行业看，全省农民工从事制造业的占比最高，达 23.3%；其次是建筑业，占 21.8%，但占比较 2019 年分别下降 1.3 和 0.5 个百分点。从事第三产业的农民工占 52.2%，较上年增加 1.8 个百分点，超过一半的农民工在第三产业就业，这与宏观经济结构基本一致。三产中从事批发和零售业、交通运输仓储和邮政业、住宿和餐饮业、居民服务修理和其他服务业的农民工人数较多，分别占 12.6%、7.1%、7.6%和 12.2%。从近三年数据看，安徽农民工从事采矿业和制造业的比例逐年下降，从事住宿和餐饮业、居民服务、修理和其他服务业比例呈上升趋势，从事金融业、房地产业的比例提高较快，农民工的就业质量不断提升。

四、受疫情影响，劳动时间和就业收入下降

全省外出农民工人均全年外出务工 8 个月，同比减少 1.2 个月，本地非农务工农民工人均全年务工 8.5 个月，同比减少 1 个月。外出农民工平均每天工作 8.8 个小时，同比减少 0.1 个小时，本地非农务工农民工平均每天工作 8.4 个小时，同比减少 0.1 个小时。外出农民工人均全年外出就业实际收入 46879 元，同比减少 2539 元，本地非农务工农民工全年务工收入 32382 元，同比减少 876 元。农民工每天工作时间减少，说明生活质量趋于改善，但每天的工作时间仍然超过 8 小时，还需要进一步缩短。

五、拖欠农民工工资现象明显减少

随着政府对农民工工资清欠力度不断加大，全省拖欠农民工工作问题基本解决。跟踪调查的 3290 户中，只有 2 名外出农民工反映务工工资被拖欠，拖欠人分别是个体老板和小包工头，拖欠金额分别是 25000 元和 16000 元。本地非农务工人员中没有工资被拖欠现象。而上年同期调查户中有 15 人工资被拖欠，拖欠金额共 206500 元。两年数据对比显示，自从国务院发布保障农民工工资支付条例之后，农民工工资被拖欠现象明显改善。

六、农民工参加技能培训和医养保险情况良好

接受过农业技能培训的农民工占 6.6%，接受过非农职业技能培训占 12.6%。每次培训时间平均约 8.4 天。培训费用由企业承担占 38.4%，个人负担占 20.3%，企业、政府、个人共同承担占 5.9%，培训费用中有政府补贴占 26.6%。93.5%接受过技能培训农民工反映，培训对自己工作有帮助。

9.5%的农民工参加了城镇职工基本养老保险，85.7%参加了城乡居民基本养老保险，0.9%参加了商业保险，1%的农民工拥有企业年金。

37.7%的农民工参加了新型农村合作医疗，5%参加了城镇职工基本医疗保险，57.1%参加了城乡居民医保，1%参加了商业医疗保险或其他医疗保险。

七、外出农民工缴纳五险一金和劳动合同签订情况明显改善

外出农民工中，用人单位为其缴纳养老保险的占 18.8%，较上年增加 3.7 个百分点；缴纳工伤保险的占 31.1%，较上年增加 5.8 个百分点；缴纳医疗保险的占 20.6%，较上年增加 4.8 个百分点；缴纳失业保险的占 16.2%，较上年增加 3.3 个百分点；缴纳生育保险的占 13.5%，较上年增加 1.9 个百分点；缴纳住房公积金的占 9.8%，较上年增加 1.6 个百分点。

签订劳动合同的农民工明显增加。与用人单位签订无固定期限劳动合同的占 13%，较上年增加 0.4 个百分点；签订一年及以上劳动合同的占 23.5%，较上年增加 1.6 个百分点；签订一年以下劳动合同的占 3.7%，较上年增加 1.5 个百分点；没有签订劳动合同的占 55.9%，较上年减少 7.4 个百分点。

八、农民工子女受教育情况良好

近年来，安徽农民工子女受教育情况良好，多数农民工对学校师资和办学条件表示满意，反映子女成长状况良好。2020 年农民工子女上幼儿园、小学、初中、高中及中专及未上学（主要是未到上学年龄）的比例分别是 15.5%、42.7%、17.8%、11.5%和 12.5%。

农民工子女跟随父母双方一同生活的占 39.9%，跟随父亲一方生活的占 2.4%，跟随母亲一方生活的占 23.5%，跟随祖父母生活的占 23.7%，住校的占 8.9%，其他情况占 1.6%。

从就学使用最常用交通方式需花费时间看，15 分钟之内占 71.3%，15-29 分钟占 23.2%，30-59 分钟占 4.1%，一小时及以上占 1.4%。

调查户中义务教育阶段辍学的有 3 人，高中阶段辍学的有 1 人。其中 1 人（小学三年级）因健康原因辍学，3 人（初中二年级两人，高中一年级一人）因不愿上学辍学。

撰稿：王　方

2020 年安徽居民消费价格运行情况分析

2020 年，安徽居民消费价格呈现“前高后低”的运行态势，全年累计上涨 2.7%，涨幅与上年持平。其中，食品价格上涨 10.9%，非食品烟酒价格上涨 0.4%；消费品价格上涨 3.8%，服务价格上涨 0.7%。扣除食品和能源价格的核心 CPI 指数为 100.8，涨幅比上年同期低 0.5 个百分点。

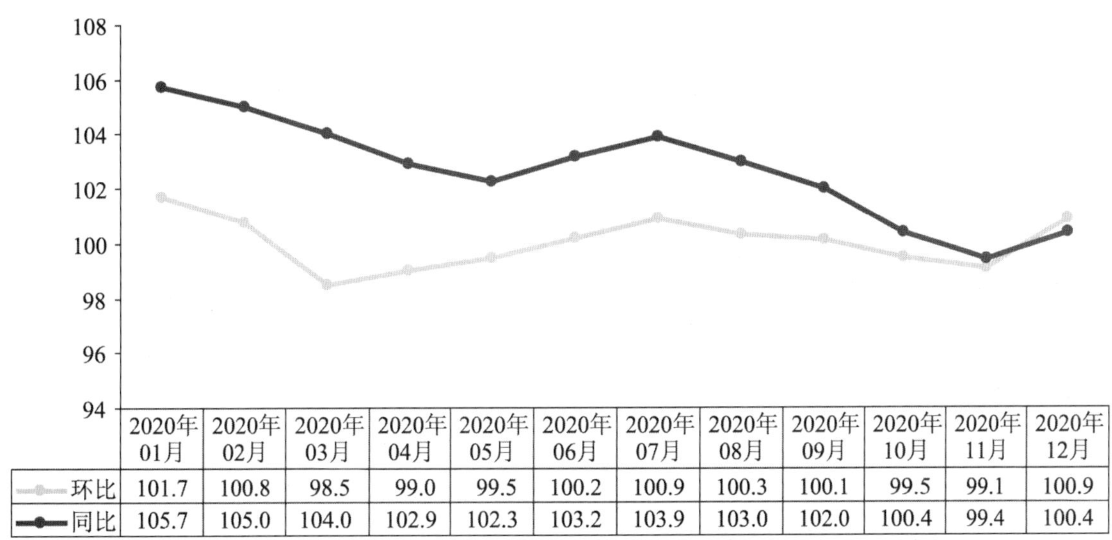

	2020年01月	2020年02月	2020年03月	2020年04月	2020年05月	2020年06月	2020年07月	2020年08月	2020年09月	2020年10月	2020年11月	2020年12月
环比	101.7	100.8	98.5	99.0	99.5	100.2	100.9	100.3	100.1	99.5	99.1	100.9
同比	105.7	105.0	104.0	102.9	102.3	103.2	103.9	103.0	102.0	100.4	99.4	100.4

图 1　2020 年安徽居民消费价格指数走势图

一、安徽居民消费价格运行特点

（一）CPI 呈现结构性上涨，涨幅分化明显

构成居民消费价格三大项的食品烟酒、工业品和服务项目分别上涨 8.4%、-0.8%和 0.7%，涨幅与上年相比“两降一升”，涨幅分化明显。其中，工业品、服务项目涨幅较上年分别回落 0.8、1.0 个百分点；食品烟酒涨幅比上年高 1.3 个百分点，是总指数走高的主要原因。

（二）居民消费价格涨幅呈现“前高后低”的走势

2020 年安徽居民消费价格涨幅呈现“前高后低”走势，自二季度以来，涨幅呈现平稳回落的态势，尽管三、四季度受到季节性、极端天气等影响，部分商品价格出现短期大幅波动，但总体上延续稳定回落的态势，一到四季度同比涨幅分别为 4.9%、2.8%、3.0%和 0.1%。

（三）构成居民消费价格的八大类价格“五涨三跌”

构成居民消费价格的八大类指数由 2019 年的“七涨一跌”，转为 2020 年的“五涨三跌”，其中食品烟酒类涨幅最大，上涨 8.4%；其他用品和服务、教育文化和娱乐分别上涨 3.1%、1.5%；居住、生活用品及服务、交通和通信类分别下跌 0.2%、0.2%和 3.2%。

（四）翘尾因素高于新涨价，农村涨幅高于城市

2020 年，安徽居民消费价格城市上涨 2.5%，农村上涨 2.9%，农村高于城市 0.4 个百分点，主要原因是食品烟酒中的猪肉及其副产品权重高于城市。据测算，在 2020 年 2.7%的同比涨幅中，上年价格变动的翘尾影响约为 2.0 个百分点，新涨价影响约为 0.7 个百分点，翘尾因素对居民消费价格涨幅贡献率高达 74%。

（五）涨幅高于全国平均水平，排名居中上游

2020 年，安徽居民消费价格涨幅比全国高 0.2 个百分点，和湖北并列第七位；在中部六省中，安徽居民消费价格同比涨幅与湖北并列第三位，比山西低 0.2 个百分点，比河南低 0.1 个百分点，比江西高 0.1 个

百分点，比湖南高 0.4 个百分点。分类别看，安徽衣着类、交通和通信、教育文化和娱乐、居住类、食品烟酒类价格涨幅分别高于全国 0.5、0.3、0.2、0.2、0.1 个百分点；生活用品及服务类、医疗保健、其他用品和服务价格涨幅分别低于全国 0.2、0.6、1.2 个百分点。

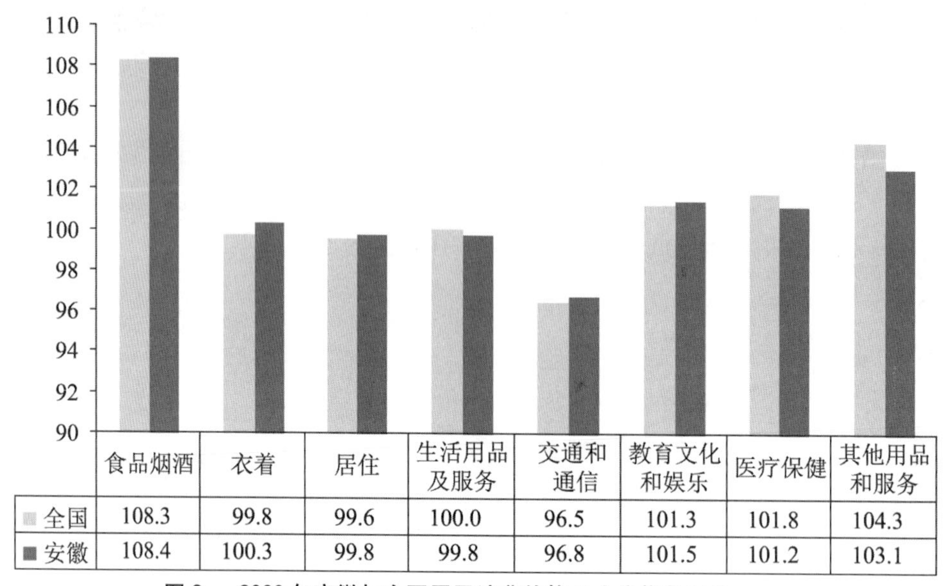

	食品烟酒	衣着	居住	生活用品及服务	交通和通信	教育文化和娱乐	医疗保健	其他用品和服务
全国	108.3	99.8	99.6	100.0	96.5	101.3	101.8	104.3
安徽	108.4	100.3	99.8	99.8	96.8	101.5	101.2	103.1

图 2　2020 年安徽与全国居民消费价格八大类指数对比

二、安徽居民消费价格变动情况及原因分析

（一）低基数影响，食品烟酒价格高位运行

由于上年一二季度食品类价格处于低位，加上疫情影响，导致 2020 年食品烟酒类价格继续高位运行，上涨 8.4%，涨幅比上年同期高 1.3 个百分点，拉动 CPI 上涨 2.7 个百分点，对 CPI 上涨贡献率高达 100%，是 CPI 上涨的主要原因。

2020 年，食品类的 14 个小类价格指数，同比仅有 2 个下跌，其余全部上涨，上涨面为 85.7%。其中“菜篮子”价格高位运行是主要原因，猪肉价格上涨 47.8%，涨幅创十三年来新高，影响 CPI 上涨约 1.6 个百分点；畜肉副产品价格上涨 48.6%，涨幅比上年高 22.1 个百分点，影响 CPI 上涨约 0.35 个百分点。受洪涝和极寒等天气影响，鲜菜价格上涨 10.2%，影响 CPI 上涨 0.28 个百分点；牛肉上涨 12.9%，羊肉上涨 8.4%，水产品价格上涨 5.5%，三项影响 CPI 上涨约 0.2 个百分点。

（二）能源价格下调，工业品价格“由涨转跌”

2020 年安徽工业品价格“由涨转跌”，为 2016 年来首次下降，累计下跌 0.8%，较上年涨幅低 1.0 个百分点，对总指数涨幅形成下拉作用。因原油价格回落，自 2019 年开始，国内汽柴油价格多次下调，价格连续两年下降，同比分别下降 10.7%、15.1%，影响 CPI 下降 0.19 个百分点；液化石油气价格下降 5.0 个百分点；受国家集中采购药品因素影响，中、西药价格涨幅连续两年回落，2020 年价格仅上涨 1.4%、1.3%，涨幅比上年分别回落 2.0、1.9 个百分点。

（三）疫情影响，服务项目价格涨势趋缓

随着居民消费结构变化、需求增加，教育、医疗、养老、旅游、家政等服务价格虽稳步提高，但受疫情影响，文化娱乐等服务行业受到冲击，2020 年安徽服务项目价格仅上涨 0.7%，涨幅比上年回落 0.8 个百分点，创 2013 年来新低，影响 CPI 上涨 0.25 个百分点，贡献率仅为 9.3%。调查的 65 种服务基本分类中，价格上涨的服务项目有 40 种，涨幅普遍较上年回落。其中教育服务价格持续上涨，小学初中、教育学前教育和课外教育分别上涨 5.4%、4.4%、4.3%，合计影响 CPI 上涨 0.17 个百分点。受医疗价格改革持续影响，医疗服务总体价格上涨 1.2%，中医治疗、康复治疗和护理价格分别上涨 9.9%、7.5%和 5.3%。受疫情影响，飞机票价格下降 21.8%，电影票价格下降 5.3%，宾馆住宿、旅行保险等服务价格也有小幅下降。

三、对安徽 2021 年 CPI 走势判断

目前新冠疫情在国内部分地区零散发生，防疫措施精准性有效性增强，预计疫情对经济活动的抑制作用弱于上年，需求对价格的拉动力将有所上升；供给方面，疫情后阶段将逐渐修复的产出缺口会对价格产生上拉作用，猪周期产能修复猪价回落将成为抑制 CPI 大幅上涨的主要因素。

预计 2021 年 CPI 趋于温和上涨，同比走势呈现“前低后高”的态势，核心 CPI 涨幅将高于上年。分类别看，预计猪肉价格将明显回落，食品烟酒类价格维持往年趋势，呈现 M 型走势，但总体涨幅较低甚至可能下跌；非食品烟酒类价格预计明显反弹，呈现普涨态势。

撰稿：姚　闯

2020 年安徽 PPI 运行情况简析

2020 年上半年，受新冠肺炎疫情影响，安徽工业生产受到较大冲击。随着国内疫情防控形势持续向好，安徽工业生产稳步恢复，产品价格逐步企稳回升，但 PPI 仍维持低位运行。

一、全年工业生产者价格运行特点

（一）同环比月度间变化大

PPI 月度环比波动幅度较大，分月呈“六涨两平四降”态势，其中 12 月环比涨幅创 48 个月以来新高。从各月同比看，1-2 月 PPI 均为上涨，涨幅分别为 1.0%和 0.4%；3-11 月持续下降，其中 5 月下降 2.7%，为年内最大降幅；12 月转为上涨 0.8%。

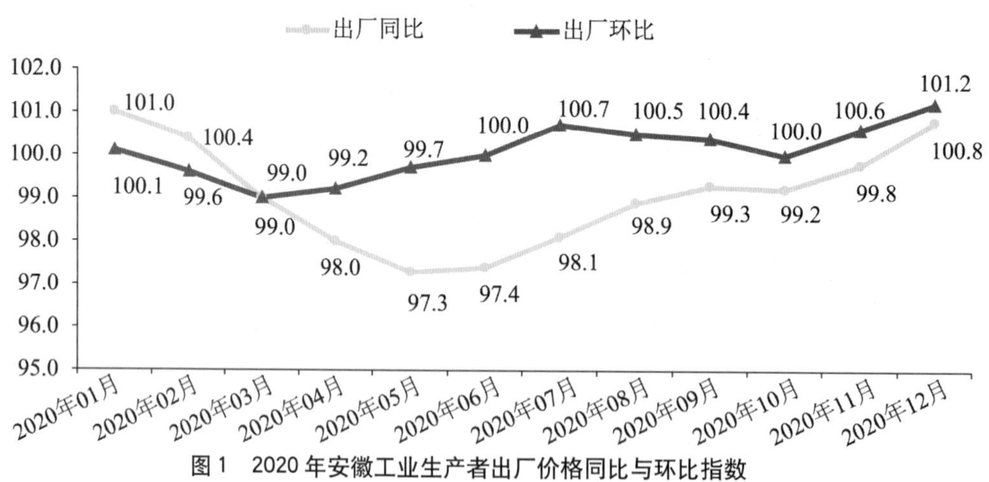

图 1　2020 年安徽工业生产者出厂价格同比与环比指数

（二）轻、重工业品价格皆下降

2020 年轻工业品出厂价格由 2019 年持平转为下降 0.1%，重工业品出厂价格由 2019 年上涨 0.5%转为下降 1.2%。轻工业中，以农产品为原料的轻工业累计上涨 1.5%；以非农产品为原料的轻工业累计下降 2.4%。重工业中，采掘累计下降 0.4%，原材料累计下降 3.0%，加工累计下降 0.7%。

（三）生产资料价格由涨转降，生活资料价格涨幅回落

2020 年生产资料出厂价格下降 1.4%，2019 年为上涨 0.1%；生活资料出厂价格上涨 0.5%，涨幅比 2019 年收窄 0.4 个百分点。生产资料中，采掘累计下降 0.4%，原材料累计下降 3.0%，加工累计下降 1.1%。生活资料中，食品累计上涨 3.4%，衣着累计下降 0.1%，一般日用品累计下降 0.4%，耐用消费品累计下降 2.6%。

（四）三大工业门类皆下降，采矿业较上年同期涨跌幅度变化大

2020 年采矿业下降 2.3%，2019 年为上涨 8.6%；制造业下降 0.8%，跌幅较 2019 年扩大 0.6 个百分点；电力、热力、燃气及水生产和供应业下降 0.5%，2019 年为持平。

（五）PPI 在全国位次靠前

2020 年安徽省 PPI 累计下降 0.9%，按降幅由低到高排序，位列全国第 6 位，在中部六省中居第 2 位，在长三角三省一市中居第 1 位。与全国相比，37 个行业中有 12 个行业价格涨幅高于全国，10 个行业价格降幅小于全国。

（六）购进九大类“五降四涨”

2020 年安徽工业生产者购进价格累计下降 1.5%。其中，燃料、动力类累计下降 8.8%；黑色金属材料类

累计上涨 0.7%；有色金属材料及电线类累计下降 3.3%；化工原料类累计下降 6.9%；木材及纸浆类累计下降 0.3%；建筑材料及非金属类累计上涨 5.5%；其他工业原材料及半成品类累计上涨 0.2%；农副产品类累计上涨 5.3%；纺织原料类累计下降 4.2%。

二、值得关注的问题

（一）原材料成本上升，中下游企业成本压力加大

2020 年下半年以来，供需两端稳步向好，部分大宗商品价格持续攀升，工业生产者出厂价格也持续上涨，有利于工业企业生产经营状况不断改善。但出厂价格持续上涨，特别基础性生产资料价格持续过快上涨，给中下游企业带来较大的成本压力，安徽 2020 年 12 月达到全年高点，其中石油煤炭及其他燃料加工业、黑色金属冶炼及压延加工业、有色金属冶炼及压延加工业等上游行业的涨幅明显高于其他行业。2020 年 12 月全国 PMI 调查结果也显示原材料成本高的企业占比达 49.4%，为近两年高点。原材料价格快速上涨使得企业尤其是承受力最弱的小型企业运营成本增加，盈利空间受到一定程度挤压。生产资料价格持续过快上升，不利于整体经济良性循环，长期来看不利于产业链供应链稳定运行，对经济形势强劲复苏形成一定制约。

（二）对 2021 年 PPI 产生明显的正向翘尾影响

由于工业品价格上涨集中在 2020 年下半年，且 11-12 月份工业生产者出厂价格环比涨幅大，将对 2021 年 PPI 产生明显的正向翘尾影响。

三、近期走势预判

近期经济延续复苏态势，工业企业主动补库存格局延续。全球维持持续宽松货币环境，大宗商品在通胀预期下维持强势，主要生产资料如煤炭、有色金属类产品、黑色金属类产品、石化类产品、建材类等价格持续走高。预计 2021 年一季度 PPI 将温和上涨。

撰稿：高亚奇

1-1 部分调查指标总量

指　标	Item	单位	Unit
主要农产品产量	**Output of Major Farm Products**	**万吨**	**10 000 tons**
粮食	Grain		
棉花	Cotton		
油料	Oil-Bearing Crops		
猪肉	Pork		
牛肉	Beef		
羊肉	Mutton		
禽肉	Poultry		
禽蛋	Poultry Eggs		
城乡居民生活	**Family, People's Livelihood and Housing**		
家庭	Family		
城镇居民平均每户家庭人口	Average Household Size in Urban Areas	人	person
农村居民平均每户家庭人口	Average Household Size in Rural Areas	人	person
居住	Housing		
城镇常住居民人均住房建筑面积	Net Floor Space per Capita of Urban Residents	平方米	sq.m
农村常住居民人均住房建筑面积	Net Floor Space per Capita of Rural Residents	平方米	sq.m
生活	People's Livelihood		
城镇常住居民人均可支配收入	Annual Disposable Income per Capita of Urban Residents	元	yuan
农村常住居民人均可支配收入	Annual Disposable Income per Capita of Rural Residents	元	yuan
物价(上年=100)	**Price (preceding year = 100)**		
居民消费价格指数	Consumer Price Index		
商品零售价格总指数	Retail Price Index		
工业生产者出厂价格指数	Producer Price Index for Industrial Products		
工业生产者购进价格指数	Purchasing Price Index for Industrial Producers		

Main Aggregate Indicators of Sample Survey

总量指标 Aggregate Data							
1978	1990	2000	2010	2015	2018	2019	2020
1482.0	2457.2	2472.1	3080.5	3538.1	4007.3	4054.0	4019.2
11.5	23.6	27.4	31.6	23.4	8.9	5.6	4.1
32.6	129.1	285.1	227.6	227.9	158.0	161.4	162.5
			238.8	259.1	243.9	197.8	183.4
			18.3	16.2	8.7	9.5	9.9
			14.2	16.6	17.1	18.8	20.7
			104.1	126.0	150.7	174.6	181.1
			119.0	134.7	158.3	168.7	184.2
		3.08	2.84	2.95	2.96	2.98	2.99
			4.03	3.02	3.08	3.10	3.06
				34.7	41.2	41.8	42.1
				46.8	52.9	53.5	54.6
				26935.8	34393.1	37540.0	39442.1
				10820.7	13996.0	15416.0	16620.2
	102.7	100.7	103.1	101.3	102.0	102.7	102.7
100.0	101.9	98.0	103.2	99.7	101.9	101.9	101.6
		98.9	109.0	93.9	103.0	100.3	99.1
		102.6	111.8	93.5	105.3	99.9	98.5

主要指标解释

粮食产量 指农业生产经营者日历年度内生产的全部粮食数量。按收获季节包括夏收粮食、早稻和秋收粮食，按作物品种包括谷物、薯类和豆类。其中谷物包括小麦、玉米、早稻、中稻和一季晚稻、双季晚稻、大麦、高粱、谷子、荞麦等禾本科和蓼科粮食作物；薯类只包括马铃薯、甘薯，木薯统计在其他农作物，芋头等其他薯统计在其他蔬菜；豆类包括大豆、绿豆、红小豆、杂豆等。谷物产量按脱粒后的原粮计算，薯类按鲜薯重量的5∶1折算，豆类按去豆荚后的干豆计算。

可支配收入 指调查户在调查期内获得的、可用于最终消费支出和储蓄的总和，即调查户可以用来自由支配的收入。可支配收入既包括现金，也包括实物收入。按照收入的来源，可支配收入包含四项，分别为：工资性收入、经营净收入、财产净收入和转移净收入。按居民类型划分，有居民可支配收入、城镇常住居民可支配收入、农村常住居民可支配收入。

居民消费价格指数（CPI） 反映一定时期内居民所消费商品及服务项目的价格水平变动趋势和变动程度。居民消费价格水平的变动率在一定程度上反映了通货膨胀（或紧缩）的程度。编制居民消费价格指数的目的，是了解全国各地价格变动的基本情况，分析研究价格变动对社会经济和居民生活的影响，满足各级政府制定政策和计划、进行宏观调控的需要，以及为国民经济核算提供参考依据。

工业生产者价格 指包括工业企业产品第一次出售时的出厂价格（简称工业生产者出厂价格）和企业作为中间投入的原材料、燃料、动力购进价格（简称工业生产者购进价格）。工业生产者价格调查的目的在于及时、准确、科学地反映各工业行业产品价格水平及其变动趋势和幅度，为国民经济核算、计算工业发展速度、宏观经济分析和调控、理顺价格体系等提供科学、准确的依据。

2

农业调查

Chapter 2 Agricultural Survey

简要说明

一、本篇资料内容主要包括农村社会经济主要指标，主要年份农作物播种面积、农作物总产量，畜牧业生产情况，农户固定资产投资情况，各调查县（区）农村基本情况等。

二、农作物播种面积及产量调查根据国家统计局《农林牧渔业统计报表制度》，由安徽调查总队组织实施，目前抽选的调查县为 64 个。

三、畜牧业生产情况调查根据国家统计局《农林牧渔业统计报表制度》，由安徽调查总队组织实施，主要畜禽按照抽样调查方案实行分季监测调查，生猪调出大县实行月度监测调查与季度监测调查相结合。

本版责任编辑：王　奎、戴月萍、孔二娟、赵颐轩

2-1 历年农业生产情况
Output of Agriculture in Main Years

年 份 Year	播种面积(千公顷) Sown Area (1000 hectares)	#粮食 #Grain Crops	#棉花 #Cotton	#油料 #Oil-bearing Crops	粮食产量(万吨) Output of Grain Crops (10000 tons)	#小麦 Wheat	稻谷 Barley	棉花产量(万吨) Output of Cotton (10000 tons)	油料产量(万吨) Output of Oil-bearing Crops (10000 tons)	蔬菜产量(万吨) Output of Vegetables (10000 tons)
1978	8013.0	6186.7	326.9	400.1	1482.0	279.0	856.5	11.5	32.6	
1979	8005.0	6288.0	299.1	508.5	1609.5	390.0	889.5	9.7	44.7	
1980	7740.0	6025.9	323.4	570.4	1454.0	340.5	773.0	12.2	49.8	
1981	7880.0	6024.2	329.1	774.9	1787.5	435.5	945.0	15.6	99.3	
1982	8007.0	6032.7	327.9	919.8	1933.0	554.0	1043.5	15.8	125.5	
1983	7895.0	6085.8	321.3	773.3	2010.5	572.5	960.0	19.0	96.5	
1984	7967.0	6192.3	333.7	746.4	2202.5	646.5	1136.0	23.4	97.2	
1985	8186.0	5898.6	235.1	1089.8	2168.0	605.9	1162.9	16.7	145.7	
1986	8163.0	6051.6	205.9	1103.8	2371.9	656.6	1222.3	16.3	131.6	
1987	8372.0	6151.0	224.2	1247.1	2432.6	717.9	1189.2	18.6	151.1	
1988	8169.0	6155.1	270.1	947.1	2296.4	677.5	1159.7	20.6	88.1	
1989	8239.0	6203.8	252.3	990.7	2383.5	591.8	1282.6	17.0	101.7	
1990	8314.0	6246.1	293.1	999.3	2457.2	598.0	1340.1	23.6	129.1	
1991	8196.0	5954.5	405.5	1083.1	1781.5	315.4	1058.0	27.1	97.1	
1992	8155.0	5873.0	420.0	1047.7	2325.1	611.8	1223.5	26.3	140.0	
1993	8265.0	6038.2	353.2	997.1	2569.9	716.9	1248.6	26.0	157.2	
1994	8264.0	5796.5	443.3	1088.3	2330.3	710.2	1187.5	25.8	154.5	
1995	8354.0	5852.5	443.2	1263.5	2580.7	699.1	1269.9	30.1	191.8	1006.9
1996	8361.5	6029.0	413.7	1098.8	2674.1	748.3	1327.4	27.0	177.2	1195.7
1997	8488.9	6030.6	399.4	1135.1	2802.7	941.2	1290.2	30.1	205.0	1780.0
1998	8564.2	5991.0	395.5	1225.3	2591.0	599.1	1390.2	29.0	176.5	1792.0
1999	8582.1	5934.9	303.2	1334.5	2771.2	852.5	1300.6	19.5	268.1	
2000	9005.8	6183.8	308.4	1457.4	2472.1	707.1	1221.6	27.4	285.1	1509.2
2001	8733.1	5841.7	363.0	1415.4	2500.3	741.9	1174.3	35.7	298.8	1439.7
2002	8997.6	6091.9	321.2	1453.2	2765.0	683.7	1327.5	33.7	282.3	1618.2
2003	9124.7	6157.2	390.0	1412.6	2214.8	642.8	963.7	24.1	231.4	1513.5
2004	9200.4	6312.2	398.9	1380.2	2743.0	790.1	1292.1	41.2	299.7	1656.5
2005	9172.5	6410.9	375.7	1303.1	2605.3	808.1	1250.8	32.5	270.7	1671.2
2006	8790.0	6443.4	360.9	935.4	2853.7	1039.0	1333.1	35.3	210.4	1726.5
2007	8210.5	6596.4	357.2	623.2	2974.0	1179.8	1356.9	35.5	153.8	1319.9
2008	8354.9	6710.5	352.2	659.6	3140.9	1259.2	1406.9	32.8	175.0	1350.0
2009	8576.1	6938.1	301.7	697.0	3168.9	1187.8	1470.9	29.7	182.4	1414.7
2010	8579.3	6947.7	280.8	691.9	3207.7	1242.4	1440.2	25.8	176.1	1524.3
2011	8582.9	6991.0	271.4	652.3	3314.0	1294.5	1450.7	29.3	167.0	1564.8
2012	8537.4	6988.7	224.4	628.8	3542.9	1423.3	1466.7	21.6	171.6	1638.6
2013	8545.2	7044.6	199.4	591.2	3540.9	1460.6	1426.6	17.6	169.5	1735.0
2014	8669.4	7183.6	176.2	582.0	3830.5	1581.1	1523.6	17.5	172.5	1775.3
2015	8780.8	7280.7	167.5	574.9	4077.2	1661.1	1616.8	14.8	171.4	1877.4
2016	8790.1	7359.0	110.1	542.7	3961.8	1635.5	1570.0	11.1	159.5	1936.6
2017	8726.7	7321.8	88.1	518.3	4019.7	1644.5	1647.5	8.6	154.7	2019.6
2018	8771.1	7316.3	86.3	520.2	4007.3	1607.5	1681.2	8.9	158.0	2118.2
2019	8782.0	7287.0	60.3	528.2	4054.0	1656.9	1630.0	5.6	161.4	2213.6
2020	8818.0	7289.5	51.2	521.4	4019.2	1671.7	1560.5	4.1	162.5	2330.9

2-2 农作物播种面积
Total Sown Areas of Farm Crops

单位：千公顷 (1 000 hectares)

指标	Item	2017	2018	2019	2020
农作物总播种面积	**Total Sown Area of Farm Crops**	**8726.7**	**8771.1**	**8782.0**	**8818.0**
一、粮食作物总计	**Grain Crops**	**7321.8**	**7316.3**	**7287.0**	**7289.5**
其中：夏收粮食	of Which: Summer Grain	2823.4	2876.3	2836.4	2826.0
秋收粮食	Autumn Grain	4291.0	4257.3	3550.1	3587.7
(一)谷物	Cereals	6597.8	6568.6	6551.1	6584.0
1.稻谷	Barley	2605.1	2544.8	2509.0	2512.1
(1)早稻	Early-season Rice	207.4	182.7	164.6	170.3
(2)中稻和一季晚稻	Semilate Rice and Single-crop Late Rice	2190.1	2172.8	2168.5	2162.6
(3)双季晚稻	Double-crop Late Rice	207.7	189.3	176.0	179.2
2.小麦	Wheat	2822.8	2875.9	2835.6	2825.2
3.玉米	Corn	1160.1	1138.6	1196.5	1234.8
4.谷子	Millet	8.8	6.5	1.2	1.4
5.高粱	Jowar	0.3	0.3	5.7	6.1
6.其他谷物	Other Cereals	0.1	0.5	2.1	4.4
其中：大麦	of Which: Barley	0.5	2.1	0.8	0.8
(二)豆类	Beans	658.7	687.6	673.0	642.0
大豆	Soybean	620.5	649.9	636.2	605.1
绿豆	Mung Bean	31.6	31.3	30.2	30.5
红小豆	Red Bean	6.5	6.4	6.5	6.4
(三)薯类	Tubers	65.3	60.2	63.0	63.5
其中：马铃薯	of Which: Potato	2.4	4.8	4.8	4.6
二、油料作物	**Oil-bearing Crops**	**518.3**	**520.2**	**528.2**	**521.4**
其中：花生	of Which: Peanut	138.9	144.2	142.2	145.8
油菜籽	Rapeseed	354.1	357.0	363.9	350.4
芝麻	Sesame	4.5	7.3	11.0	12.2
三、棉花	**Cotton**	**88.1**	**86.3**	**60.3**	**51.2**
四、麻类	**Fiber Crops**	**0.9**	**1.0**	**2.1**	**2.2**
其中：黄红麻	of Which: Jute and Ambary Hemp	0.3	0.3	0.7	0.7
苎麻	Ramee	0.0	0.1	0.1	0.2
大麻(线麻)	Hemp	0.6	0.6	1.3	1.3
五、糖料合计	**Sugar Crops**	**2.9**	**2.6**	**2.8**	**2.7**
甘蔗	Sugar Cane	2.9	1.7	2.0	1.9
六、烟叶合计	**Tobacco**	**8.3**	**8.1**	**8.7**	**8.6**
其中：烤烟	of Which: Flue-cured Tobacco	8.2	8.0	7.2	8.6
七、药材类合计	**Medicinal Materials**	**71.0**	**85.2**	**95.1**	**102.3**
八、蔬菜(含菜用瓜)	**Vegetables**	**628.2**	**652.2**	**682.7**	**718.0**
九、瓜果类(含果用瓜)	**Melon**	**74.9**	**80.0**	**90.2**	**95.4**
#西瓜	Watermelon	60.7	64.5	71.3	73.5
甜瓜	Muskmelon	1.6	2.7	3.4	4.5
草莓	Strawberry	9.0	9.1	10.7	12.8
十、其他作物	**Other Farm Crops**	**12.4**	**19.2**	**24.9**	**26.7**
#青饲料	Succulence	4.6	9.2	9.8	10.8

2-3 主要农作物总产量
Output of Main Crops

单位：万吨 (10 000 tons)

指 标	Item	2017	2018	2019	2020
农作物总产量	**Output of Farm Crops**	**6506.0**	**6622.8**	**6853.2**	
一、粮食作物总计	**Grain Crops**	**4019.7**	**4007.3**	**4054.0**	**4019.2**
其中：夏收粮食	Summer Grain	1644.6	1607.5	1657.0	1671.9
秋收粮食	Autumn Grain	2248.7	2287.1	2176.9	2138.8
(一)谷物	Cereals	3907.7	3889.3	3935.0	3901.9
1.稻谷	Barley	1647.5	1681.2	1630.0	1560.5
(1)早稻	Early-season Rice	126.4	112.6	101.0	91.2
(2)中稻	Semilate Rice	1414.6	1469.4	1438.7	1372.5
(3)双季晚稻	Double-crop Late Rice	106.4	99.2	90.4	96.8
2.小麦	Wheat	1644.5	1607.5	1656.9	1671.7
3.玉米	Corn	610.7	595.6	642.8	663.2
4.谷子	Millet	4.8	2.9	0.6	0.8
5.高粱	Jowar	0.2	0.2	3.2	3.4
6.其他谷物	Other Cereals	0.1	0.1	1.2	2.2
其中：大麦	Barley	0.1	2.0	0.2	0.2
(二)豆类	Beans	97.1	103.0	100.8	98.1
大豆	Soybean	94.0	97.5	95.7	92.9
绿豆	Mung Beans	2.5	4.4	4.1	4.2
红小豆	Red Bean	0.6	1.1	1.0	1.0
(三)薯类	Tubers	14.8	14.9	18.2	96.1
其中：马铃薯	Potato	1.4	1.6	1.4	6.6
二、油料作物	**Oil-bearing Crops**	**154.7**	**158.0**	**161.4**	**162.5**
其中：花生	Peanuts	68.8	71.1	70.6	72.3
油菜籽	Rapeseeds	83.2	84.3	87.3	85.3
芝麻	Sesames	0.7	1.1	1.7	2.0
三、棉花	**Cotton**	**8.6**	**8.9**	**5.6**	**4.1**
四、麻类	**Fiber Crops**	**0.3**	**0.3**	**1.0**	**1.0**
其中：黄红麻	Jute and Ambary Hemp	0.1	0.1	0.2	0.3
苎麻	Ramee	0.0	0.0	0.0	0.1
大麻(线麻)	Hemp	0.2	0.2	0.8	0.7
五、糖料合计	**Sugar Crops**	**11.2**	**10.1**	**10.9**	**11.1**
甘蔗	Sugar Cane	6.2	7.1	7.9	8.0
六、烟叶合计	**Tobacco**	**2.1**	**2.0**	**2.1**	**2.0**
其中：烤烟	Flue-cured Tobacco	2.1	2.0	1.8	2.0
七、药材类合计	**Medicinal Materials**			**48.7**	
八、蔬菜(含菜用瓜)	**Vegetables**	**2019.6**	**2118.2**	**2213.6**	**2330.9**
九、瓜果类(含果用瓜)	**Melon**	**289.7**	**317.9**	**355.9**	**373.7**
#西瓜	Watermelon	250.8	270.9	298.6	306.9
甜瓜	Muskmelon	5.1	8.4	10.7	13.8
草莓	Strawberry	22.5	22.7	28.0	34.6

2-4 各市、县(市、区)主要粮食作物播种面积(2020年)

Area Sown of Main Grain Crops by Region (2020)

单位：公顷 (hectare)

地区	Region	粮食作物播种面积 Sown Area of Grain Crops	谷物 Cereal	#稻谷 Rice	小麦 Wheat	玉米 Corn	豆类 Soybeans	薯类 Tubers
总 计	**Total**	**7289522.6**	**6583998.5**	**2512082.6**	**2825199.4**	**1234756.5**	**641976.3**	**63547.8**
合肥市	**Hefei**	**523359.2**	**505436.6**	**363014.5**	**122366.6**	**18998.4**	**13149.6**	**4773.0**
合肥市辖区	Hefei Region of City	19403.7	19201.4	15348.6	3581.1	271.7	202.3	
巢湖市	Chaohu	74003.8	72807.8	51517.1	16702.8	4587.9	903.3	292.7
长丰县	Changfeng	114292.5	109881.9	73177.6	32577.8	3069.4	2706.5	1704.1
肥东县	Feidong	111168.6	105430.2	77037.2	23136.2	5256.8	4565.7	1172.7
肥西县	Feixi	73129.2	70446.2	53710.4	15974.5	761.3	2422.1	260.9
庐江县	Lujiang	131361.4	127669.1	92223.6	30394.2	5051.3	2349.7	1342.6
淮北市	**Huaibei**	**275172.0**	**218000.8**		**135420.0**	**82514.3**	**56874.8**	**296.4**
淮北市辖区	Huaibei Region of City	48868.8	36216.0		22803.5	13412.5	12533.8	119.0
濉溪县	Suixi	226303.2	181784.8		112616.5	69101.8	44341.0	177.4
亳州市	**Bozhou**	**872820.4**	**730203.9**	**4320.5**	**436704.5**	**279990.1**	**137017.4**	**5599.1**
亳州市辖区	Bozhou Region of City	165296.2	135304.0		89248.3	45270.8	29248.4	743.8
涡阳县	Guoyang	247783.6	172963.0		121895.5	48355.3	72776.2	2044.4
蒙城县	Mengcheng	238962.0	221049.8	3132.2	117330.9	97006.7	15824.6	2087.6
利辛县	Lixin	220778.6	200887.1	1188.3	108229.8	89357.3	19168.2	723.3
宿州市	**Suzhou**	**938215.4**	**781300.2**	**1243.6**	**471940.4**	**307452.0**	**142426.2**	**14489.0**
宿州市辖区	Suzhou Region of City	286844.2	235959.6		150026.0	85933.6	50728.5	156.1
砀山县	Dangshan	63559.1	55319.8		37894.7	17157.6	7645.3	594.0
萧县	Xiaoxian	150657.7	140916.5		74426.0	66490.5	9281.0	460.2
灵璧县	Lingbi	227617.5	197368.7		109250.1	88051.9	30075.9	172.9
泗县	Sixian	209536.9	151735.6	1243.6	100343.6	49818.4	44695.5	13105.8
蚌埠市	**Bengbu**	**515291.4**	**488515.4**	**105285.1**	**252147.7**	**130966.0**	**25388.5**	**1387.5**
蚌埠市辖区	Bengbu Region of City	63079.0	56543.8	16719.9	27684.5	12139.4	6417.0	118.2
怀远县	Huaiyuan	224886.5	219556.4	55408.0	111845.8	52302.6	5322.7	7.4
五河县	Wuhe	117653.8	105802.0	31379.7	56143.4	18278.9	11461.1	390.7
固镇县	Guzhen	109672.1	106613.2	1777.5	56474.0	48245.1	2187.7	871.2
阜阳市	**Fuyang**	**970799.1**	**830798.8**	**65649.1**	**498917.0**	**266087.2**	**133144.9**	**6855.4**
阜阳市辖区	Fuyang Region of City	183338.6	150234.8		89195.6	61039.2	32457.1	646.7
界首市	Jieshou	65651.0	60434.5	320.0	31905.1	28209.4	4668.4	548.1
临泉县	Linquan	185002.5	175059.9		106338.6	68656.2	8602.3	1340.3
太和县	Taihe	195102.8	128848.5		95572.4	33238.0	64601.1	1653.2
阜南县	Funan	162311.6	155093.2	29366.7	82289.4	43394.8	5976.0	1242.4
颍上县	Yingshang	179392.6	161127.9	35962.4	93615.9	31549.6	16840.0	1424.7
淮南市	**Huainan**	**526278.7**	**502880.9**	**277512.5**	**213629.7**	**11738.7**	**21981.2**	**1416.6**
淮南市辖区	Huainan Region of City	129579.1	122629.8	66519.0	54102.6	2008.2	6473.7	475.6
凤台县	Fengtai	94662.0	90501.0	43209.1	45228.6	2063.3	4005.8	155.2
寿县	Shouxian	302037.6	289750.1	167784.4	114298.5	7667.2	11501.7	785.8
滁州市	**Chuzhou**	**826837.7**	**786587.9**	**415624.1**	**326745.3**	**44163.0**	**35597.6**	**4652.2**
滁州市辖区	Chuzhou Region of City	43990.2	43109.8	26520.6	13779.7	2809.5	283.8	596.6
天长市	Tianchang	141920.1	141372.4	76843.5	63213.0	1315.9	449.3	98.4
明光市	Mingguang	133395.2	118446.1	47657.7	59129.9	11658.5	13757.0	1192.1
来安县	Laian	77256.3	75299.2	49107.2	24104.0	2088.0	581.0	1376.1
全椒县	Quanjiao	75273.9	74177.4	51498.4	19767.6	2911.4	846.0	250.5
定远县	Dingyuan	209033.8	198239.5	102455.1	83683.1	12045.8	10033.0	761.3
凤阳县	Fengyang	145968.2	135943.5	61541.6	63068.0	11333.9	9647.5	377.2

2-4 续表 continued

单位：公顷 (hectare)

地区	Region	粮食作物播种面积 Sown Area of Grain Crops	谷物 Cereal	#稻谷 Rice	小麦 Wheat	玉米 Corn	豆类 Soybeans	薯类 Tubers
六安市	**Lu'an**	**609061.0**	**590411.6**	**404375.7**	**158781.5**	**26995.8**	**16255.9**	**2393.5**
六安市辖区	Lu'an Region of City	199867.3	191898.2	147146.4	32853.7	11898.1	6868.5	1100.6
霍邱县	Huoqiu	301893.4	296079.1	177216.2	112011.5	6851.4	5275.7	538.6
舒城县	Shucheng	62451.2	60001.4	44894.1	10143.3	4964.0	2121.3	328.5
金寨县	Jinzhai	25067.2	23352.6	17270.5	3742.0	2081.5	1310.9	403.7
霍山县	Huoshan	19781.9	19080.3	17848.5	31.0	1200.8	679.5	22.1
马鞍山市	**Maanshan**	**175949.9**	**168456.8**	**116572.8**	**48896.9**	**2987.1**	**4312.2**	**3180.9**
马鞍山市辖区	Maanshan Region of City	18264.1	17781.6	12868.8	4889.8	23.0	482.5	
当涂县	Dangtu	51579.3	48526.4	29491.9	16908.9	2125.6	2268.1	784.8
含山县	Hanshan	39833.8	37789.9	28589.8	8917.1	283.0	963.0	1080.9
和县	Hexian	66272.7	64358.9	45622.3	18181.1	555.5	598.6	1315.2
芜湖市	**Wuhu**	**222353.6**	**213003.4**	**160693.6**	**42670.1**	**9639.7**	**7318.8**	**2031.4**
芜湖市辖区	Wuhu Region of City	36503.9	33831.4	23138.6	8614.2	2078.6	2559.2	113.3
无为市	Wuwei	83307.8	80117.5	56869.9	18772.9	4474.7	2042.6	1147.7
南陵县	Nanling	55816.7	54236.7	48611.5	3483.2	2142.0	1243.7	336.3
宣城市	**Xuancheng**	**218051.0**	**205832.3**	**154973.8**	**43895.6**	**6924.8**	**8114.3**	**4104.4**
宣城市辖区	Xuancheng Region of City	86412.4	83358.1	62475.7	18545.1	2337.3	1877.5	1176.8
宁国市	Ningguo	11290.1	10889.6	8057.5	1064.4	1759.2	346.7	53.8
广德市	Guangde	36997.8	34684.1	27474.9	6692.7	516.5	1768.3	545.4
郎溪县	Langxi	48647.2	45305.7	29030.5	15734.7	540.5	2002.0	1339.5
泾县	Jingxian	19795.4	18810.7	16591.0	1696.0	502.5	723.3	261.4
绩溪县	Jixi	6622.8	4733.7	3521.4	154.5	1057.8	1303.1	586.0
旌德县	Jingde	8285.3	8050.4	7822.8	8.2	211.0	93.4	141.5
铜陵市	**Tongling**	**100448.9**	**95222.1**	**78577.8**	**12633.2**	**4011.1**	**4497.7**	**729.1**
铜陵市辖区	Tongling Region of City	25844.5	24000.5	19228.6	2836.1	1935.8	1743.5	100.5
枞阳县	Zongyang	74604.4	71221.6	59349.2	9797.1	2075.3	2754.2	628.6
池州市	**Chizhou**	**118609.6**	**110622.5**	**88282.1**	**13461.6**	**8878.8**	**6357.6**	**1629.5**
池州市辖区	Chizhou Region of City	44233.1	44233.1	32309.8	6270.4	3811.3	1702.1	139.5
东至县	Dongzhi	52130.1	48497.2	37800.3	6550.0	4146.9	2662.1	970.8
石台县	Shitai	2922.2	2226.2	1409.9	183.7	632.6	591.2	104.8
青阳县	Qingyang	19324.2	17507.6	16762.1	457.5	288.0	1402.2	414.4
安庆市	**Anqing**	**345232.0**	**314816.6**	**242068.9**	**46989.3**	**25389.3**	**23565.6**	**6849.8**
安庆市辖区	Anqing Region of City	14343.4	13784.1	9965.8	3012.4	805.9	457.3	
桐城市	Tongcheng	52406.0	51051.4	39810.3	7904.1	3337.0	1029.3	325.3
潜山市	Qianshan	35503.7	34445.0	31300.9	2264.0	880.1	720.2	338.5
怀宁县	Huaining	55447.1	52426.8	43701.7	2836.1	5889.0	2067.7	952.6
太湖县	Taihu	39482.3	36418.3	26782.9	6614.8	2977.9	1686.7	1377.3
宿松县	Susong	77076.4	63940.9	46508.0	12987.7	4160.9	10816.2	2319.3
望江县	Wangjiang	56223.9	49055.1	32936.4	10752.3	5366.4	5897.7	1271.1
岳西县	Yuexi	14749.2	13695.0	11062.9	617.9	1972.1	890.5	163.7
黄山市	**Huangshan**	**51042.7**	**41908.7**	**33888.5**		**8020.2**	**5974.0**	**3160.0**
黄山市辖区	Huangshan Region of City	13845.6	11404.4	9928.3		1476.1	1432.9	1008.3
歙县	Shexian	13709.8	10367.3	5700.1		4667.2	2123.2	1219.3
休宁县	Xiuning	12730.4	10736.9	9706.3		1030.6	1582.4	411.1
黟县	Yixian	4869.2	4598.8	4333.6		265.2	191.4	79.0
祁门县	Qimen	5887.7	4801.3	4220.2		581.1	644.1	442.3

2-5 各市、县(市、区)主要粮食作物产量(2020年)
Output of Main Grain Crops by Region (2020)

单位：吨 (ton)

市、县(市、区)	County (City)	粮食作物产量 Output of Grain Crops	谷物 Cereal	#稻谷 Rice	小麦 Wheat	玉米 Corn	豆类 Soybeans	薯类 Tubers
总　计	**Total**	**40192168.7**	**39018738.8**	**15605060.8**	**16717300.0**	**6632494.1**	**981264.3**	**192165.6**
合 肥 市	**Hefei**	**2889468.7**	**2856618.8**	**2191579.9**	**561158.5**	**98103.6**	**18472.6**	**14377.3**
合肥市辖区	Hefei Region of City	85433.8	85120.4	67554.1	15858.6	1707.7	313.4	
巢 湖 市	Chaohu	386550.3	384244.8	286271.8	74337.6	23635.4	1343.4	962.1
长 丰 县	Changfeng	645024.3	635685.3	459467.9	153798.6	16642.0	4468.1	4870.9
肥 东 县	Feidong	626520.0	616758.2	485955.6	100695.9	30106.7	6393.8	3368.0
肥 西 县	Feixi	427781.7	423801.0	339963.8	80406.0	3431.2	3258.2	722.4
庐 江 县	Lujiang	718158.6	711009.1	552366.7	136061.8	22580.7	2695.7	4453.8
淮 北 市	**Huaibei**	**1493604.8**	**1410783.7**		**998894.8**	**411520.5**	**81903.3**	**917.8**
淮北市辖区	Huaibei Region of City	253292.1	234653.7		167407.4	67246.2	18297.3	341.1
濉 溪 县	Suixi	1240312.6	1176130.0		831487.4	344274.3	63606.0	576.7
亳 州 市	**Bozhou**	**5051884.0**	**4851668.2**	**19806.1**	**3159873.4**	**1623459.3**	**183761.1**	**16454.7**
亳州市辖区	Bozhou Region of City	901251.4	860042.1		595878.2	260193.6	39049.4	2159.8
涡 阳 县	Guoyang	1268357.8	1165195.4		889810.0	260143.7	97015.6	6146.8
蒙 城 县	Mengcheng	1528016.9	1499503.1	13811.0	873310.6	593679.9	22569.8	5944.0
利 辛 县	Lixin	1354258.0	1326927.6	5995.1	800874.6	509442.0	25126.3	2204.2
宿 州 市	**Suzhou**	**4496157.6**	**4241526.2**	**7618.1**	**2668142.5**	**1562252.0**	**210419.1**	**44212.3**
宿州市辖区	Suzhou Region of City	1421005.6	1350132.4		883229.4	466903.0	70400.1	473.2
砀 山 县	Dangshan	306161.7	292283.8		203778.0	87169.4	11979.0	1898.9
萧　 县	Xiaoxian	760768.9	742114.3		420887.3	321227.0	17260.5	1394.1
灵 璧 县	Lingbi	1079290.6	1034209.9		608537.9	425284.3	44551.6	529.1
泗　 县	Sixian	928930.7	822785.8	7618.1	551709.9	261668.3	66227.9	39917.0
蚌 埠 市	**Bengbu**	**2805504.1**	**2765139.7**	**618175.2**	**1489405.7**	**656858.5**	**36398.6**	**3965.8**
蚌埠市辖区	Bengbu Region of City	319388.6	308826.3	90178.3	157621.6	61026.4	10223.3	339.0
怀 远 县	Huaiyuan	1231328.0	1223656.0	322442.8	663477.7	237735.4	7648.7	23.2
五 河 县	Wuhe	632982.8	616499.0	195467.4	322534.7	98496.8	15417.2	1066.7
固 镇 县	Guzhen	621804.7	616158.4	10086.7	345771.6	259599.8	3109.4	2536.9
阜 阳 市	**Fuyang**	**5216412.2**	**4979385.5**	**352290.6**	**3196857.1**	**1429428.5**	**216066.4**	**20960.3**
阜阳市辖区	Fuyang Region of City	950850.3	891958.9		555139.5	336819.4	56940.7	1950.7
界 首 市	Jieshou	399163.1	390494.7	1723.6	235581.6	153189.5	6857.1	1811.3
临 泉 县	Linquan	1041413.7	1024438.4		662736.6	361355.3	13173.1	3802.1
太 和 县	Taihe	977462.0	870694.5		684989.0	185487.4	101922.0	4845.6
阜 南 县	Funan	866232.1	853882.7	138273.3	489295.7	226069.0	8316.0	4033.4
颍 上 县	Yingshang	981291.0	947916.4	212293.8	569114.7	166507.9	28857.5	4517.1
淮 南 市	**Huainan**	**3074460.0**	**3036823.6**	**1791407.8**	**1185763.1**	**59652.7**	**33386.5**	**4249.9**
淮南市辖区	Huainan Region of City	786975.8	775530.3	457964.3	307131.5	10434.5	10067.3	1378.3
凤 台 县	Fengtai	607804.0	600978.5	303762.8	285833.2	11382.4	6312.3	513.3
寿　 县	Shouxian	1679680.1	1660314.8	1029680.7	592798.5	37835.7	17006.9	2358.4
滁 州 市	**Chuzhou**	**4656914.1**	**4578719.2**	**2568108.0**	**1776232.0**	**234052.1**	**64290.7**	**13904.1**
滁州市辖区	Chuzhou Region of City	248439.3	246035.7	159075.3	73930.9	13029.4	449.8	1953.9
天 长 市	Tianchang	840761.9	839800.5	472866.6	359696.8	7237.1	674.2	287.3
明 光 市	Mingguang	677072.8	648060.9	279341.9	312132.5	56586.5	25487.5	3524.4
来 安 县	Laian	462082.5	456899.7	319392.5	126863.5	10643.7	1011.0	4171.8
全 椒 县	Quanjiao	423894.1	421791.0	296568.0	106070.8	19152.2	1397.6	705.5
定 远 县	Dingyuan	1172372.3	1155132.0	648077.5	432478.8	74248.6	15110.1	2130.2
凤 阳 县	Fengyang	832291.0	810999.5	392786.1	365058.7	53154.6	20160.4	1131.1

2-5 续表 continued

单位：吨 (ton)

市、县(市、区)	County (City)	粮食作物产量 Output of Grain Crops	谷物 Cereal	#稻谷 Rice	小麦 Wheat	玉米 Corn	豆类 Soybeans	薯类 Tubers
六安市	**Lu'an**	**3456750.1**	**3422324.7**	**2546312.8**	**721688.5**	**152833.2**	**26990.1**	**7435.3**
六安市辖区	Lu'an Region of City	1156539.8	1142253.3	935283.5	140101.3	66868.5	10859.3	3427.2
霍邱县	Huoqiu	1692012.5	1681552.1	1102743.9	536635.8	42172.4	8699.7	1760.6
舒城县	Shucheng	362277.2	357365.0	297906.5	33255.7	26202.8	3915.2	997.0
金寨县	Jinzhai	136690.3	133355.1	110255.8	11585.7	10023.4	2147.1	1188.2
霍山县	Huoshan	109230.3	107799.2	100123.1	109.9	7566.2	1368.8	62.3
马鞍山市	**Maanshan**	**1047959.8**	**1031708.7**	**772232.6**	**245757.0**	**13719.0**	**7081.7**	**9169.5**
马鞍山市辖区	Maanshan Region of City	106099.0	105154.5	81666.6	23387.8	100.1	944.5	
当涂县	Dangtu	305694.2	299439.9	202890.5	87045.5	9503.9	3844.1	2410.1
含山县	Hanshan	255043.3	250405.6	205539.4	43573.1	1293.1	1493.6	3144.1
和县	Hexian	381123.3	376708.7	282136.1	91750.6	2822.0	799.4	3615.2
芜湖市	**Wuhu**	**1351357.1**	**1332129.8**	**1064869.4**	**207389.6**	**59870.7**	**12498.6**	**6728.7**
芜湖市辖区	Wuhu Region of City	188472.7	183104.0	133095.1	38457.1	11551.8	5025.4	343.2
无为市	Wuwei	529235.3	522375.9	412676.6	81922.3	27777.0	3149.2	3710.2
南陵县	Nanling	352304.6	349364.8	319774.9	14822.8	14767.1	1893.2	1046.6
宣城市	**Xuancheng**	**1266761.1**	**1236933.0**	**982904.7**	**212920.5**	**40887.3**	**17551.4**	**12276.6**
宣城市辖区	Xuancheng Region of City	485099.9	479352.4	373412.8	92727.7	13211.9	2401.6	3345.9
宁国市	Ningguo	66898.9	66240.5	50652.8	5308.4	10229.6	493.7	164.8
广德市	Guangde	233967.5	223694.3	186444.3	33669.7	3580.3	8473.6	1799.7
郎溪县	Langxi	268362.2	261957.1	185423.2	92727.7	3176.6	2440.3	3964.8
泾县	Jingxian	121211.9	119458.9	109120.6	7088.0	3124.2	993.7	759.4
绩溪县	Jixi	37144.2	32788.0	25710.1	731.6	6346.2	2562.9	1793.3
旌德县	Jingde	54076.5	53442.0	52140.9	37.8	1218.4	185.7	448.9
铜陵市	**Tongling**	**562785.8**	**553619.5**	**470571.1**	**55024.7**	**28023.8**	**6962.1**	**2204.2**
铜陵市辖区	Tongling Region of City	142102.0	138641.7	113851.1	12084.3	12706.2	3179.4	280.9
枞阳县	Zongyang	420683.9	414977.9	356720.0	42940.4	15317.5	3782.8	1923.2
池州市	**Chizhou**	**632532.7**	**612906.9**	**515323.3**	**52663.8**	**44919.8**	**14792.9**	**4832.9**
池州市辖区	Chizhou Region of City	246524.4	243319.8	201190.3	22906.7	19222.8	2814.8	389.7
东至县	Dongzhi	268296.3	260187.4	212524.7	27429.5	20233.3	5215.0	2893.8
石台县	Shitai	15216.1	13613.6	9091.1	584.4	3938.1	1305.8	296.8
青阳县	Qingyang	102495.9	95786.1	92517.1	1743.3	1525.7	5457.3	1252.6
安庆市	**Anqing**	**1903018.8**	**1843618.8**	**1487875.9**	**185528.7**	**168066.1**	**38645.7**	**20754.3**
安庆市辖区	Anqing Region of City	73214.2	72469.3	56853.0	11917.6	3698.7	443.9	301.0
桐城市	Tongcheng	305926.1	303334.6	251086.1	29715.7	22532.8	1572.3	1019.2
潜山市	Qianshan	206222.7	203989.6	190736.4	8251.7	5001.6	1106.2	1126.9
怀宁县	Huaining	322377.3	316355.3	265250.1	10449.1	40656.1	3368.9	4427.4
太湖县	Taihu	214302.5	207025.7	155904.9	31952.2	18938.4	2849.4	4427.4
宿松县	Susong	400191.7	375432.9	295529.3	51896.2	26323.3	18139.9	6618.9
望江县	Wangjiang	299435.9	285497.1	209920.9	38830.2	36746.0	9790.3	4148.5
岳西县	Yuexi	81348.4	79514.2	62595.2	2516.1	14169.1	1374.8	459.4
黄山市	**Huangshan**	**286597.8**	**264832.5**	**215985.3**		**48847.2**	**12043.5**	**9721.8**
黄山市辖区	Huangshan Region of City	80012.9	73525.7	64255.6		9270.1	3423.3	3063.9
歙县	Shexian	73129.4	66207.7	38634.0		27573.7	3095.2	3826.4
休宁县	Xiuning	72669.2	68105.8	60953.1		7152.7	3304.5	1258.9
黟县	Yixian	29181.2	28036.1	26280.9		1755.3	891.6	253.5
祁门县	Qimen	31605.1	28957.1	25861.7		3095.4	1328.9	1319.1

2-6 小麦中间消耗
Mid-consumption of Wheat

单位：元/亩 (yuan/mu)

指　标	Item	2017	2018	2019	2020
平均每单位产值	Output Value per Unit	979.59	743.15	970.22	948.83
平均每单位中间消耗	Intermediate Consumption per Unit	358.99	369.84	388.97	379.60
物质消耗	Material Consumption	264.89	277.56	287.49	285.93
用种量	Seed Quantity	79.60	80.06	87.61	81.45
饲料	Forages				
肥料	Fertilizers	136.71	144.82	146.51	150.74
燃料	Fuels	8.33	14.47	9.86	9.89
农膜	Farm Plastic Film	0.03			
农药	Pesticides	32.75	37.03	41.17	37.94
养殖用药	Pesticides for Cultivation				
水费	Water Fee				1.23
用电量	Electricity Consumption	5.80	0.24	0.41	0.40
棚架材料费	Scaffold Material Cost				
小农具	Small Farm Implements	0.79	0.71	1.24	2.65
办公用品	Office Supplies	0.20	0.18	0.40	0.11
其他	Others	0.68	0.05	0.29	1.27
生产服务支出	Cost of Production Services	94.10	92.28	101.48	93.67
外雇运输费	Transport Fee	1.81	1.43	2.33	2.08
外雇排灌费	Irrigation and Drainage Fee		0.31	0.73	1.42
外雇机械作业费	Mechanical Work Fee	87.64	86.40	94.55	85.93
其他	Others	4.65	4.14	3.87	4.24

2-7 中单晚及双晚稻中间消耗

Mid-consumption of Middle-season and Late Rice

单位：元/亩 (yuan/mu)

指 标	Item	2017	2018	2019	2020
平均每单位产值	Output Value per Unit	1301.45	1274.93	1315.18	1300.19
平均每单位中间消耗	Intermediate Consumption per Unit	430.68	457.73	489.56	455.11
物质消耗	Material Consumption	302.59	321.85	334.98	342.35
用种量	Seed Quantity	63.98	62.95	67.10	65.99
饲料	Forages				
肥料	Fertilizers	142.53	157.00	156.87	153.56
燃料	Fuels	13.60	14.44	12.82	16.17
农膜	Farm Plastic Film	1.25	0.21	0.04	0.46
农药	Pesticides	69.68	78.90	86.63	94.40
养殖用药	Pesticides for Cultivation				
水费	Water Fee	4.06	0.92	1.44	1.19
用电量	Electricity Consumption	5.37	6.32	9.02	6.91
棚架材料费	Scaffold Material Cost				
小农具	Small Farm Implements	1.87	0.80	0.95	3.51
办公用品	Office Supplies	0.03	0.01		0.02
其他	Others	0.22	0.30	0.11	0.14
生产服务支出	Cost of Production Services	128.09	135.88	154.58	112.76
外雇运输费	Transport Fee	1.22	2.68	3.45	5.69
外雇排灌费	Irrigation and Drainage Fee	3.61	5.62	4.25	6.02
外雇机械作业费	Mechanical Work Fee	109.68	121.16	139.26	96.19
其他	Others	13.58	6.42	7.62	4.86

2-8 玉米中间消耗
Mid-consumption of Corn

单位：元/亩 (yuan/mu)

指　标	Item	2017	2018	2019	2020
平均每单位产值	Output Value per Unit	691.14	711.25	800.68	953.76
平均每单位中间消耗	Intermediate Consumption per Unit	286.81	302.30	322.36	302.11
物质消耗	Material Consumption	210.05	222.88	241.44	233.93
用种量	Seed Quantity	53.30	57.35	61.06	58.48
饲料	Forages				
肥料	Fertilizers	120.09	130.03	143.29	137.03
燃料	Fuels	10.29	8.49	8.43	9.14
农膜	Farm Plastic Film			0.02	
农药	Pesticides	23.30	24.77	26.72	27.23
养殖用药	Pesticides for Cultivation				
水费	Water Fee				0.02
用电量	Electricity Consumption	0.59	0.23	0.57	0.25
棚架材料费	Scaffold Material Cost				
小农具	Small Farm Implements	1.35	1.19	1.33	0.83
办公用品	Office Supplies	1.13	0.81	0.02	0.23
其他	Others		0.01		0.72
生产服务支出	Cost of Production Services	76.76	79.42	80.92	68.18
外雇运输费	Transport Fee	1.22	0.42	1.14	1.01
外雇排灌费	Irrigation and Drainage Fee			0.57	0.12
外雇机械作业费	Mechanical Work Fee	67.93	75.57	77.32	65.22
其他	Others	7.61	3.43	1.89	1.83

2-9 油菜籽中间消耗
Mid-consumption of Rapeseeds

单位：元/亩 (yuan/mu)

指 标	Item	2017	2018	2019	2020
平均每单位产值	Output Value per Unit	792.22	843.54	818.60	859.72
平均每单位中间消耗	Intermediate Consumption per Unit	257.94	255.10	273.76	241.23
物质消耗	Material Consumption	184.29	175.16	193.70	181.89
用种量	Seed Quantity	30.99	27.58	24.08	28.32
饲料	Forages				
肥料	Fertilizers	118.23	113.48	126.93	111.64
燃料	Fuels	3.28	2.41	6.91	6.79
农膜	Farm Plastic Film	1.01			
农药	Pesticides	25.18	31.26	34.61	29.42
养殖用药	Pesticides for Cultivation				
水费	Water Fee				
用电量	Electricity Consumption	0.19	0.13	0.55	0.31
棚架材料费	Scaffold Material Cost				
小农具	Small Farm Implements	5.41	0.30	0.62	1.94
办公用品	Office Supplies				
其他	Others				
生产服务支出	Cost of Production Services	73.65	79.94	80.06	59.34
外雇运输费	Transport Fee			0.51	
外雇排灌费	Irrigation and Drainage Fee		0.70	0.70	0.72
外雇机械作业费	Mechanical Work Fee	70.42	76.50	74.35	55.82
其他	Others	3.23	2.74	4.50	2.80

2-10 棉花中间消耗
Mid-consumption of Cotton

单位：元/亩 (yuan/mu)

指　标	Item	2017	2018	2019	2020
平均每单位产值	Output Value per Unit	929.86	1248.53	1120.69	1057.49
平均每单位中间消耗	Intermediate Consumption per Unit	288.18	311.25	365.26	357.98
物质消耗	Material Consumption	270.36	296.90	355.81	343.24
用种量	Seed Quantity	52.10	59.98	63.50	54.77
饲料	Forages				
肥料	Fertilizers	129.84	156.98	188.04	193.50
燃料	Fuels	1.03	0.09	0.69	0.27
农膜	Farm Plastic Film	11.45	5.10	11.99	13.77
农药	Pesticides	60.37	73.54	88.11	79.75
养殖用药	Pesticides for Cultivation				
水费	Water Fee				
用电量	Electricity Consumption			3.00	0.13
棚架材料费	Scaffold Material Cost				
小农具	Small Farm Implements	1.28	1.21	0.48	1.05
办公用品	Office Supplies				
其他	Others	14.29			
生产服务支出	Cost of Production Services	17.82	14.35	9.45	14.74
外雇运输费	Transport Fee				4.29
外雇排灌费	Irrigation and Drainage Fee	0.71	0.77		0.71
外雇机械作业费	Mechanical Work Fee	14.52	10.24	4.96	7.92
其他	Others	2.59	3.34	4.49	1.82

2-11 主要畜禽生产情况
Number of Livestock or Poultry

指 标	Item	单位	Unit	2017	2018	2019	2020
畜禽存栏	**Number of Livestock or Poultry in Stock**						
猪	Hogs	万头	10 000 heads	1417.2	1356.3	1091.8	1419.3
其中：能繁殖母猪	of Which: Sow	万头	10 000 heads	120.5	116.2	96.5	135.1
牛	Cattle and Buffaloes	万头	10 000 heads	80.6	79.6	87.8	94.8
羊	Sheep and Goats	万只	10 000 heads	505.1	500.6	548.1	597.9
家禽	Poultry	万只	10 000 heads	23018.5	23524.9	27406.5	31024.1
畜禽出栏	**Number of Slaughtered Livestock or Poultry**						
猪	Hogs	万头	10 000 heads	2828.9	2837.4	2292.6	2150.5
牛	Cattle and Buffaloes	万头	10 000 heads	53.1	56.7	61.8	64.6
羊	Sheep and Goats	万只	10 000 heads	1170.3	1197.2	1314.1	1439.8
家禽	Poultry	万只	10 000 heads	87351.9	89361.0	103151.2	107793.0
畜禽产品产量	**Output of Livestock or Poultry**						
猪肉	Pork	万吨	10 000 tons	242.7	243.9	197.8	183.4
牛肉	Beef	万吨	10 000 tons	8.1	8.7	9.5	9.9
羊肉	Mutton	万吨	10 000 tons	16.5	17.1	18.8	20.7
禽肉	Poultry	万吨	10 000 tons	146.4	150.7	174.6	181.1
禽蛋	Poultry Eggs	万吨	10 000 tons	154.7	158.3	168.7	184.2
牛奶	Cow Milk	万吨	10 000 tons	29.8	30.8	33.8	37.6

2-12 生猪调出大县年末生猪存栏
Number of Hogs in Stock of Major Large Hog-Contributed Counties at Year-end

单位：万头 (10 000 heads)

地　区	Region	2017	2018	2019	2020
长丰县	Changfeng	37.00	33.81	6.48	35.08
肥东县	Feidong	39.42	37.54	9.90	15.98
怀远县	Huaiyuan	36.82	28.50	33.53	32.89
固镇县	Guzhen	41.87	37.40	19.20	31.03
太湖县	Taihu	28.80	24.48	3.98	16.37
定远县	Dingyuan	51.18	53.78	11.02	56.75
临泉县	Linquan	56.18	48.98	33.96	44.23
太和县	Taihe	48.63	40.23	48.77	43.00
阜南县	Funan	47.57	37.80	24.74	39.12
颍上县	Yingshang	48.15	39.00	17.87	50.50
埇桥区	Yongqiao District	55.28	52.91	44.96	60.00
萧　县	Xiaoxian	50.66	46.90	42.13	32.00
灵璧县	Lingbi	55.45	50.79	13.81	41.20
泗　县	Sixian	47.05	45.02	13.48	60.00
寿　县	Shouxian	45.03	35.72	14.96	34.00
霍邱县	Huoqiu	48.36	44.31	15.90	48.30
蒙城县	Mengcheng	44.97	35.46	30.68	40.10
利辛县	Lixin	44.47	32.82	24.26	38.35

2-13 生猪调出大县能繁殖母猪年末存栏
Number of Sows in Stock of Major Large Hog-Contributed Counties at Year-end

单位：万头 (10 000 heads)

地　区	Region	2017	2018	2019	2020
长丰县	Changfeng	4.53	3.66	0.96	2.16
肥东县	Feidong	4.25	4.06	0.61	1.90
怀远县	Huaiyuan	3.94	3.11	3.67	3.62
固镇县	Guzhen	3.83	3.45	1.78	2.82
太湖县	Taihu	2.68	1.78	0.52	1.68
定远县	Dingyuan	6.07	4.87	1.05	4.91
临泉县	Linquan	5.44	4.62	3.85	4.81
太和县	Taihe	4.63	4.03	4.99	4.71
阜南县	Funan	5.52	3.89	2.65	5.25
颍上县	Yingshang	5.54	4.38	2.02	6.60
埇桥区	Yongqiao District	6.13	5.92	4.93	6.55
萧　县	Xiaoxian	5.05	3.85	4.63	3.59
灵璧县	Lingbi	5.20	3.61	1.97	3.93
泗　县	Sixian	5.57	4.20	1.74	6.64
寿　县	Shouxian	5.29	4.06	4.49	3.50
霍邱县	Huoqiu	4.17	3.61	0.97	4.60
蒙城县	Mengcheng	5.01	3.61	4.13	4.39
利辛县	Lixin	4.83	4.22	3.53	4.30

2-14 生猪调出大县生猪出栏

Number of Slaughtered Hogs in Major Large Hog-Contributed Counties

单位：万头 (10 000 heads)

地 区	Region	2017	2018	2019	2020
长丰县	Changfeng	74.09	74.31	52.31	39.33
肥东县	Feidong	76.00	79.57	60.18	39.09
怀远县	Huaiyuan	66.20	59.23	37.43	37.97
固镇县	Guzhen	61.34	69.70	51.30	46.86
太湖县	Taihu	51.63	51.93	36.76	33.19
定远县	Dingyuan	98.65	102.00	88.39	91.78
临泉县	Linquan	87.29	86.60	90.12	74.07
太和县	Taihe	82.49	76.55	106.19	74.63
阜南县	Funan	80.05	71.59	54.06	59.80
颍上县	Yingshang	81.39	77.73	57.12	67.60
埇桥区	Yongqiao District	99.32	100.52	95.64	90.57
萧 县	Xiaoxian	65.66	65.24	62.67	58.49
灵璧县	Lingbi	86.51	80.81	50.85	56.28
泗 县	Sixian	75.28	78.73	72.36	67.15
寿 县	Shouxian	78.95	76.29	63.88	63.64
霍邱县	Huoqiu	97.61	91.64	54.92	77.02
蒙城县	Mengcheng	70.16	65.43	72.79	68.58
利辛县	Lixin	82.38	66.55	58.64	58.28

2-15 生猪调出大县猪肉产量

Output of Pork in Major Large Hog-Contributed Counties

单位：万吨 (10 000 tons)

地 区	Region	2017	2018	2019	2020
长丰县	Changfeng	6.42	6.46	4.52	3.17
肥东县	Feidong	6.42	6.78	5.19	3.25
怀远县	Huaiyuan	5.25	4.95	3.29	3.25
固镇县	Guzhen	4.84	5.60	4.40	4.03
太湖县	Taihu	4.29	4.55	3.14	2.85
定远县	Dingyuan	8.29	8.58	7.63	7.35
临泉县	Linquan	7.18	7.47	7.75	6.52
太和县	Taihe	6.65	6.37	8.97	6.57
阜南县	Funan	6.65	6.11	4.66	5.26
颍上县	Yingshang	6.70	6.56	4.90	5.98
埇桥区	Yongqiao District	8.34	8.39	8.17	8.60
萧 县	Xiaoxian	5.40	5.42	5.48	5.77
灵璧县	Lingbi	7.19	7.23	4.38	4.42
泗 县	Sixian	5.97	6.00	6.25	6.86
寿 县	Shouxian	6.54	6.35	5.48	5.20
霍邱县	Huoqiu	8.32	7.94	4.75	6.08
蒙城县	Mengcheng	5.97	5.52	6.27	5.63
利辛县	Lixin	6.89	5.56	5.04	4.96

2-16 各市牲畜饲养情况(2020年)

Number of Livestock by Region (2020)

单位: 万头(万只) (10 000 heads)

地　区	Region	大牲畜年末头数 Large Animals (year-end)	牛 Cattle and Buffaloes	肉猪出栏头数 Slaughtered Fattened Hogs	猪年末头数 Hogs (year-end)	羊年末只数 Sheep and Goats (year-end)	活家禽年末只数 Poultry (year-end)
总　计	**Total**	**95.2**	**94.8**	**2150.5**	**1419.3**	**597.9**	**31024.1**
合肥市	Hefei	5.5	5.5	126.5	64.7	10.0	3377.9
淮北市	Huaibei	3.0	3.0	65.3	51.6	13.6	409.0
亳州市	Bozhou	6.6	6.5	256.0	172.0	84.0	1426.4
宿州市	Suzhou	14.6	14.4	302.7	223.2	198.5	3406.8
蚌埠市	Bengbu	15.2	15.1	140.5	97.5	53.4	2359.6
阜阳市	Fuyang	23.4	23.3	356.0	226.8	141.9	3279.8
淮南市	Huainan	4.0	4.0	89.8	51.4	19.3	1319.8
滁州市	Chuzhou	5.6	5.6	203.5	126.1	29.6	2552.1
六安市	Lu'an	3.7	3.7	186.1	130.5	18.2	2083.9
马鞍山市	Maanshan	1.0	1.0	33.3	15.1	4.8	712.1
芜湖市	Wuhu	1.0	1.0	43.3	33.1	3.2	1623.4
宣城市	Xuancheng	2.2	2.2	65.3	44.0	5.9	3329.6
铜陵市	Tongling	0.4	0.4	19.5	14.1	1.2	795.4
池州市	Chizhou	0.5	0.5	45.8	27.5	1.9	1043.7
安庆市	Anqing	7.3	7.3	157.4	100.3	10.4	2836.2
黄山市	Huangshan	1.5	1.5	59.5	41.6	2.1	468.5

2-17 各市畜产品产量(2020年)

Output of Livestock Products by Region (2020)

地 区 Region	肉类总产量(万吨) Output of Meat (10000 tons)	猪 肉(万吨) Pork (10000 tons)	牛 肉(万吨) Beef (10000 tons)	羊 肉(万吨) Mutton (10000 tons)	禽 肉(万吨) Poultry (10000 tons)	生牛奶(万吨) Cow Milk (10000 tons)	禽 蛋(万吨) Poultry Eggs (10000 tons)	天然蜂蜜(吨) Honey (ton)	蚕 茧(吨) Silkworm Cocoons (ton)
总 计 Total	**396.03**	**183.36**	**9.92**	**20.66**	**181.05**	**37.64**	**184.22**	**16956.98**	**9755.43**
合肥市 Hefei	32.82	10.20	0.36	0.22	22.00	6.66	23.52	229.44	1146.41
淮北市 Huaibei	8.13	5.26	0.42	0.44	2.01	3.00	4.26	105.15	
亳州市 Bozhou	33.61	21.32	0.84	3.05	8.20	0.84	9.15	51.50	6.50
宿州市 Suzhou	50.74	28.20	1.31	5.70	15.50	1.16	31.29	32.24	30.00
蚌埠市 Bengbu	36.69	11.94	1.95	2.85	19.90	17.40	8.99	5.80	
阜阳市 Fuyang	55.44	31.31	2.62	4.84	16.62	1.37	19.07	424.33	511.11
淮南市 Huainan	16.85	8.22	0.55	1.09	6.99	1.28	10.90	36.00	
滁州市 Chuzhou	34.37	16.33	0.57	0.95	16.50	0.54	13.71	184.50	
六安市 Lu'an	31.52	15.43	0.37	0.88	14.48	0.39	10.53	133.92	2123.41
马鞍山市 Maanshan	7.80	2.85	0.05	0.12	4.78	3.86	3.37	4300.00	
芜湖市 Wuhu	15.56	3.40	0.10	0.08	11.97		9.38	78.37	
宣城市 Xuancheng	27.54	5.36	0.22	0.15	21.80		5.57	3383.73	2134.20
铜陵市 Tongling	3.75	1.80	0.02	0.02	1.92		3.13	12.02	
池州市 Chizhou	7.96	4.15	0.07	0.04	3.70	0.00	5.19	382.34	185.99
安庆市 Anqing	27.26	12.51	0.60	0.21	13.94		22.51	208.42	2327.40
黄山市 Huangshan	6.09	5.12	0.10	0.03	0.83	1.07	3.67	7389.23	1290.42

2-18 各县(市)畜牧业生产情况(2020年)

Production of Animal Husbandry by County or City (2020)

县(市)	County (City)	出栏猪(万头) Slaughtered Fattened Hogs (10000 heads)	出栏牛(万头) Slaughtered Cattle and Buffaloes (10000 heads)	出栏羊(万只) Slaughtered Sheep and Goats (10000 heads)	出栏活家禽(万只) Slaughtered Poultry (10000 heads)	禽蛋产量(万吨) Output of Poultry Eggs (10000 tons)
合肥市辖区	Hefei Region of City	2.72	0.02	0.33	514.96	1.30
巢湖市	Chaohu	5.26	0.27	3.66	1305.54	3.43
长丰县	Changfeng	39.33	0.52	6.85	3037.15	4.70
肥东县	Feidong	39.09	1.09	2.26	2249.97	5.40
肥西县	Feixi	30.68	0.27	2.17	3934.68	5.97
庐江县	Lujiang	9.42	0.24	1.05	1307.89	2.72
淮北市辖区	Huaibei Region of City	13.29	1.52	9.22	298.68	1.10
濉溪县	Suixi	52.01	0.85	22.94	822.18	3.15
亳州市辖区	Bozhou Region of City	69.13	2.10	42.77	939.62	2.57
涡阳县	Guoyang	60.01	0.51	65.55	1285.05	2.20
蒙城县	Mengcheng	68.58	1.56	48.80	1428.92	2.29
利辛县	Lixin	58.28	1.38	74.65	1287.45	2.10
宿州市辖区	Suzhou Region of City	90.57	1.68	63.52	2221.89	7.85
砀山县	Dangshan	29.93	0.19	90.80	1152.49	3.04
萧县	Xiaoxian	58.49	1.64	136.41	1320.60	8.71
灵璧县	Lingbi	56.28	2.31	41.66	1061.58	5.18
泗县	Sixian	67.15	2.24	64.85	2555.21	6.51
蚌埠市辖区	Bengbu Region of City	20.64	0.79	5.15	1545.05	1.12
怀远县	Huaiyuan	37.97	2.65	64.06	2352.37	1.47
五河县	Wuhe	35.03	6.19	37.37	1363.00	1.93
固镇县	Guzhen	46.86	2.97	63.78	6494.77	4.46
阜阳市辖区	Fuyang Region of City	59.67	2.56	77.84	3598.33	4.80
界首市	Jieshou	20.24	0.99	38.44	678.38	1.76
临泉县	Linquan	74.07	4.45	80.20	1720.51	3.35
太和县	Taihe	74.63	1.65	62.62	1281.26	2.88
阜南县	Funan	59.80	3.21	49.10	1250.30	2.94
颍上县	Yingshang	67.60	3.60	48.64	1372.15	3.35
淮南市辖区	Huainan Region of City	12.68	1.08	11.08	1064.36	3.59
凤台县	Fengtai	13.48	1.17	16.93	589.77	3.53
寿县	Shouxian	63.64	1.24	37.51	2057.48	3.79
滁州市辖区	Chuzhou Region of City	12.79	0.14	9.22	701.42	0.52
天长市	Tianchang	7.62	0.20	12.44	550.85	3.29
明光市	Mingguang	25.91	1.10	6.09	1760.00	2.25
来安县	Laian	12.00	0.23	6.64	3200.00	0.95
全椒县	Quanjiao	25.80	0.17	7.38	1574.95	1.26
定远县	Dingyuan	91.78	0.74	10.05	980.00	2.71
凤阳县	Fengyang	27.61	1.21	15.86	1250.00	2.72
六安市辖区	Lu'an Region of City	71.39	0.45	18.73	3289.84	2.12
霍邱县	Huoqiu	77.02	0.71	32.01	2072.73	5.66

2-18 续表 continued

县(市)	County (City)	出栏猪(万头) Slaughtered Fattened Hogs (10000 heads)	出栏牛(万头) Slaughtered Cattle and Buffaloes (10000 heads)	出栏羊(万只) Slaughtered Sheep and Goats (10000 heads)	出栏活家禽(万只) Slaughtered Poultry (10000 heads)	禽蛋产量(万吨) Output of Poultry Eggs (10000 tons)
舒城县	Shucheng	14.28	0.21	0.60	1698.93	2.22
金寨县	Jinzhai	13.61	0.83	7.50	339.84	0.40
霍山县	Huoshan	9.81	0.07	1.70	336.94	0.14
马鞍山市辖区	Maanshan Region of City	2.16	0.20	1.41	472.87	0.41
当涂县	Dangtu	7.02	0.02	3.28	641.65	1.26
含山县	Hanshan	11.27	0.06	2.05	476.55	1.03
和县	Hexian	12.83	0.04	1.31	1339.96	0.68
芜湖市辖区	Wuhu Region of City	17.57	0.17	2.40	2596.04	3.80
无为市	Wuwei	11.46	0.24	2.49	794.02	2.30
南陵县	Nanling	14.27	0.25	1.13	3140.67	3.28
宣城市辖区	Xuancheng Region of City	10.16	0.06	2.10	5510.58	1.13
宁国市	Ningguo	11.41	0.03	2.68	2911.08	0.55
广德市	Guangde	21.63	0.02	2.20	3500.67	1.73
郎溪县	Langxi	6.28	0.05	1.62	758.80	1.26
泾县	Jingxian	6.64	0.46	0.52	1313.17	0.51
绩溪县	Jixi	5.58	0.63	0.54	48.28	0.15
旌德县	Jingde	3.61	0.22	0.21	74.32	0.24
铜陵市辖区	Tongling Region of City	6.66	0.05	0.21	828.10	1.54
枞阳县	Zongyang	12.88	0.10	0.63	473.88	1.59
池州市辖区	Chizhou Region of City	21.76	0.20	0.76	863.33	1.67
东至县	Dongzhi	15.47	0.09	1.15	742.24	1.44
石台县	Shitai	1.30	0.02	0.03	33.33	0.13
青阳县	Qingyang	7.27	0.13	0.19	746.35	1.95
安庆市辖区	Anqing Region of City	3.99	0.04	0.30	280.25	0.75
桐城市	Tongcheng	21.19	0.08	0.63	553.46	7.56
潜山市	Qianshan	20.45	0.35	2.45	823.26	1.87
怀宁县	Huaining	21.26	0.12	0.60	1601.24	3.53
太湖县	Taihu	33.19	1.55	3.60	3150.77	1.22
宿松县	Susong	28.02	1.47	2.24	1774.02	2.51
望江县	Wangjiang	23.06	0.23	1.10	1859.03	3.81
岳西县	Yuexi	6.24	0.14	1.54	116.92	1.26
黄山市辖区	Huangshan Region of City	10.71	0.26	0.79	196.64	0.36
歙县	Shexian	24.91	0.24	0.85	117.66	2.06
休宁县	Xiuning	17.33	0.11	0.16	137.08	1.03
黟县	Yixian	3.90	0.03	0.05	38.73	0.11
祁门县	Qimen	2.64	0.01	0.11	33.72	0.11

主要指标解释

粮食产量　指农业生产经营者日历年度内生产的全部粮食数量。按收获季节包括夏收粮食、早稻和秋收粮食，按作物品种包括谷物、薯类和豆类。其中谷物包括小麦、玉米、早稻、中稻和一季晚稻、双季晚稻、大麦、高粱、谷子、荞麦等禾本科和蓼科粮食作物；薯类只包括马铃薯、甘薯，木薯统计在其他农作物，芋头等其他薯统计在其他蔬菜；豆类包括大豆、绿豆、红小豆、杂豆等。谷物产量按脱粒后的原粮计算，薯类按鲜薯重量的5∶1折算，豆类按去豆荚后的干豆计算。

猪、牛、羊肉产量　指当年出栏并已屠宰、除去头蹄下水后带骨肉（即胴体重）的重量。包括全社会范围内的产量。

期初（末）畜禽存栏头（只）数　指报告期初（末）养殖户（单位）饲养的大牲畜、猪、羊、家禽等畜禽的存栏数。

当年出栏头数　指养殖户（单位）饲养的，供屠宰并已出栏的全部牲畜头数。

常用耕地　是指耕地总资源中专门种植农作物并经常进行耕种、能够正常收获的土地。包括当年实际耕种的熟地；弃耕、休闲不满三年，随时可以复耕的地；开荒利用三年以上的土地。在统计口径上包括南方小于1米、北方小于2米宽的沟、渠、路和田埂。不包括临时种植农作物的坡度在25度以上的陡坡地；在河套、湖畔、库区临时开发的成片或零星土地；也不包括已列为国家和省（区、市）退耕计划但临时耕种的土地。常用耕地是国家需要重点保护的耕地，是反映我国农业综合生产能力的一个重要指标。

农作物播种面积　指实际播种或移植有农作物的面积。凡是实际种植有农作物的面积，不论种植在耕地上还是种植在非耕地上，均包括在农作物播种面积中。在播种季节基本结束后，因遭灾而重新改种和补种的农作物面积，也包括在内。它是反映我国耕地面积利用情况的一个重要指标。目前，农作物播种面积主要包括粮食、棉花、油料、糖料、麻类、烟叶、蔬菜和瓜类、药材和其他农作物九大类。

农林牧渔业中间消耗　指在一定时期内农林牧渔业生产过程中所消耗的物质产品和劳务价值。中间消耗包括物质产品消耗和生产服务支出两个部分。

物质消耗　指在一定时期内农林牧渔业生产过程中消耗的各种农业生产资料和发生的各项支出的市场价值。主要包括用种、饲料饲草、肥料、燃料、农药、农膜、小农具、养殖用药、水费、电费、棚架材料费、办公费用以及其他物质消耗。

生产服务支出　指在一定时期内农林牧渔业生产过程中各部门对农林牧渔业生产提供的劳动服务的价值。包括修理费、外雇运输费、生产性邮电费、外雇排灌费、外雇机械作业费、配种费、防疫费、技术服务费、上缴管理费、保险费、职工教育费、差旅费、会议费和其他服务费用等。

3 人民生活

Chapter 3 People's Living Conditions

简要说明

一、本篇资料内容主要反映城乡居民收支和生活状况，包括居民家庭基本情况、居民收支、消费水平、居住状况及主要消费品拥有量等。

二、本篇资料来源于城乡一体化住户调查，自 2013 年以来，城乡一体化住户调查整合城乡住户调查资源，统一调查指标、统一抽样方法、统一调查过程、统一数据处理和统一数据发布，更加全面准确地反映居民收入分配格局，根据国家统计局《住户收支与生活状况调查方案》，由安徽调查总队组织实施，调查目的是为全面了解全省和分市、县（区）城乡常住居民收入、生活现状及变化情况，满足各级政府制定政策计划和进行宏观管理的需要，以及社会各界的信息需求，为国民经济核算提供基础数据。

本版责任编辑：冉　地、汪　汛

3-1 全体居民家庭基本情况
Basic Conditions of Households Surveyed

指标名称	Item	单位 Unit	2018	2019	2020
一、基本情况	**Basic Conditions**	--			
调查户数	Number of Households Surveyed	户(household)	5700	5700	5700
户均常住人口	Permanent Residents per Household	人/户(person/household)	3.0	3.0	3.0
户均常住从业人口	Permanent Employees per Household	人/户(person/household)	1.7	1.7	1.6
平均每户家庭从业人口比重	Proportion of Employees per Household	%	56.2	54.4	51.5
平均每一从业人口负担人数(包括从业者本人)	Number of Dependents per Employee Including Oneself	人(person)	1.8	1.8	1.9
恩格尔系数	Engel's Coefficient of Households	(%)	31.8	31.8	33.3
现住房建筑面积	Floor Space of Buildings	平方米/人(m^2/person)	47.2	47.7	48.3
二、户主文化程度	**Education Level of Householder**	--			
1.未上过学	Not Been to School	%	3.7	3.4	3.5
2.小学	Primary School	%	21.5	20.9	21.0
3.初中	Junior Secondary School	%	46.9	47.0	46.7
4.高中	Senior Secondary School	%	13.9	13.8	14.0
5.大学专科	Junior College	%	7.7	8.1	8.3
6.大学本科	Undergraduate College	%	5.7	6.0	6.0
7.研究生	Postgraduate	%	0.6	0.6	0.6
三、常住从业人员就业类型	**Job Situation**	--			
1.雇主	Employer	%	1.4	1.0	0.7
2.公职人员	Public Officer	%	2.3	2.1	1.6
3.事业单位人员	Institution Worker	%	5.5	5.6	5.3
4.国有企业雇员	State-owned Enterprise Employee	%	3.8	3.9	3.5
5.其他雇员	Other Employee	%	44.0	47.4	49.6
6.农业自营	Agricultural Self-employed	%	28.8	25.5	23.6
7.非农自营	Non-agricultural Self-employed	%	14.1	14.5	15.7
四、常住从业人员从事主要行业	**Industries Engaged**	--			
1.第一产业	Primary Industry	%	30.5	27.7	26.5
2.第二产业	Secondary Industry	%	24.3	23.9	24.5
3.第三产业	Tertiary Industry	%	45.2	48.4	49.0
五、居民收入与支出情况	**Income and Expenditure of Households**				
居民人均总收入	Per Capita Total Income	元/人(yuan/person)	28324.4	31005.3	32571.7
居民人均可支配收入	Per Capita Disposable Income	元/人(yuan/person)	23983.6	26415.1	28103.2
居民人均现金可支配收入	Per Capita Disposable Income in Cash	元/人(yuan/person)	23041.0	24844.9	25952.4
现金可支配收入占可支配收入比重	Proportion of Cash Disposable Income in Disposable Income	%	96.1	94.1	92.3
居民人均消费支出	Per Capita Consumption Expenditure	元/人(yuan/person)	17044.6	19137.4	18877.3
居民人均现金消费支出	Per Capita Consumption Expenditure in Cash	元/人(yuan/person)	13809.7	15499.4	15233.3
现金消费支出占消费支出比重	Proportion of Cash Consumption Expenditure in Consumption Expenditure	%	81.0	81.0	80.7

3-2 全体居民可支配收入及构成

Per Capita Disposable Income and Its Composition of Total Residents

指　　标	Item	2018	2019	2020
可支配收入(元/人)	**Disposable Income (yuan/person)**	**23983.6**	**26415.1**	**28103.2**
一、工资性收入	Income of Wages and Salaries	12851.4	13956.5	14793.3
二、经营净收入	Net Business Income	5478.4	5967.5	6205.7
1.第一产业经营净收入	Net Business Income of Primary Industry	2074.6	2217.7	2173.7
2.第二产业经营净收入	Net Business Income of Secondary Industry	683.5	746.0	777.3
3.第三产业经营净收入	Net Business Income of Tertiary Industry	2720.3	3003.8	3254.7
三、财产净收入	Net Income from Property	1456.8	1729.4	1929.4
四、转移净收入	Net Income from Transfer	4197.1	4761.7	5174.8
1.转移性收入	Income from Transfer	5306.3	5907.2	6307.1
2.转移性支出	Expenditure from Transfer	1109.3	1145.5	1132.3
可支配收入构成(%)	**Composition of Disposable Income (%)**	**100.0**	**100.0**	**100.0**
一、工资性收入	Income of Wages and Salaries	53.6	52.8	52.6
二、经营净收入	Net Business Income	22.8	22.6	22.1
1.第一产业经营净收入	Net Business Income of Primary Industry	8.7	8.4	7.7
2.第二产业经营净收入	Net Business Income of Secondary Industry	2.8	2.8	2.8
3.第三产业经营净收入	Net Business Income of Tertiary Industry	11.3	11.4	11.6
三、财产净收入	Net Income from Property	6.1	6.5	6.9
四、转移净收入	Net Income from Transfer	17.5	18.0	18.4
1.转移性收入	Income from Transfer	22.1	22.4	22.4
2.转移性支出	Expenditure from Transfer	4.6	4.3	4.0

3-3 全体居民现金可支配收入及构成
Disposable Income in Cash and Its Composition of Total Residents

指　　　标	Item	2018	2019	2020
现金可支配收入(元/人)	**Disposable Income in Cash (yuan/person)**	**23041.0**	**24844.9**	**25952.4**
一、现金工资性收入	Income of Wages and Salaries in Cash	12760.1	13859.5	14702.2
二、现金经营净收入	Net Business Income in Cash	5907.6	5966.0	5645.6
1.第一产业经营净收入	Net Business Income of Primary Industry	2048.8	1883.7	1313.0
2.第二产业经营净收入	Net Business Income of Secondary Industry	828.7	809.9	860.6
3.第三产业经营净收入	Net Business Income of Tertiary Industry	3030.2	3272.3	3472.0
三、现金财产净收入	Net Income from Property in Cash	435.5	572.4	679.7
四、现金转移净收入	Net Income from Transfer in Cash	3937.8	4447.1	4924.9
1.现金转移性收入	Income from Transfer in Cash	5047.0	5592.6	6057.2
2.现金转移性支出	Expenditure from Transfer in Cash	1109.3	1145.5	1132.3
现金可支配收入构成(%)	**Composition of Disposable Income in Cash (%)**			
一、现金工资性收入	Income of Wages and Salaries in Cash	55.4	55.8	56.7
二、现金经营净收入	Net Business Income in Cash	25.6	24.0	21.8
1.第一产业经营净收入	Net Business Income of Primary Industry	8.9	7.6	5.1
2.第二产业经营净收入	Net Business Income of Secondary Industry	3.6	3.3	3.3
3.第三产业经营净收入	Net Business Income of Tertiary Industry	13.2	13.2	13.4
三、现金财产净收入	Net Income from Property in Cash	1.9	2.3	2.6
四、现金转移净收入	Net Income from Transfer in Cash	17.1	17.9	19.0
1.现金转移性收入	Income from Transfer in Cash	21.9	22.5	23.3
2.现金转移性支出	Expenditure from Transfer in Cash	4.8	4.6	4.4

3-4 全体居民按收入五等份分组的人均可支配收入
Per Capita Disposable Income of Total Residents by Income Quintile

单位：元/人 (yuan/person)

组　　别	Item	2018	2019	2020
20%低收入组家庭人均可支配收入	Lowest 20% Households	4153.7	5467.3	5778.3
20%中间偏下收入组家庭人均可支配收入	Lower Middle 20% Households	11464.8	14419.4	15146.2
20%中间收入组家庭人均可支配收入	Middle 20% Households	19111.9	22584.1	23616.1
20%中间偏上收入组家庭人均可支配收入	Upper Middle 20% Households	30940.8	34327.4	35790.5
20%高收入组家庭人均可支配收入	Highest 20% Households	63717.1	66996.8	72629.4

注：全体居民按收入五等份分组是指将所有调查户按人均可支配收入水平从低到高顺序排列，平均分为五个等份，处于最低20%的收入群体为低收入组，依此类推依次为中间偏下收入组、中间收入组、中间偏上收入组、高收入组。本表数据为不同分组家庭的人均可支配收入。

3-4-1 全体居民按收入五等份分组的人均消费支出
Per Capita Expenditures of Total Residents by Income Quintile

单位：元/人 (yuan/person)

组　　别	Item	2018	2019	2020
20%低收入组家庭人均消费支出	Lowest 20% Households	10815.7	12868.2	12668.5
20%中间偏下收入组家庭人均消费支出	Lower Middle 20% Households	11936.0	13714.8	14065.8
20%中间收入组家庭人均消费支出	Middle 20% Households	14561.0	17010.9	16986.3
20%中间偏上收入组家庭消费支出	Upper Middle 20% Households	19488.4	21559.2	21245.7
20%高收入组家庭人均消费支出	Highest 20% Households	31854.2	34814.1	33368.3

注：全体居民按收入五等份分组是指将所有调查户按人均可支配收入水平从低到高顺序排列，平均分为五个等份，处于最低20%的收入群体为低收入组，依此类推依次为中间偏下收入组、中间收入组、中间偏上收入组、高收入组。本表数据为不同分组家庭的人均消费支出。

3-5 全体居民消费支出
Consumption Expenditure of Total Residents

指　　标	Item	2018	2019	2020
消费支出(元/人)	**Consumption Expenditure (yuan/person)**	**17044.6**	**19137.4**	**18877.3**
(一)食品烟酒	Food, Tobacco and Liquor	5414.7	6080.8	6280.4
1.食品	Food	3519.5	3776.5	4230.7
2.烟酒	Tobacco and Liquor	825.9	922.5	864.5
3.饮料	Drinks	134.0	155.4	155.9
4.饮食服务	Diet Service	935.3	1226.4	1029.3
(二)衣着	Clothing	1137.4	1300.6	1210.4
1.衣类	Clothing	909.2	1049.8	969.0
2.鞋类	Footwear	228.2	250.8	241.3
(三)居住	Residence	3941.9	4281.3	4375.9
1.租赁房房租	Rent of Rentable Housing	145.7	155.2	129.2
2.住房维修及管理	Management and Maintenance of Housing	404.3	486.7	495.6
3.水、电、燃料及其他	Water, Electricity, Fuels and Others	686.2	676.2	639.1
4.自有住房折算租金	Converted Rent for Private Housing	2705.7	2963.2	3112.0
(四)生活用品及服务	Household Facilities, Articles and Service	1041.2	1154.3	1108.4
1.家具及室内装饰品	Furniture and Interior Decorations	130.9	157.0	147.6
2.家用器具	Household Facilities	301.5	322.1	288.9
3.家用纺织品	Home Textiles	75.6	86.4	80.4
4.家庭日用杂品	Daily-use Household Groceries	279.0	281.7	293.9
5.个人护理用品	Personal Products	206.0	260.3	257.0
6.家庭服务	Household Service	48.3	46.7	40.6
(五)交通通信	Transportation and Communications	2082.1	2286.6	2172.1
1.交通	Transportation	1440.4	1691.6	1551.1
2.通信	Communications	641.8	595.1	621.0
(六)教育文化娱乐	Education, Culture and Recreation	1810.4	2132.8	1855.3
1.教育	Education	1257.7	1526.7	1399.1
2.文化和娱乐	Culture and Recreation	552.6	606.1	456.2
(七)医疗保健	Medicine and Medical Service	1224.0	1489.9	1548.0
1.医疗器具及药品	Medical Instrument and Articles	340.2	267.2	333.0
2.医疗服务	Medical Service	883.9	1222.7	1215.0
(八)其他用品和服务	Miscellaneous Commodities and Services	392.8	411.2	326.8
1.其他用品	Miscellaneous Commodities	218.5	224.7	170.9
2.其他服务	Miscellaneous Services	174.3	186.5	155.9

3-6 全体居民消费支出构成
Composition of the Consumption Expenditure of Total Residents

指　　标	Item	2018	2019	2020
消费支出构成(%)	**Composition of the Consumption Expenditure (%)**	**100.0**	**100.0**	**100.0**
(一)食品烟酒	Food, Tobacco and Liquor	31.8	31.8	33.3
1.食品	Food	20.6	19.7	22.4
2.烟酒	Tobacco and Liquor	4.8	4.8	4.6
3.饮料	Drinks	0.8	0.8	0.8
4.饮食服务	Diet Service	5.5	6.4	5.5
(二)衣着	Clothing	6.7	6.8	6.4
1.衣类	Clothing	5.3	5.5	5.1
2.鞋类	Footwear	1.3	1.3	1.3
(三)居住	Residence	23.1	22.4	23.2
1.租赁房房租	Rent of Rentable Housing	0.9	0.8	0.7
2.住房维修及管理	Management and Maintenance of Housing	2.4	2.5	2.6
3.水、电、燃料及其他	Water, Electricity, Fuels and Others	4.0	3.5	3.4
4.自有住房折算租金	Converted Rent for Private Housing	15.9	15.5	16.5
(四)生活用品及服务	Household Facilities, Articles and Service	6.1	6.0	5.9
1.家具及室内装饰品	Furniture and Interior Decorations	0.8	0.8	0.8
2.家用器具	Household Facilities	1.8	1.7	1.5
3.家用纺织品	Home Textiles	0.4	0.5	0.4
4.家庭日用杂品	Daily-use Household Groceries	1.6	1.5	1.6
5.个人护理用品	Personal Products	1.2	1.4	1.4
6.家庭服务	Household Service	0.3	0.2	0.2
(五)交通通信	Transportation and Communications	12.2	11.9	11.5
1.交通	Transportation	8.5	8.8	8.2
2.通信	Communications	3.8	3.1	3.3
(六)教育文化娱乐	Education, Culture and Recreation	10.6	11.1	9.8
1.教育	Education	7.4	8.0	7.4
2.文化和娱乐	Culture and Recreation	3.2	3.2	2.4
(七)医疗保健	Medicine and Medical Service	7.2	7.8	8.2
1.医疗器具及药品	Medical Instrument and Articles	2.0	1.4	1.8
2.医疗服务	Medical Service	5.2	6.4	6.4
(八)其他用品和服务	Miscellaneous Commodities and Services	2.3	2.1	1.7
1.其他用品	Miscellaneous Commodities	1.3	1.2	0.9
2.其他服务	Miscellaneous Services	1.0	1.0	0.8

3-7 全体居民现金消费支出
Consumption Expenditure of Total Residents in Cash

指　　标	Item	2018	2019	2020
现金消费支出(元/人)	**Consumption Expenditure in Cash (yuan/person)**	**13809.7**	**15499.4**	**15233.3**
(一)食品烟酒	Food, Tobacco and Liquor	5200.4	5850.1	6050.5
1.食品	Food	3358.5	3605.9	4062.8
2.烟酒	Tobacco and Liquor	825.9	922.5	864.5
3.饮料	Drinks	133.6	154.4	154.2
4.饮食服务	Diet Service	882.4	1167.3	969.0
(二)衣着	Clothing	1136.9	1299.6	1209.1
1.衣类	Clothing	908.6	1048.8	967.8
2.鞋类	Footwear	228.2	250.8	241.3
(三)居住	Residence	1184.3	1252.2	1238.3
1.租赁房房租	Rent of Rentable Housing	145.7	155.2	129.2
2.住房维修及管理	Management and Maintenance of Housing	404.3	486.7	495.6
3.水、电、燃料及其他	Water, Electricity, Fuels and Others	634.3	610.3	613.5
(四)生活用品及服务	Household Facilities, Articles and Service	1032.8	1145.3	1098.4
1.家具及室内装饰品	Furniture and Interior Decorations	130.9	155.5	146.2
2.家用器具	Household Facilities	301.5	322.1	288.9
3.家用纺织品	Home Textiles	75.6	86.4	80.4
4.家庭日用杂品	Daily-use Household Groceries	270.5	274.2	285.3
5.个人护理用品	Personal Products	206.0	260.3	257.0
6.家庭服务	Household Service	48.3	46.7	40.6
(五)交通通信	Transportation and Communications	2055.9	2276.2	2167.7
1.交通	Transportation	1414.2	1681.1	1546.7
2.通信	Communications	641.8	595.1	621.0
(六)教育文化娱乐	Education, Culture and Recreation	1809.4	2132.3	1853.1
1.教育	Education	1257.7	1526.7	1399.1
2.文化和娱乐	Culture and Recreation	551.7	605.6	454.0
(七)医疗保健	Medicine and Medical Service	1003.4	1137.3	1294.5
1.医疗器具及药品	Medical Instrument and Articles	339.8	267.0	332.1
2.医疗服务	Medical Service	663.6	870.3	962.4
(八)其他用品和服务	Miscellaneous Commodities and Services	386.6	406.4	321.8
1.其他用品	Miscellaneous Commodities	215.8	221.8	168.6
2.其他服务	Miscellaneous Services	170.8	184.6	153.2

3-8 全体居民现金消费支出构成

Composition of the Consumption Expenditure of Total Residents in Cash

指　　标	Item	2018	2019	2020
现金消费支出构成(%)	**Composition of the Consumption Expenditure in Cash (%)**	**100.0**	**100.0**	**100.0**
(一)食品烟酒	Food, Tobacco and Liquor	37.7	37.7	39.7
1.食品	Food	24.3	23.3	26.7
2.烟酒	Tobacco and Liquor	6.0	6.0	5.7
3.饮料	Drinks	1.0	1.0	1.0
4.饮食服务	Diet Service	6.4	7.5	6.4
(二)衣着	Clothing	8.2	8.4	7.9
1.衣类	Clothing	6.6	6.8	6.4
2.鞋类	Footwear	1.7	1.6	1.6
(三)居住	Residence	8.6	8.1	8.1
1.租赁房房租	Rent of Rentable Housing	1.1	1.0	0.8
2.住房维修及管理	Management and Maintenance of Housing	2.9	3.1	3.3
3.水、电、燃料及其他	Water, Electricity, Fuels and Others	4.6	3.9	4.0
(四)生活用品及服务	Household Facilities, Articles and Service	7.5	7.4	7.2
1.家具及室内装饰品	Furniture and Interior Decorations	0.9	1.0	1.0
2.家用器具	Household Facilities	2.2	2.1	1.9
3.家用纺织品	Home Textiles	0.5	0.6	0.5
4.家庭日用杂品	Daily-use Household Groceries	2.0	1.8	1.9
5.个人护理用品	Personal Products	1.5	1.7	1.7
6.家庭服务	Household Service	0.3	0.3	0.3
(五)交通通信	Transportation and Communications	14.9	14.7	14.2
1.交通	Transportation	10.2	10.8	10.2
2.通信	Communications	4.6	3.8	4.1
(六)教育文化娱乐	Education, Culture and Recreation	13.1	13.8	12.2
1.教育	Education	9.1	9.8	9.2
2.文化和娱乐	Culture and Recreation	4.0	3.9	3.0
(七)医疗保健	Medicine and Medical Service	7.3	7.3	8.5
1.医疗器具及药品	Medical Instrument and Articles	2.5	1.7	2.2
2.医疗服务	Medical Service	4.8	5.6	6.3
(八)其他用品和服务	Miscellaneous Commodities and Services	2.8	2.6	2.1
1.其他用品	Miscellaneous Commodities	1.6	1.4	1.1
2.其他服务	Miscellaneous Services	1.2	1.2	1.0

3-9 全体居民主要食品消费量
Per Capita Main Food Consumption of Total Residents

单位：公斤/人 (kg/person)

指　　标	Item	2018	2019	2020
一、粮食	Grain	139.5	147.3	148.3
(一)谷物	Cereals	126.1	131.5	132.4
(二)薯类	Tubers	2.3	2.7	2.9
(三)豆类	Beans	11.1	13.0	13.0
二、油脂	Oil and Fats	9.5	8.8	9.0
#食用植物油	Edible Vegetable Oil	8.5	8.1	8.3
三、蔬菜及菜制品消费量	Vegetables and Processed Products	95.3	102.7	104.8
#鲜菜	Fresh Vegetables	92.2	98.9	101.2
四、肉类	Meat and Processed Products	28.3	27.1	24.1
#猪肉	Pork	22.1	20.6	18.1
牛肉	Beef	2.2	2.3	2.3
羊肉	Mutton	0.9	0.9	0.9
五、禽类	Poultry and Processed Products	12.0	14.7	15.7
六、水产品	Aquatic Products	12.0	15.2	14.6
七、蛋类	Eggs and Processed Products	11.3	12.5	14.2
八、奶类	Milk and Dairy Products	11.7	12.0	11.3
九、干鲜瓜果类	Dried and Fresh Melons and Fruits	52.6	63.7	55.9
#鲜瓜果	Fresh Melons and Fruits	48.2	58.6	51.2
坚果类	Nuts and Grain Products	3.3	3.8	3.6
十、食糖	Sugar	1.0	1.0	0.9

3-10 全体居民年末主要耐用消费品拥有量
Main Durable Goods Owned per 100 Households

单位：辆(台)/百户 (unit/100 households)

指 标	Item	2018	2019	2020
家用汽车	Household Automobile	27.4	29.9	31.5
摩托车	Motorcycle	25.1	22.0	20.5
助力车	Man-drawn Vehicle	100.5	107.4	110.8
洗衣机	Washing Machine	92.0	94.8	95.9
电冰箱(柜)	Refrigerator	101.2	103.1	104.0
微波炉	Microwave Oven	43.6	45.2	46.9
彩色电视机	Color TV	131.0	135.4	136.7
空 调	Air Conditioner	142.0	152.3	156.2
热水器	Water Heater	98.1	97.4	101.1
排油烟机	Kitchen Ventilator	54.0	57.6	60.1
固定电话	Telephone	24.1	12.8	10.5
移动电话	Mobile Telephone	255.8	261.4	262.5
计算机	Computer	45.8	45.6	46.6
照相机	Camera	8.9	9.1	9.1

3-11　城镇居民家庭基本情况
Basic Conditions of Urban Households Surveyed

指标名称	Item	单位 Unit	2018	2019	2020
一、基本情况	**Basic Conditions**	--			
调查户数	Number of Households Surveyed	户(household)	3240	3240	3240
户均常住人口	Permanent Residents per Household	人/户(persons/household)	3.0	3.0	3.0
户均常住从业人口	Permanent Employees per Household	人/户(persons/household)	1.6	1.6	1.5
平均每户家庭从业人口比重	Proportion of Employees per Household	%	55.1	53.8	51.4
平均每一从业人口负担人数（包括从业者本人）	Number of Dependents per Employee Including Oneself	人(person)	1.8	1.9	2.0
恩格尔系数	Engel's Coefficient of Households	(%)	31.0	31.2	32.6
现住房建筑面积	Floor Space of Buildings	平方米/人(m^2/person)	41.2	41.8	42.1
二、户主文化程度	**Education Level of Householder**	--			
1.未上过学	Not Been to School	%	2.7	2.5	2.5
2.小学	Primary School	%	12.6	11.9	12.1
3.初中	Junior Secondary School	%	39.1	39.5	39.3
4.高中	Senior Secondary School	%	19.8	19.4	19.5
5.大学专科	Junior College	%	13.3	13.7	13.9
6.大学本科	Undergraduate College	%	11.2	11.7	11.5
7.研究生	Postgraduate	%	1.2	1.3	1.2
三、常住从业人员就业类型	**Job Situation**	--			
1.雇主	Employer	%	1.9	1.5	1.0
2.公职人员	Public Officer	%	3.8	3.6	3.0
3.事业单位人员	Institution Worker	%	9.8	9.7	9.4
4.国有企业雇员	State-owned Enterprise Employee	%	7.4	7.5	6.5
5.其他雇员	Other Employee	%	50.4	52.5	54.2
6.农业自营	Agricultural Self-employed	%	10.6	8.6	8.2
7.非农自营	Non-agricultural Self-employed	%	16.2	16.5	17.7
四、常住从业人员从事主要行业	**Industries Engaged**	--			
1.第一产业	Primary Industry	%	11.5	9.9	9.7
2.第二产业	Secondary Industry	%	23.5	22.9	24.0
3.第三产业	Tertiary Industry	%	65.0	67.2	66.3
五、居民收入与支出情况	**Income and Expenditure of Households**				
居民人均总收入	Per Capita Total Income	元/人(yuan/person)	38470.0	42103.1	44083.7
居民人均可支配收入	Per Capita Disposable Income	元/人(yuan/person)	34393.1	37540.0	39442.1
居民人均现金可支配收入	Per Capita Disposable Income in Cash	元/人(yuan/person)	32885.9	35231.1	36811.0
现金可支配收入占可支配收入比重	Proportion of Cash Disposable Income in Disposable Income	%	95.6	93.8	93.3
居民人均消费支出	Per Capita Consumption Expenditure	元/人(yuan/person)	21522.7	23781.5	22682.7
居民人均现金消费支出	Per Capita Consumption Expenditure in Cash	元/人(yuan/person)	17578.5	19326.0	18203.0
现金消费支出占消费支出比重	Proportion of Cash Consumption Expenditure in Consumption Expenditure	%	81.7	81.3	80.3

3-12 城镇居民可支配收入及构成
Disposable Income and Its Composition of Urban Residents

指　　标	Item	2018	2019	2020
可支配收入(元/人)	**Disposable Income (yuan/person)**	**34393.1**	**37540.0**	**39442.1**
一、工资性收入	Income of Wages and Salaries	20974.0	22547.6	23635.6
二、经营净收入	Net Business Income	5548.1	5982.5	6189.1
1.第一产业经营净收入	Net Business Income of Primary Industry	460.6	519.0	530.2
2.第二产业经营净收入	Net Business Income of Secondary Industry	1024.4	1031.2	1069.9
3.第三产业经营净收入	Net Business Income of Tertiary Industry	4063.1	4432.4	4589.0
三、财产净收入	Net Income from Property	2708.3	3192.4	3504.5
四、转移净收入	Net Income from Transfer	5162.8	5817.5	6112.9
1.转移性收入	Income from Transfer	6922.7	7608.5	7897.2
2.转移性支出	Expenditure from Transfer	1760.0	1791.1	1784.3
可支配收入构成(%)	**Composition of Disposable Income (%)**	**100.0**	**100.0**	**100.0**
一、工资性收入	Income of Wages and Salaries	61.0	60.1	59.9
二、经营净收入	Net Business Income	16.1	15.9	15.7
1.第一产业经营净收入	Net Business Income of Primary Industry	1.3	1.4	1.3
2.第二产业经营净收入	Net Business Income of Secondary Industry	3.0	2.7	2.7
3.第三产业经营净收入	Net Business Income of Tertiary Industry	11.8	11.8	11.6
三、财产净收入	Net Income from Property	7.9	8.5	8.9
四、转移净收入	Net Income from Transfer	15.0	15.5	15.5
1.转移性收入	Income from Transfer	20.1	20.3	20.0
2.转移性支出	Expenditure from Transfer	5.1	4.8	4.5

3-13 城镇居民现金可支配收入及构成

Disposable Income in Cash and Its Composition of Urban Residents

指　　标	Item	2018	2019	2020
现金可支配收入(元/人)	**Disposable Income in Cash (yuan/person)**	**32885.9**	**35231.1**	**36811.0**
一、现金工资性收入	Income of Wages and Salaries in Cash	20847.7	22415.7	23516.8
二、现金经营净收入	Net Business Income in Cash	6579.3	6530.2	6497.9
1.第一产业经营净收入	Net Business Income of Primary Industry	940.0	653.5	498.7
2.第二产业经营净收入	Net Business Income of Secondary Industry	1214.7	1124.5	1166.7
3.第三产业经营净收入	Net Business Income of Tertiary Industry	4424.7	4752.2	4832.6
三、现金财产净收入	Net Income from Property in Cash	622.5	865.1	1020.7
四、现金转移净收入	Net Income from Transfer in Cash	4836.3	5420.1	5775.6
1.现金转移性收入	Income from Transfer in Cash	6596.3	7211.1	7559.9
2.现金转移性支出	Expenditure from Transfer in Cash	1760.0	1791.1	1784.3
现金可支配收入构成(%)	**Composition of Disposable Income in Cash (%)**	**100.0**	**100.0**	**100.0**
一、现金工资性收入	Income of Wages and Salaries in Cash	63.4	63.6	63.9
二、现金经营净收入	Net Business Income in Cash	20.0	18.5	17.7
1.第一产业经营净收入	Net Business Income of Primary Industry	2.9	1.9	1.4
2.第二产业经营净收入	Net Business Income of Secondary Industry	3.7	3.2	3.2
3.第三产业经营净收入	Net Business Income of Tertiary Industry	13.5	13.5	13.1
三、现金财产净收入	Net Income from Property in Cash	1.9	2.5	2.8
四、现金转移净收入	Net Income from Transfer in Cash	14.7	15.4	15.7
1.现金转移性收入	Income from Transfer in Cash	20.1	20.5	20.5
2.现金转移性支出	Expenditure from Transfer in Cash	5.4	5.1	4.8

3-14 城镇居民按收入五等份分组的人均可支配收入
Per Capita Disposable Income of Urban Residents by Income Quintile

单位：元/人 (yuan/person)

组　　别	Group	2018	2019	2020
20%低收入组家庭人均可支配收入	Lowest 20% Households	10740.0	13056.5	13752.8
20%中间偏下收入组家庭人均可支配收入	Lower Middle 20% Households	22318.3	25509.6	26471.5
20%中间收入组家庭人均可支配收入	Middle 20% Households	31359.8	34766.1	35864.5
20%中间偏上收入组家庭人均可支配收入	Upper Middle 20% Households	43098.9	46569.5	48376.7
20%高收入组家庭人均可支配收入	Highest 20% Households	78428.3	83039.2	89458.0

注：城镇居民按收入五等份分组是指将所有调查户按人均可支配收入水平从低到高顺序排列，平均分为五个等份，处于最低20%的收入群体为低收入组，依此类推依次为中间偏下收入组、中间收入组、中间偏上收入组、高收入组。本表数据为不同分组家庭的人均可支配收入。

3-14-1 城镇居民按收入五等份分组的人均消费支出
Per Capita Expenditures of Urban Residents by Income Quintile

单位：元/人 (yuan/person)

组　　别	Item	2018	2019	2020
20%低收入组家庭人均消费支出	Lowest 20% Households	12808.6	14521.9	13446.4
20%中间偏下收入组家庭人均消费支出	Lower Middle 20% Households	15730.8	18302.3	17846.9
20%中间收入组家庭人均消费支出	Middle 20% Households	19764.8	22240.6	21295.4
20%中间偏上收入组家庭消费支出	Upper Middle 20% Households	25719.4	27314.8	27303.1
20%高收入组家庭人均消费支出	Highest 20% Households	39265.7	42743.4	39434.4

注：全体居民按收入五等份分组是指将所有调查户按人均可支配收入水平从低到高顺序排列，平均分为五个等份，处于最低20%的收入群体为低收入组，依此类推依次为中间偏下收入组、中间收入组、中间偏上收入组、高收入组。本表数据为不同分组家庭的人均消费支出。

3-15 城镇居民消费支出
Consumption Expenditure of Urban Residents

指　　标	Item	2018	2019	2020
消费支出(元/人)	**Consumption Expenditure (yuan/person)**	**21522.7**	**23781.5**	**22682.7**
(一)食品烟酒	Food, Tobacco and Liquor	6672.1	7421.0	7400.8
1.食品	Food	4170.6	4489.1	4927.2
2.烟酒	Tobacco and Liquor	894.0	1002.7	889.3
3.饮料	Drinks	150.7	169.0	169.1
4.饮食服务	Diet Service	1456.8	1760.2	1415.2
(二)衣着	Clothing	1661.1	1763.5	1548.9
1.衣类	Clothing	1355.5	1446.7	1259.8
2.鞋类	Footwear	305.6	316.8	289.1
(三)居住	Residence	4909.9	5262.3	5348.9
1.租赁房房租	Rent of Rentable Housing	238.9	193.6	168.6
2.住房维修及管理	Management and Maintenance of Housing	465.9	550.5	514.5
3.水、电、燃料及其他	Water, Electricity, Fuels and Others	766.0	750.2	737.6
4.自有住房折算租金	Converted Rent for Private Housing	3439.1	3768.0	3928.3
(四)生活用品及服务	Household Facilities, Articles and Service	1321.3	1465.8	1358.6
1.家具及室内装饰品	Furniture and Interior Decorations	155.5	194.5	175.2
2.家用器具	Household Facilities	377.7	405.4	351.1
3.家用纺织品	Home Textiles	98.5	118.7	105.9
4.家庭日用杂品	Daily-use Household Groceries	322.8	327.1	336.2
5.个人护理用品	Personal Products	295.3	352.9	330.1
6.家庭服务	Household Service	71.5	67.3	60.0
(五)交通通信	Transportation and Communications	2630.3	2870.5	2674.1
1.交通	Transportation	1844.1	2160.5	1953.0
2.通信	Communications	786.2	709.9	721.2
(六)教育文化娱乐	Education, Culture and Recreation	2372.4	2802.4	2283.1
1.教育	Education	1543.4	1883.6	1665.4
2.文化和娱乐	Culture and Recreation	829.1	918.8	617.7
(七)医疗保健	Medicine and Medical Service	1419.3	1658.2	1637.6
1.医疗器具及药品	Medical Instrument and Articles	397.7	255.3	403.4
2.医疗服务	Medical Service	1021.6	1402.9	1234.2
(八)其他用品和服务	Miscellaneous Commodities and Services	536.3	537.8	430.6
1.其他用品	Miscellaneous Commodities	287.1	276.9	217.1
2.其他服务	Miscellaneous Services	249.2	261.0	213.5

3-16 城镇居民消费支出构成

Composition of the Consumption Expenditure of Urban Residents

指　　标	Item	2018	2019	2020
消费支出构成(%)	**Composition of the Consumption Expenditure (%)**	**100.0**	**100.0**	**100.0**
(一)食品烟酒	Food, Tobacco and Liquor	31.0	31.2	32.6
1.食品	Food	19.4	18.9	21.7
2.烟酒	Tobacco and Liquor	4.2	4.2	3.9
3.饮料	Drinks	0.7	0.7	0.7
4.饮食服务	Diet Service	6.8	7.4	6.2
(二)衣着	Clothing	7.7	7.4	6.8
1.衣类	Clothing	6.3	6.1	5.6
2.鞋类	Footwear	1.4	1.3	1.3
(三)居住	Residence	22.8	22.1	23.6
1.租赁房房租	Rent of Rentable Housing	1.1	0.8	0.7
2.住房维修及管理	Management and Maintenance of Housing	2.2	2.3	2.3
3.水、电、燃料及其他	Water, Electricity, Fuels and Others	3.6	3.2	3.3
4.自有住房折算租金	Converted Rent for Private Housing	16.0	15.8	17.3
(四)生活用品及服务	Household Facilities, Articles and Service	6.1	6.2	6.0
1.家具及室内装饰品	Furniture and Interior Decorations	0.7	0.8	0.8
2.家用器具	Household Facilities	1.8	1.7	1.5
3.家用纺织品	Home Textiles	0.5	0.5	0.5
4.家庭日用杂品	Daily-use Household Groceries	1.5	1.4	1.5
5.个人护理用品	Personal Products	1.4	1.5	1.5
6.家庭服务	Household Service	0.3	0.3	0.3
(五)交通通信	Transportation and Communications	12.2	12.1	11.8
1.交通	Transportation	8.6	9.1	8.6
2.通信	Communications	3.7	3.0	3.2
(六)教育文化娱乐	Education, Culture and Recreation	11.0	11.8	10.1
1.教育	Education	7.2	7.9	7.3
2.文化和娱乐	Culture and Recreation	3.9	3.9	2.7
(七)医疗保健	Medicine and Medical Service	6.6	7.0	7.2
1.医疗器具及药品	Medical Instrument and Articles	1.8	1.1	1.8
2.医疗服务	Medical Service	4.7	5.9	5.4
(八)其他用品和服务	Miscellaneous Commodities and Services	2.5	2.3	1.9
1.其他用品	Miscellaneous Commodities	1.3	1.2	1.0
2.其他服务	Miscellaneous Services	1.2	1.1	0.9

3-17 城镇居民现金消费支出
Consumption Expenditure of Urban Residents in Cash

指　　标	Item	2018	2019	2020
现金消费支出(元/人)	**Consumption Expenditure in Cash (yuan/person)**	**17578.5**	**19326.0**	**18203.0**
(一)食品烟酒	Food, Tobacco and Liquor	6513.0	7261.3	7241.0
1.食品	Food	4090.9	4410.0	4848.6
2.烟酒	Tobacco and Liquor	894.0	1002.7	889.3
3.饮料	Drinks	150.6	168.8	168.7
4.饮食服务	Diet Service	1377.5	1679.8	1334.5
(二)衣着	Clothing	1660.6	1762.0	1546.6
1.衣类	Clothing	1355.0	1445.3	1257.5
2.鞋类	Footwear	305.6	316.8	289.1
(三)居住	Residence	1460.8	1481.2	1415.5
1.租赁房房租	Rent of Rentable Housing	238.9	193.6	168.6
2.住房维修及管理	Management and Maintenance of Housing	465.9	550.5	514.5
3.水、电、燃料及其他	Water, Electricity, Fuels and Others	756.1	737.0	732.4
(四)生活用品及服务	Household Facilities, Articles and Service	1311.3	1456.3	1351.4
1.家具及室内装饰品	Furniture and Interior Decorations	155.5	192.1	175.2
2.家用器具	Household Facilities	377.7	405.4	351.1
3.家用纺织品	Home Textiles	98.5	118.7	105.9
4.家庭日用杂品	Daily-use Household Groceries	312.8	319.9	329.0
5.个人护理用品	Personal Products	295.3	352.9	330.1
6.家庭服务	Household Service	71.5	67.3	60.0
(五)交通通信	Transportation and Communications	2606.4	2853.1	2668.3
1.交通	Transportation	1820.2	2143.1	1947.1
2.通信	Communications	786.2	709.9	721.2
(六)教育文化娱乐	Education, Culture and Recreation	2370.7	2802.3	2281.5
1.教育	Education	1543.3	1883.6	1665.4
2.文化和娱乐	Culture and Recreation	827.3	918.7	616.1
(七)医疗保健	Medicine and Medical Service	1129.5	1180.1	1275.4
1.医疗器具及药品	Medical Instrument and Articles	397.0	255.2	403.0
2.医疗服务	Medical Service	732.5	924.9	872.4
(八)其他用品和服务	Miscellaneous Commodities and Services	526.1	529.7	423.3
1.其他用品	Miscellaneous Commodities	283.1	272.3	214.7
2.其他服务	Miscellaneous Services	242.9	257.5	208.6

3-18 城镇居民现金消费支出构成

Composition of the Consumption Expenditure of Urban Residents in Cash

指 标	Item	2018	2019	2020
现金消费支出构成(%)	**Composition of the Consumption Expenditure in Cash (%)**	**100.0**	**100.0**	**100.0**
(一)食品烟酒	Food, Tobacco and Liquor	37.1	37.6	39.8
1.食品	Food	23.3	22.8	26.6
2.烟酒	Tobacco and Liquor	5.1	5.2	4.9
3.饮料	Drinks	0.9	0.9	0.9
4.饮食服务	Diet Service	7.8	8.7	7.3
(二)衣着	Clothing	9.4	9.1	8.5
1.衣类	Clothing	7.7	7.5	6.9
2.鞋类	Footwear	1.7	1.6	1.6
(三)居住	Residence	8.3	7.7	7.8
1.租赁房房租	Rent of Rentable Housing	1.4	1.0	0.9
2.住房维修及管理	Management and Maintenance of Housing	2.7	2.8	2.8
3.水、电、燃料及其他	Water, Electricity, Fuels and Others	4.3	3.8	4.0
(四)生活用品及服务	Household Facilities, Articles and Service	7.5	7.5	7.4
1.家具及室内装饰品	Furniture and Interior Decorations	0.9	1.0	1.0
2.家用器具	Household Facilities	2.1	2.1	1.9
3.家用纺织品	Home Textiles	0.6	0.6	0.6
4.家庭日用杂品	Daily-use Household Groceries	1.8	1.7	1.8
5.个人护理用品	Personal Products	1.7	1.8	1.8
6.家庭服务	Household Service	0.4	0.3	0.3
(五)交通通信	Transportation and Communications	14.8	14.8	14.7
1.交通	Transportation	10.4	11.1	10.7
2.通信	Communications	4.5	3.7	4.0
(六)教育文化娱乐	Education, Culture and Recreation	13.5	14.5	12.5
1.教育	Education	8.8	9.7	9.1
2.文化和娱乐	Culture and Recreation	4.7	4.8	3.4
(七)医疗保健	Medicine and Medical Service	6.4	6.1	7.0
1.医疗器具及药品	Medical Instrument and Articles	2.3	1.3	2.2
2.医疗服务	Medical Service	4.2	4.8	4.8
(八)其他用品和服务	Miscellaneous Commodities and Services	3.0	2.7	2.3
1.其他用品	Miscellaneous Commodities	1.6	1.4	1.2
2.其他服务	Miscellaneous Services	1.4	1.3	1.1

3-19 城镇居民主要食品消费量
Per Capita Main Food Consumption of Urban Residents

单位：公斤/人 (kg/person)

指 标	Item	2018	2019	2020
一、粮食	Grain	118.3	125.0	126.5
(一)谷物	Cereals	105.3	109.6	110.8
(二)薯类	Tubers	2.1	2.6	2.7
(三)豆类	Beans	10.9	12.9	13.0
二、油脂	Oil and Fats	8.7	8.2	8.5
#食用植物油	Edible Vegetable Oil	7.9	7.7	8.0
三、蔬菜及菜制品消费量	Vegetables and Processed Products	96.5	106.2	107.5
#鲜菜	Fresh Vegetables	92.9	101.8	103.2
四、肉类	Meat and Processed Products	29.9	29.3	26.8
#猪肉	Pork	22.5	21.5	19.4
牛肉	Beef	2.9	3.0	3.0
羊肉	Mutton	1.1	1.1	1.1
五、禽类	Poultry and Processed Products	12.5	15.0	15.8
六、水产品	Aquatic Products	13.2	16.6	16.2
七、蛋类	Eggs and Processed Products	11.9	12.8	14.2
八、奶类	Milk and Dairy Products	14.3	14.3	13.4
九、干鲜瓜果类	Dried and Fresh Melons and Fruits	58.5	70.6	61.5
#鲜瓜果	Fresh Melons and Fruits	53.7	64.8	56.2
坚果类	Nuts and Grain Products	3.5	4.2	3.9
十、食糖	Sugar	1.0	0.9	0.9

3-20 城镇居民年末主要耐用消费品拥有量
Main Durable Goods Owned per 100 Urban Households

单位：辆(台)/百户 (unit/100 households)

指　　标	Item	2018	2019	2020
家用汽车	Household Automobile	32.0	34.9	36.6
摩托车	Motorcycle	15.2	13.8	13.1
助力车	Man-drawn Vehicle	89.5	97.8	101.7
洗衣机	Washing Machine	97.8	99.8	100.8
电冰箱(柜)	Refrigerator	101.2	102.7	103.7
微波炉	Microwave Oven	61.6	63.7	65.7
彩色电视机	Color TV	132.9	137.2	138.6
空　调	Air Conditioner	175.4	185.4	188.0
热水器	Water Heater	104.8	104.1	106.6
排油烟机	Kitchen Ventilator	77.3	80.2	82.1
固定电话	Telephone	25.9	13.9	11.9
移动电话	Mobile Telephone	246.0	251.4	252.7
计算机	Computer	66.2	65.3	65.7
照相机	Camera	14.8	15.6	15.5

3-21 农村居民家庭基本情况
Basic Conditions of Rural Households Surveyed

指标名称	Item	单位 Unit	2018	2019	2020
一、基本情况	**Basic Conditions**	--			
调查户数	Number of Households Surveyed	户(household)	2460	2460	2460
户均常住人口	Permanent Residents per Household	人/户(persons/household)	3.1	3.1	3.1
户均常住从业人口	Permanent Employees per Household	人/户(persons/household)	1.8	1.7	1.6
平均每户家庭从业人口比重	Proportion of Employees per Household	%	57.3	54.9	52.1
平均每一从业人口负担人数（包括从业者本人）	Number of Dependents per Employee Including Oneself	人(person)	1.7	1.8	1.9
恩格尔系数	Engel's Coefficient of Households	(%)	33.0	32.7	34.3
现住房建筑面积	Floor Space of Buildings	平方米/人(m^2/person)	52.9	53.5	54.6
二、户主文化程度	**Education Level of Householder**	--			
1.未上过学	Not Been to School	%	4.6	4.3	4.5
2.小学	Primary School	%	30.4	30.1	30.3
3.初中	Junior Secondary School	%	54.7	54.8	54.4
4.高中	Senior Secondary School	%	8.0	8.2	8.2
5.大学专科	Junior College	%	2.1	2.4	2.3
6.大学本科	Undergraduate College	%	0.2	0.2	0.2
7.研究生	Postgraduate	%			
三、常住从业人员就业类型	**Job Situation**	--			
1.雇主	Employer	%	1.2	0.5	0.4
2.公职人员	Public Officer	%	2.9	0.6	0.3
3.事业单位人员	Institution Worker	%	6.7	1.6	1.1
4.国有企业雇员	State-owned Enterprise Employee	%	4.5	0.5	0.4
5.其他雇员	Other Employee	%	41.8	42.4	45.0
6.农业自营	Agricultural Self-employed	%	30.8	41.9	39.2
7.非农自营	Non-agricultural Self-employed	%	12.1	12.6	13.7
四、常住从业人员从事主要行业	**Industries Engaged**	--			
1.第一产业	Primary Industry	%	48.1	44.9	43.4
2.第二产业	Secondary Industry	%	25.0	24.8	25.0
3.第三产业	Tertiary Industry	%	27.0	30.2	31.6
五、居民收入与支出情况	**Income and Expenditure of Households**				
居民人均总收入	Per Capita Total Income	元/人(yuan/person)	18590.0	20033.1	20913.5
居民人均可支配收入	Per Capita Disposable Income	元/人(yuan/person)	13996.0	15416.0	16620.2
居民人均现金可支配收入	Per Capita Disposable Income in Cash	元/人(yuan/person)	13595.2	14576.2	14955.8
现金可支配收入占可支配收入比重	Proportion of Cash Disposable Income in Disposable Income	%	97.1	94.6	90.0
居民人均消费支出	Per Capita Consumption Expenditure	元/人(yuan/person)	12748.1	14545.8	15023.5
居民人均现金消费支出	Per Capita Consumption Expenditure in Cash	元/人(yuan/person)	10193.6	11716.0	12225.8
现金消费支出占消费支出比重	Proportion of Cash Consumption Expenditure in Consumption Expenditure	%	80.0	80.5	81.4

3-22 农村居民可支配收入及构成
Disposable Income and Its Composition of Rural Residents

指　　标	Item	2018	2019	2020
可支配收入(元/人)	**Disposable Income (yuan/person)**	**13996.0**	**15416.0**	**16620.2**
一、工资性收入	Income of Wages and Salaries	5058.0	5462.5	5838.6
二、经营净收入	Net Business Income	5411.5	5952.6	6222.6
1.第一产业经营净收入	Net Business Income of Primary Industry	3623.1	3897.1	3838.0
2.第二产业经营净收入	Net Business Income of Secondary Industry	356.4	464.0	481.0
3.第三产业经营净收入	Net Business Income of Tertiary Industry	1431.9	1591.5	1903.5
三、财产净收入	Net Income from Property	256.0	283.0	334.3
四、转移净收入	Net Income from Transfer	3270.5	3717.9	4224.7
1.转移性收入	Income from Transfer	3755.4	4225.2	4696.8
2.转移性支出	Expenditure from Transfer	484.9	507.3	472.1
可支配收入构成(%)	**Composition of Disposable Income (%)**	**100.0**	**100.0**	**100.0**
一、工资性收入	Income of Wages and Salaries	36.1	35.4	35.1
二、经营净收入	Net Business Income	38.7	38.6	37.4
1.第一产业经营净收入	Net Business Income of Primary Industry	25.9	25.3	23.1
2.第二产业经营净收入	Net Business Income of Secondary Industry	2.5	3.0	2.9
3.第三产业经营净收入	Net Business Income of Tertiary Industry	10.2	10.3	11.5
三、财产净收入	Net Income from Property	1.8	1.8	2.0
四、转移净收入	Net Income from Transfer	23.4	24.1	25.4
1.转移性收入	Income from Transfer	26.8	27.4	28.3
2.转移性支出	Expenditure from Transfer	3.5	3.3	2.8

3-23 农村居民现金可支配收入及构成

Disposable Income in Cash and Its Composition of Rural Residents

指　　标	Item	2018	2019	2020
现金可支配收入(元/人)	**Disposable Income in Cash (yuan/person)**	**13595**	**14576**	**14956**
一、现金工资性收入	Income of Wages and Salaries in Cash	5000	5400	5776
二、现金经营净收入	Net Business Income in Cash	5263	5408	4783
1.第一产业经营净收入	Net Business Income of Primary Industry	3113	3100	2138
2.第二产业经营净收入	Net Business Income of Secondary Industry	458	499	551
3.第三产业经营净收入	Net Business Income of Tertiary Industry	1692	1809	2094
三、现金财产净收入	Net Income from Property in Cash	256	283	334
四、现金转移净收入	Net Income from Transfer in Cash	3076	3485	4063
1.现金转移性收入	Income from Transfer in Cash	3561	3992	4536
2.现金转移性支出	Expenditure from Transfer in Cash	485	507	472
现金可支配收入构成(%)	**Composition of Disposable Income in Cash (%)**	**100.0**	**100.0**	**100.0**
一、现金工资性收入	Income of Wages and Salaries in Cash	36.8	37.0	38.6
二、现金经营净收入	Net Business Income in Cash	38.7	37.1	32.0
1.第一产业经营净收入	Net Business Income of Primary Industry	22.9	21.3	14.3
2.第二产业经营净收入	Net Business Income of Secondary Industry	3.4	3.4	3.7
3.第三产业经营净收入	Net Business Income of Tertiary Industry	12.4	12.4	14.0
三、现金财产净收入	Net Income from Property in Cash	1.9	1.9	2.2
四、现金转移净收入	Net Income from Transfer in Cash	22.6	23.9	27.2
1.现金转移性收入	Income from Transfer in Cash	26.2	27.4	30.3
2.现金转移性支出	Expenditure from Transfer in Cash	3.6	3.5	3.2

3-24 农村居民按收入五等份分组的人均可支配收入
Per Capita Disposable Income of Rural Residents by Income Quintile

单位：元/人 (yuan/person)

组　　别	Item	2018	2019	2020
20%低收入组家庭人均可支配收入	Lowest 20% Households	2789	3422	5209
20%中间偏下收入组家庭人均可支配收入	Lower Middle 20% Households	7772	9908	10435
20%中间收入组家庭人均可支配收入	Middle 20% Households	11061	13902	14533
20%中间偏上收入组家庭人均可支配收入	Upper Middle 20% Households	15975	19392	20326
20%高收入组家庭人均可支配收入	Highest 20% Households	36783	37740	37800

注：农村居民按收入五等份分组是指将所有调查户按人均可支配收入水平从低到高顺序排列，平均分为五个等份，处于最低20%的收入群体为低收入组，依此类推依次为中间偏下收入组、中间收入组、中间偏上收入组、高收入组。本表数据为不同分组家庭的人均可支配收入。

3-24-1 农村居民按收入五等份分组的人均消费支出
Per Capita Expenditures of Rural Residents by Income Quintile

单位：元/人 (yuan/person)

组　　别	Item	2018	2019	2020
20%低收入组家庭人均消费支出	Lowest 20% Households	10490.2	12667.8	12606.5
20%中间偏下收入组家庭人均消费支出	Lower Middle 20% Households	11083.9	12977.5	12939.8
20%中间收入组家庭人均消费支出	Middle 20% Households	11606.2	13197.4	14350.1
20%中间偏上收入组家庭消费支出	Upper Middle 20% Households	13506.5	15686.7	15624.7
20%高收入组家庭人均消费支出	Highest 20% Households	18069.4	19866.7	20979.3

注：全体居民按收入五等份分组是指将所有调查户按人均可支配收入水平从低到高顺序排列，平均分为五个等份，处于最低20%的收入群体为低收入组，依此类推依次为中间偏下收入组、中间收入组、中间偏上收入组、高收入组。本表数据为不同分组家庭的人均消费支出。

3-25 农村居民消费支出
Consumption Expenditure of Rural Residents

指　标	Item	2018	2019	2020
消费支出(元/人)	**Consumption Expenditure (yuan/person)**	**12748.1**	**14545.8**	**15023.5**
(一)食品烟酒	Food, Tobacco and Liquor	4208.3	4755.8	5145.8
1.食品	Food	2894.9	3072.0	3525.4
2.烟酒	Tobacco and Liquor	760.6	843.2	839.4
3.饮料	Drinks	118.0	141.9	142.5
4.饮食服务	Diet Service	434.8	698.6	638.5
(二)衣着	Clothing	635.0	842.9	867.5
1.衣类	Clothing	481.0	657.4	674.6
2.鞋类	Footwear	154.0	185.5	192.9
(三)居住	Residence	3013.3	3311.5	3390.5
1.租赁房房租	Rent of Rentable Housing	56.3	117.2	89.3
2.住房维修及管理	Management and Maintenance of Housing	345.2	423.5	476.4
3.水、电、燃料及其他	Water, Electricity, Fuels and Others	609.7	603.1	539.5
4.自有住房折算租金	Converted Rent for Private Housing	2002.0	2167.6	2285.3
(四)生活用品及服务	Household Facilities, Articles and Service	772.5	846.3	855.0
1.家具及室内装饰品	Furniture and Interior Decorations	107.2	120.0	119.5
2.家用器具	Household Facilities	228.4	239.7	225.9
3.家用纺织品	Home Textiles	53.6	54.5	54.6
4.家庭日用杂品	Daily-use Household Groceries	236.9	236.8	251.2
5.个人护理用品	Personal Products	120.3	168.8	182.8
6.家庭服务	Household Service	26.0	26.4	21.0
(五)交通通信	Transportation and Communications	1556.1	1709.4	1663.7
1.交通	Transportation	1052.9	1227.9	1144.2
2.通信	Communications	503.2	481.5	519.5
(六)教育文化娱乐	Education, Culture and Recreation	1271.1	1470.7	1422.0
1.教育	Education	983.7	1173.8	1129.3
2.文化和娱乐	Culture and Recreation	287.4	296.9	292.6
(七)医疗保健	Medicine and Medical Service	1036.7	1323.5	1457.4
1.医疗器具及药品	Medical Instrument and Articles	285.0	278.9	261.8
2.医疗服务	Medical Service	751.7	1044.5	1195.6
(八)其他用品和服务	Miscellaneous Commodities and Services	255.2	285.9	221.7
1.其他用品	Miscellaneous Commodities	152.8	173.1	124.2
2.其他服务	Miscellaneous Services	102.4	112.8	97.5

3-26 农村居民消费支出构成

Composition of the Consumption Expenditure of Rural Residents

指 标	Item	2018	2019	2020
消费支出构成(%)	**Composition of the Consumption Expenditure (%)**	**100.0**	**100.0**	**100.0**
(一)食品烟酒	Food, Tobacco and Liquor	33.0	32.7	34.3
1.食品	Food	22.7	21.1	23.5
2.烟酒	Tobacco and Liquor	6.0	5.8	5.6
3.饮料	Drinks	0.9	1.0	0.9
4.饮食服务	Diet Service	3.4	4.8	4.3
(二)衣着	Clothing	5.0	5.8	5.8
1.衣类	Clothing	3.8	4.5	4.5
2.鞋类	Footwear	1.2	1.3	1.3
(三)居住	Residence	23.6	22.8	22.6
1.租赁房房租	Rent of Rentable Housing	0.4	0.8	0.6
2.住房维修及管理	Management and Maintenance of Housing	2.7	2.9	3.2
3.水、电、燃料及其他	Water, Electricity, Fuels and Others	4.8	4.1	3.6
4.自有住房折算租金	Converted Rent for Private Housing	15.7	14.9	15.2
(四)生活用品及服务	Household Facilities, Articles and Service	6.1	5.8	5.7
1.家具及室内装饰品	Furniture and Interior Decorations	0.8	0.8	0.8
2.家用器具	Household Facilities	1.8	1.6	1.5
3.家用纺织品	Home Textiles	0.4	0.4	0.4
4.家庭日用杂品	Daily-use Household Groceries	1.9	1.6	1.7
5.个人护理用品	Personal Products	0.9	1.2	1.2
6.家庭服务	Household Service	0.2	0.2	0.1
(五)交通通信	Transportation and Communications	12.2	11.8	11.1
1.交通	Transportation	8.3	8.4	7.6
2.通信	Communications	3.9	3.3	3.5
(六)教育文化娱乐	Education, Culture and Recreation	10.0	10.1	9.5
1.教育	Education	7.7	8.1	7.5
2.文化和娱乐	Culture and Recreation	2.3	2.0	1.9
(七)医疗保健	Medicine and Medical Service	8.1	9.1	9.7
1.医疗器具及药品	Medical Instrument and Articles	2.2	1.9	1.7
2.医疗服务	Medical Service	5.9	7.2	8.0
(八)其他用品和服务	Miscellaneous Commodities and Services	2.0	2.0	1.5
1.其他用品	Miscellaneous Commodities	1.2	1.2	0.8
2.其他服务	Miscellaneous Services	0.8	0.8	0.6

3-27 农村居民现金消费支出
Consumption Expenditure of Rural Residents in Cash

指　　标	Item	2018	2019	2020
现金消费支出(元/人)	**Consumption Expenditure in Cash (yuan/person)**	**10193.6**	**11716.0**	**12225.8**
(一)食品烟酒	Food, Tobacco and Liquor	3941.1	4454.9	4844.8
1.食品	Food	2655.9	2811.0	3267.1
2.烟酒	Tobacco and Liquor	760.6	843.2	839.4
3.饮料	Drinks	117.2	140.1	139.5
4.饮食服务	Diet Service	407.4	660.6	598.9
(二)衣着	Clothing	634.3	842.4	867.3
1.衣类	Clothing	480.3	656.9	674.4
2.鞋类	Footwear	154.0	185.5	192.9
(三)居住	Residence	918.9	1025.9	1058.8
1.租赁房房租	Rent of Rentable Housing	56.3	117.2	89.3
2.住房维修及管理	Management and Maintenance of Housing	345.2	423.5	476.4
3.水、电、燃料及其他	Water, Electricity, Fuels and Others	517.4	485.1	493.1
(四)生活用品及服务	Household Facilities, Articles and Service	765.5	837.8	842.1
1.家具及室内装饰品	Furniture and Interior Decorations	107.2	119.3	116.8
2.家用器具	Household Facilities	228.4	239.7	225.9
3.家用纺织品	Home Textiles	53.6	54.5	54.6
4.家庭日用杂品	Daily-use Household Groceries	230.0	229.0	241.0
5.个人护理用品	Personal Products	120.3	168.8	182.8
6.家庭服务	Household Service	26.0	26.4	21.0
(五)交通通信	Transportation and Communications	1527.8	1705.8	1660.8
1.交通	Transportation	1024.6	1224.3	1141.3
2.通信	Communications	503.2	481.5	519.5
(六)教育文化娱乐	Education, Culture and Recreation	1270.9	1469.8	1419.2
1.教育	Education	983.7	1173.8	1129.3
2.文化和娱乐	Culture and Recreation	287.2	296.0	289.9
(七)医疗保健	Medicine and Medical Service	882.3	1095.0	1313.9
1.医疗器具及药品	Medical Instrument and Articles	284.9	278.6	260.3
2.医疗服务	Medical Service	597.5	816.4	1053.6
(八)其他用品和服务	Miscellaneous Commodities and Services	252.9	284.5	219.0
1.其他用品	Miscellaneous Commodities	151.3	172.0	121.9
2.其他服务	Miscellaneous Services	101.6	112.5	97.1

3-28 农村居民现金消费支出构成
Composition of the Consumption Expenditure of Rural Residents in Cash

指　　标	Item	2018	2019	2020
现金消费支出构成(%)	**Composition of the Consumption Expenditure in Cash (%)**	**100.0**	**100.0**	**100.0**
(一)食品烟酒	Food, Tobacco and Liquor	38.7	38.0	39.6
1.食品	Food	26.1	24.0	26.7
2.烟酒	Tobacco and Liquor	7.5	7.2	6.9
3.饮料	Drinks	1.2	1.2	1.1
4.饮食服务	Diet Service	4.0	5.6	4.9
(二)衣着	Clothing	6.2	7.2	7.1
1.衣类	Clothing	4.7	5.6	5.5
2.鞋类	Footwear	1.5	1.6	1.6
(三)居住	Residence	9.0	8.8	8.7
1.租赁房房租	Rent of Rentable Housing	0.6	1.0	0.7
2.住房维修及管理	Management and Maintenance of Housing	3.4	3.6	3.9
3.水、电、燃料及其他	Water, Electricity, Fuels and Others	5.1	4.1	4.0
(四)生活用品及服务	Household Facilities, Articles and Service	7.5	7.2	6.9
1.家具及室内装饰品	Furniture and Interior Decorations	1.1	1.0	1.0
2.家用器具	Household Facilities	2.2	2.0	1.8
3.家用纺织品	Home Textiles	0.5	0.5	0.4
4.家庭日用杂品	Daily-use Household Groceries	2.3	2.0	2.0
5.个人护理用品	Personal Products	1.2	1.4	1.5
6.家庭服务	Household Service	0.3	0.2	0.2
(五)交通通信	Transportation and Communications	15.0	14.6	13.6
1.交通	Transportation	10.1	10.4	9.3
2.通信	Communications	4.9	4.1	4.2
(六)教育文化娱乐	Education, Culture and Recreation	12.5	12.5	11.6
1.教育	Education	9.6	10.0	9.2
2.文化和娱乐	Culture and Recreation	2.8	2.5	2.4
(七)医疗保健	Medicine and Medical Service	8.7	9.3	10.7
1.医疗器具及药品	Medical Instrument and Articles	2.8	2.4	2.1
2.医疗服务	Medical Service	5.9	7.0	8.6
(八)其他用品和服务	Miscellaneous Commodities and Services	2.5	2.4	1.8
1.其他用品	Miscellaneous Commodities	1.5	1.5	1.0
2.其他服务	Miscellaneous Services	1.0	1.0	0.8

3-29 农村居民主要食品消费量
Per Capita Main Food Consumption of Rural Residents

单位：公斤/人 (kg/person)

指　　标	Item	2018	2019	2020
一、粮食	Grain	159.7	169.2	170.4
(一)谷物	Cereals	146.0	153.2	154.3
(二)薯类	Tubers	2.5	2.8	3.0
(三)豆类	Beans	11.2	13.2	13.0
二、油脂	Oil and Fats	10.2	9.4	9.5
#食用植物油	Edible Vegetable Oil	9.1	8.4	8.6
三、蔬菜及菜制品消费量	Vegetables and Processed Products	94.0	99.3	102.0
#鲜菜	Fresh Vegetables	91.6	96.2	99.0
四、肉类	Meat and Processed Products	26.8	24.9	21.4
#猪肉	Pork	21.7	19.8	16.8
牛肉	Beef	1.5	1.6	1.6
羊肉	Mutton	0.8	0.7	0.7
五、禽类	Poultry and Processed Products	11.6	14.5	15.5
六、水产品	Aquatic Products	10.9	13.8	13.1
七、蛋类	Eggs and Processed Products	10.8	12.1	14.2
八、奶类	Milk and Dairy Products	9.2	9.7	9.1
九、干鲜瓜果类	Dried and Fresh Melons and Fruits	46.9	56.9	50.2
#鲜瓜果	Fresh Melons and Fruits	42.9	52.4	46.1
坚果类	Nuts and Grain Products	3.1	3.4	3.2
十、食糖	Sugar	1.1	1.1	1.0

3-30 农村居民年末主要耐用消费品拥有量
Main Durable Goods Owned per 100 Rural Households

单位：辆(台)/百户 (unit/100 households)

指　　标	Item	2018	2019	2020
家用汽车	Household Automobile	22.8	24.7	26.1
摩托车	Motorcycle	35.0	30.5	28.1
助力车	Man-drawn Vehicle	111.5	117.2	120.2
洗衣机	Washing Machine	86.2	89.7	90.7
电冰箱(柜)	Refrigerator	101.1	103.5	104.4
微波炉	Microwave Oven	25.7	26.2	27.2
彩色电视机	Color TV	129.1	133.6	134.8
空　调	Air Conditioner	108.9	118.3	122.8
热水器	Water Heater	91.4	90.6	95.2
排油烟机	Kitchen Ventilator	30.8	34.3	37.0
固定电话	Telephone	22.2	11.6	9.1
移动电话	Mobile Telephone	265.6	271.7	272.7
计算机	Computer	25.6	25.3	26.5
照相机	Camera	2.9	2.4	2.4

3-31 全国及分省(区、市)居民人均可支配收入

Per Capita Disposable Income by Province

单位：元 (yuan)

地 区	Region	全体居民 Total Residents 2020	2019	增速(%) Growth Rate (%)	城镇常住居民 Urban Residents 2020	2019	增速(%) Growth Rate (%)	农村常住居民 Rural Residents 2020	2019	增速(%) Growth Rate (%)
全 国	**National**	**32188.8**	**30732.8**	**4.7**	**43833.8**	**42358.8**	**3.5**	**17131.5**	**16020.7**	**6.9**
北 京	Beijing	69433.5	67755.9	2.5	75601.5	73848.5	2.4	30125.7	28928.4	4.1
天 津	Tianjin	43854.1	42404.1	3.4	47658.5	46118.9	3.3	25690.6	24804.1	3.6
河 北	Hebei	27135.9	25664.7	5.7	37285.7	35737.7	4.3	16467.0	15373.1	7.1
山 西	Shanxi	25213.7	23828.5	5.8	34792.7	33262.4	4.6	13878.0	12902.4	7.6
内蒙古	Inner Mongolia	31497.3	30555.0	3.1	41353.1	40782.5	1.4	16566.9	15282.8	8.4
辽 宁	Liaoning	32738.3	31819.7	2.9	40375.9	39777.2	1.5	17450.3	16108.3	8.3
吉 林	Jilin	25751.0	24562.9	4.8	33395.7	32299.2	3.4	16067.0	14936.0	7.6
黑龙江	Heilongjiang	24902.0	24253.6	2.7	31114.7	30944.6	0.5	16168.4	14982.1	7.9
上 海	Shanghai	72232.4	69441.6	4.0	76437.3	73615.3	3.8	34911.3	33195.2	5.2
江 苏	Jiangsu	43390.4	41399.7	4.8	53101.7	51056.1	4.0	24198.5	22675.4	6.7
浙 江	Zhejiang	52397.4	49898.8	5.0	62699.3	60182.3	4.2	31930.5	29875.8	6.9
安 徽	**Anhui**	**28103.2**	**26415.1**	**6.4**	**39442.1**	**37540.0**	**5.1**	**16620.2**	**15416.0**	**7.8**
福 建	Fujian	37202.4	35616.1	4.5	47160.3	45620.5	3.4	20880.3	19568.4	6.7
江 西	Jiangxi	28016.5	26262.4	6.7	38555.8	36545.9	5.5	16980.8	15796.3	7.5
山 东	Shandong	32885.7	31597.0	4.1	43726.3	42329.2	3.3	18753.2	17775.5	5.5
河 南	Henan	24810.1	23902.7	3.8	34750.3	34201.0	1.6	16107.9	15163.7	6.2
湖 北	Hubei	27880.6	28319.5	-1.5	36705.7	37601.4	-2.4	16305.9	16390.9	-0.5
湖 南	Hunan	29379.9	27679.7	6.1	41697.5	39841.9	4.7	16584.6	15394.8	7.7
广 东	Guangdong	41028.6	39014.3	5.2	50257.0	48117.6	4.4	20143.4	18818.4	7.0
广 西	Guangxi	24562.3	23328.2	5.3	35859.3	34744.9	3.2	14814.9	13675.7	8.3
海 南	Hainan	27904.1	26679.5	4.6	37097.0	36016.7	3.0	16278.8	15113.1	7.7
重 庆	Chongqing	30823.9	28920.4	6.6	40006.2	37938.6	5.4	16361.4	15133.3	8.1
四 川	Sichuan	26522.1	24703.1	7.4	38253.1	36153.7	5.8	15929.1	14670.1	8.6
贵 州	Guizhou	21795.4	20397.4	6.9	36096.2	34404.2	4.9	11642.3	10756.3	8.2
云 南	Yunnan	23294.9	22082.4	5.5	37499.5	36237.7	3.5	12841.9	11902.4	7.9
西 藏	Tibet	21744.1	19501.3	11.5	41156.4	37410.0	10.0	14598.4	12951.0	12.7
陕 西	Shanxi	26226.0	24666.3	6.3	37868.2	36098.2	4.9	13316.5	12325.7	8.0
甘 肃	Gansu	20335.1	19139.0	6.2	33821.8	32323.4	4.6	10344.3	9628.9	7.4
青 海	Qinghai	24037.4	22617.7	6.3	35505.8	33830.3	5.0	12342.5	11499.4	7.3
宁 夏	Ningxia	25734.9	24411.9	5.4	35719.6	34328.5	4.1	13889.4	12858.4	8.0
新 疆	Xinjiang	23844.7	23103.4	3.2	34838.4	34663.7	0.5	14056.1	13121.7	7.1

3-32 各市、县(区)居民人均可支配收入(2020年)

Per Capita Disposable Income by Region(2020)

单位：元 (yuan)

地 区	Region	全体居民 Total Residents		城镇常住居民 Urban Residents		农村常住居民 Rural Residents	
		2020	增速(%) Growth Rate(%)	2020	增速(%) Growth Rate(%)	2020	增速(%) Growth Rate(%)
安徽省	**Anhui**	**28103.2**	**6.4**	**39442.1**	**5.1**	**16620.2**	**7.8**
合肥市	**Hefei**	**41619.2**	**7.2**	**48282.8**	**6.3**	**24281.7**	**8.1**
瑶海区	Yaohai District	50003.0	6.0	50003.0	6.0		
庐阳区	Luyang District	55098.1	6.6	55098.1	6.6		
蜀山区	Shushan District	56129.1	6.5	56129.1	6.5		
包河区	Baohe District	57007.0	6.3	57007.0	6.3		
合肥高新区	Hefei New and High-tech Zone	44763.2	6.6	44763.2	6.6		
合肥经开区	Hefei Economic-technology Development Zone	45051.6	6.5	45051.6	6.5		
合肥新站区	Hefei New Station District	42246.3	6.4	42246.3	6.4		
长丰县	Changfeng	30086.2	7.9	39041.4	6.6	23260.9	8.1
肥东县	Feidong	32274.5	7.9	40854.1	6.5	25516.4	8.2
肥西县	Feixi	33670.6	7.8	43209.1	6.3	26062.1	8.3
庐江县	Lujiang	29085.9	7.5	36650.7	6.1	22672.5	7.9
巢湖市	Chaohu	32831.3	7.5	39023.5	6.4	23896.4	8.1
芜湖市	**Wuhu**	**36828.6**	**6.7**	**44588.2**	**6.0**	**24473.4**	**7.6**
镜湖区	Jinghu District	49773.8	6.0	50154.7	6.0	29985.7	7.4
弋江区	Yijiang District	46790.6	5.7	46790.6	5.7		
鸠江区	Jiujiang District	38989.2	6.8	44894.5	6.3	26227.7	7.6
三山经开区	Sanshan District	31684.9	6.7	40611.3	5.7	26334.3	7.2
湾沚区	Wanzhi District	33334.8	7.1	41866.6	6.4	26507.7	7.4
繁昌区	Fanchang	33706.3	6.9	41668.8	6.2	26356.3	7.4
南陵县	Nanling	32437.6	7.1	40212.6	6.1	26586.3	7.8
无为市	Wuwei	29989.5	7.0	40593.1	5.9	21751.8	7.8
芜湖经开区	Wuhu Economic-technology Development Zone	44461.8	5.9	44461.8	6.0		
蚌埠市	**Bengbu**	**29247.2**	**7.0**	**39116.0**	**5.6**	**18015.8**	**8.1**
龙子湖区	Longzihu District	46844.0	5.6	48718.1	5.4	17126.0	8.5
蚌山区	Bengshan District	41995.5	5.7	43445.8	5.5	17794.6	8.0
禹会区	Yuhui District	34015.8	6.4	38753.4	5.8	16666.4	7.6
淮上区	Huaishang District	27895.7	7.4	39863.4	6.1	16901.1	7.7
怀远县	Huaiyuan	24301.2	7.6	34531.4	6.0	18264.9	8.1
五河县	Wuhe	24852.5	7.3	34324.5	5.6	18126.7	8.2
固镇县	Guzhen	24740.8	7.3	35147.4	5.6	18210.7	8.1
蚌埠高新区	Bengbu New and High-tech Zone	33530.2	5.9	37719.3	5.2	16710.3	8.3
蚌埠经开区	Bengbu Economic-technology Development Zone	43083.7	5.6	45530.7	5.3	17164.0	8.4
淮南市	**Huainan**	**28780.2**	**6.2**	**37699.3**	**5.2**	**15419.0**	**8.2**
大通区	Datong District	34586.8	1.9	39915.1	0.7	17672.0	8.7
田家庵区	Tianjiaan District	44396.2	6.8	44959.5	6.8	18726.6	8.6
谢家集区	Xiejiaji District	36918.2	7.0	38987.3	6.9	17879.5	8.5
八公山区	Bagongshan District	35203.3	0.3	35448.0	0.2	18043.9	8.1
潘集区	Panji District	27590.0	7.8	38405.3	7.1	17053.8	8.3
凤台县	Fengtai	24016.4	4.6	36459.0	0.9	17335.6	8.2
寿 县	Shouxian	19718.5	7.6	28760.9	6.7	13177.2	8.0
毛集实验区	Maoji Experimental District	22454.0	7.9	30681.9	7.0	16592.5	8.4

3-32 续表 1 continued

单位：元 (yuan)

地 区	Region	全体居民 Total Residents 2020	增速(%) Growth Rate(%)	城镇常住居民 Urban Residents 2020	增速(%) Growth Rate(%)	农村常住居民 Rural Residents 2020	增速(%) Growth Rate(%)
马鞍山市	**Maanshan**	**42392.4**	**6.6**	**51803.6**	**5.7**	**25420.7**	**8.3**
花山区	Huashan District	61588.6	5.2	61803.5	5.1	34319.4	8.0
雨山区	Yushan District	64028.2	5.9	64792.6	5.9	33658.8	5.2
博望区	Bowang District	38269.8	6.1	48095.5	6.2	27945.6	5.2
当涂县	Dangtu	36816.2	7.3	43494.6	6.0	28974.4	9.1
含山县	Hanshan	28686.4	7.5	36841.1	6.0	22476.6	8.8
和 县	Hexian	30669.1	7.3	38080.5	6.0	22635.9	8.8
郑蒲港新区	Zhengpu Harbour New District					27936.5	8.0
淮北市	**Huaibei**	**28126.6**	**5.8**	**36428.1**	**4.9**	**15218.4**	**8.3**
杜集区	Duji District	32745.1	5.5	35245.7	5.2	16074.9	8.2
相山区	Xiangshan District	39702.4	4.8	41295.3	4.7	15355.8	8.4
烈山区	Lieshan District	27950.6	5.7	34102.4	4.9	15151.7	8.6
濉溪县	Suixi	21562.8	6.7	32966.3	5.1	15169.8	8.3
铜陵市	**Tongling**	**29567.9**	**6.4**	**41179.9**	**4.9**	**17101.8**	**8.3**
铜官区	Tongguan District	49584.9	5.5	49615.9	5.5	31766.2	7.5
义安区	Yi'an District	32352.7	6.3	39488.7	4.8	26477.7	7.7
郊 区	Suburban District	27186.7	7.2	38624.8	4.8	15936.7	8.4
枞阳县	Congyang	19433.1	7.9	30042.8	5.4	14628.4	8.4
安庆市	**Anqing**	**24647.0**	**6.8**	**35947.2**	**5.6**	**15566.7**	**8.5**
迎江区	Yingjiang District	39705.5	6.5	45317.0	6.1	19418.4	8.1
大观区	Daguan District	39391.5	6.1	44403.4	5.8	18926.4	8.0
宜秀区	Yixiu District	25003.1	7.1	31946.8	6.0	19680.2	8.2
怀宁县	Huaining	25849.6	6.8	36387.2	5.6	17674.7	8.4
潜山市	Qianshan	22117.1	6.9	34934.1	5.2	14422.2	8.9
太湖县	Taihu	19643.7	7.0	30682.1	5.5	13811.2	8.5
宿松县	Susong	19471.1	6.9	29846.5	5.4	13940.0	8.4
望江县	Wangjiang	20638.0	6.9	31757.6	5.3	14131.3	8.7
岳西县	Yuexi	19075.9	7.1	29912.0	5.7	13930.4	8.3
安庆开发区	Anqing Development Zone	43480.7	5.9	43480.7	5.9		
桐城市	Tongcheng	25931.9	6.9	35247.5	5.6	18333.4	8.5
黄山市	**Huangshan**	**27916.4**	**6.8**	**38725.6**	**5.6**	**18310.9**	**7.9**
屯溪区	Tunxi District	40676.3	5.9	42497.2	5.8	19427.5	7.7
黄山区	Huangshan District	30550.4	6.5	41078.2	5.5	18935.3	7.9
徽州区	Huizhou District	30682.0	6.9	41999.1	5.9	19144.9	8.1
歙 县	Shexian	24196.8	7.0	35447.2	5.6	18128.8	7.8
休宁县	Xiuning	23869.3	6.9	35438.5	5.3	18089.4	7.9
黟 县	Yixian	24603.1	7.1	34358.7	5.7	18487.8	8.2
祁门县	Qimen	24281.1	7.0	35277.2	5.4	18084.3	8.0
滁州市	**Chuzhou**	**25711.4**	**7.1**	**36051.1**	**5.8**	**15732.4**	**8.6**
琅琊区	Langya District	44540.6	4.2	46091.6	4.0	16774.7	8.5
南谯区	Nanqiao District	28325.0	7.2	40721.8	5.8	16248.7	8.6
来安县	Laian	25212.8	7.7	37420.7	6.3	15638.7	8.9
全椒县	Quanjiao	25150.0	7.1	33795.4	5.7	16040.1	8.8
定远县	Dingyuan	21210.8	7.6	32240.1	6.2	14672.9	8.4
凤阳县	Fengyang	19824.7	7.7	29607.0	6.0	13874.4	8.7
滁州经开区	Chuzhou Economic-technology Development Zone	37154.0	5.6	37154.0	5.6		

3-32 续表 2 continued

单位：元 (yuan)

地 区	Region	全体居民 Total Residents 2020	增速(%) Growth Rate(%)	城镇常住居民 Urban Residents 2020	增速(%) Growth Rate(%)	农村常住居民 Rural Residents 2020	增速(%) Growth Rate(%)
天长市	Tianchang	31467.8	7.3	38080.3	6.4	21896.0	8.5
明光市	Mingguang	23106.2	7.4	32729.1	6.0	14592.0	8.6
阜阳市	**Fuyang**	**22238.6**	**7.4**	**34562.2**	**5.2**	**14255.8**	**9.0**
颍州区	Yingzhou District	31510.2	6.4	39153.9	5.3	16479.8	8.7
颍东区	Yingdong District	21972.4	7.4	32650.9	5.6	13425.6	9.0
颍泉区	Yingquan District	25194.1	6.9	35239.8	5.2	14434.8	8.9
临泉县	Linquan	18603.6	8.0	31718.5	5.3	13723.1	9.2
太和县	Taihe	22522.4	7.3	34448.2	5.0	14582.0	9.1
阜南县	Funan	19114.0	7.7	31674.2	5.2	13565.3	9.0
颍上县	Yingshang	21420.5	7.7	34226.6	5.5	14395.9	9.0
界首市	Jieshou	24659.8	7.2	36133.6	5.2	15549.8	9.1
宿州市	**Suzhou**	**22105.3**	**7.3**	**34373.2**	**5.3**	**14368.6**	**8.8**
埇桥区	Yongqiao District	26672.9	6.9	37795.9	5.3	14670.9	8.8
砀山县	Dangshan	22720.3	7.1	33156.4	5.3	14681.3	8.7
萧 县	Xiaoxian	19726.4	7.7	32539.1	5.5	14297.9	8.6
灵璧县	Lingbi	19738.3	7.6	30995.9	5.2	14410.1	8.9
泗 县	Sixian	18705.5	7.7	31167.9	5.4	13777.2	8.7
六安市	**Lu'an**	**22457.4**	**7.5**	**33647.4**	**5.9**	**14449.4**	**9.1**
金安区	Jinan District	26850.0	7.3	37426.0	6.2	15455.5	8.8
裕安区	Yuan District	25385.9	7.3	38205.7	5.9	15521.4	9.0
叶集区	Yeji District	20451.4	7.6	30923.6	6.0	14170.4	9.0
霍邱县	Huoqiu	18076.8	7.9	29567.1	5.7	13542.9	9.2
舒城县	Shucheng	22401.8	7.2	31399.9	5.7	14487.6	9.2
金寨县	Jinzhai	19042.0	7.8	29003.6	5.7	13524.1	9.5
霍山县	Huoshan	26811.9	6.7	33209.9	5.7	16029.9	8.8
亳州市	**Bozhou**	**22274.3**	**7.3**	**34159.1**	**5.4**	**15293.1**	**8.5**
谯城区	Qiaocheng District	25694.5	7.1	37135.6	5.3	16957.0	8.4
涡阳县	Guoyang	19784.3	7.5	30377.9	5.6	14347.5	8.5
蒙城县	Mengcheng	22120.7	7.4	34348.1	5.5	15674.6	8.4
利辛县	Lixin	20924.4	7.3	33413.8	5.2	14206.9	8.6
池州市	**Chizhou**	**26404.3**	**6.5**	**35670.5**	**5.7**	**17322.9**	**7.6**
贵池区	Guichi District	28654.9	6.6	37060.9	5.9	18055.1	7.8
东至县	Dongzhi	25272.2	6.7	33922.1	5.6	17393.7	8.2
石台县	Shitai	19048.6	6.4	31044.3	5.0	12511.7	7.9
青阳县	Qingyang	26454.5	6.6	36459.8	5.6	18266.8	7.8
九华山风景区	Jiuhuashan Mountain Scenic Area	18207.1	7.4			18207.1	7.4
宣城市	**Xuancheng**	**30745.9**	**6.6**	**42133.7**	**5.4**	**18927.9**	**7.9**
宣州区	Xuanzhou District	31455.9	6.5	42639.5	5.2	19217.2	8.0
郎溪县	Langxi	27414.4	6.8	41038.4	5.2	18329.9	8.0
广德县	Guangde	33752.1	6.7	45680.9	5.7	21387.6	7.4
泾 县	Jingxian	24526.6	7.0	34285.2	5.4	17001.0	8.4
绩溪县	Jixi	26098.7	6.8	37455.1	5.3	15661.4	8.3
旌德县	Jingde	21803.1	6.7	30163.9	5.1	15213.7	8.2
宁国市	Ningguo	38288.1	6.3	46534.5	5.6	21230.0	7.5

主要指标解释

一、收入

可支配收入 指调查户在调查期内获得的、可用于最终消费支出和储蓄的总和，即调查户可以用来自由支配的收入。可支配收入既包括现金，也包括实物收入。按照收入的来源，可支配收入包含四项，分别为：工资性收入、经营净收入、财产净收入和转移净收入。按居民类型划分,有居民可支配收入、城镇常住居民可支配收入、农村常住居民可支配收入，计算公式为：

可支配收入 = 工资性收入 + 经营净收入 + 财产净收入 + 转移净收入

其中：经营净收入 = 经营收入 - 经营费用 - 生产性固定资产折旧 - 生产税

财产净收入 = 财产性收入 - 财产性支出

转移净收入 = 转移性收入 - 转移性支出

工资性收入 指就业人员通过各种途径得到的全部劳动报酬和各种福利，包括受雇于单位或个人、从事各种自由职业、兼职和零星劳动得到的全部劳动报酬和福利。

经营净收入 指住户或住户成员从事生产经营活动所获得的净收入，是全部经营收入中扣除经营费用、生产性固定资产折旧和生产税之后得到的净收入。

财产净收入 指住户或住户成员将其所拥有的金融资产、住房等非金融资产和自然资源交由其他机构单位、住户或个人支配而获得的回报并扣除相关的费用之后得到的净收入。财产净收入包括利息净收入、红利收入、储蓄性保险净收益和转让承包土地经营权租金净收入、出租房屋净收入、出租其它资产净收入和自有住房折算净租金等。

转移性收入 指国家、单位、社会团体对住户的各种经常性转移支付和住户之间的经常性收入转移。包括养老金或退休金、社会救济和补助、政策性生活补贴、救灾款、经常性捐赠和赔偿以及报销医疗费等；住户之间的赡养收入、经常性捐赠和赔偿以及农村地区（村委会）在外（含国外）工作的本住户非常住成员寄回带回的收入等。

二、消费

消费支出 指住户用于满足家庭日常生活消费需要的全部支出，包括用于消费品的支出和用于服务性消费的支出。根据用途不同，消费支出可划分为食品烟酒、衣着、居住、生活用品及服务、交通通信、教育文化娱乐、医疗保健、其他用品及服务八大类。根据来源不同，消费支出可划分为现金消费支出、实物消费支出（含自产自用、来自单位、来自政府和其他社会组织）。

4

价格调查

Chapter 4 Price Survey

简要说明

一、本篇资料内容主要反映生产、流通、消费等环节的价格变动趋势和变动幅度。内容主要包括各种价格总指数、居民消费价格指数、商品零售价格指数、农业生产资料价格指数、工业生产者出厂价格指数、工业生产者购进价格指数、房地产价格指数等。

二、价格统计调查根据国家统计局《价格统计报表制度》，由安徽调查总队组织实施。

三、消费、零售价格指数采用分层抽样调查方法编制，以样本推断总体，调查实行月报，被抽选的调查市县19个。

四、农产品生产者价格调查采用抽样调查和重点调查相结合的方法，调查采用月报和季报相结合的方式，目前抽选的调查县（区）为31个。

五、工业生产者出厂价格及工业生产者购进价格调查采用重点调查和典型调查相结合的方法，调查实行月报，调查对象包括全省16个市的3100余家工业企业。

六、房地产价格调查为非全面调查，采用重点调查与典型调查相结合的方法，调查实行月报，调查城市为3个。

本版责任编辑：周玉华、姚　闯、高亚奇、阚天宇

4-1 各种价格总指数
Price Indices

(上年=100) (preceding year=100)

年 份 Year	居民消费价格指数 Consumer Price Index	城市居民消费价格指数 Urban Household	农村居民消费价格指数 Rural Household	商品零售价格指数 Retail Price Index	工业生产者出厂价格指数 Producer Price Index for Industrial Products	工业生产者购进价格指数 Purchasing Price Index for Industrial Producers	农业生产资料价格指数 Price Index of Means of Agricultural Production
1978				100.0			100.1
1979		102.6		102.1			102.4
1980		104.1		103.4			102.1
1981		103.2		101.7			101.7
1982		100.1		101.0			101.3
1983		102.2		101.1			102.8
1984	102.1	102.1	102.0	102.0			107.0
1985	107.1	107.8	106.4	106.4			101.7
1986	106.2	105.8	106.5	105.2			102.1
1987	109.1	109.9	108.3	109.7			112.8
1988	120.9	121.4	119.1	121.8			118.6
1989	117.2	115.7	118.8	117.1			121.7
1990	102.7	102.6	102.8	101.9			103.9
1991	106.1	107.4	104.1	105.7			102.3
1992	108.2	108.8	108.0	106.6			102.5
1993	114.7	114.4	115.4	112.9	125.3	128.7	112.9
1994	126.9	127.4	126.3	123.2	120.9	122.3	122.8
1995	114.8	115.9	113.7	112.7	117.2	117.9	128.0
1996	109.9	110.1	109.7	107.1	101.5	110.0	107.2
1997	101.3	101.9	100.7	99.4	99.3	101.7	98.9
1998	100.0	100.3	99.9	98.1	96.4	96.0	94.8
1999	97.8	97.6	98.0	96.6	95.9	94.5	95.3
2000	100.7	100.9	100.5	98.0	98.9	102.6	98.2
2001	100.5	100.0	101.3	99.6	98.6	100.2	97.9
2002	99.0	99.1	98.7	99.2	99.8	98.2	99.9
2003	101.7	101.8	101.7	101.3	103.5	106.7	100.2
2004	104.5	104.3	104.8	102.7	108.2	115.0	112.0
2005	101.4	101.0	101.9	100.6	103.3	107.2	108.3
2006	101.2	101.4	100.9	100.8	103.1	103.9	100.0
2007	105.3	105.3	105.2	104.5	103.6	105.1	106.8
2008	106.2	106.0	106.4	106.3	108.4	112.4	123.9
2009	99.1	98.9	99.4	99.0	92.8	95.3	95.8
2010	103.1	103.0	103.4	103.2	109.0	111.8	102.0
2011	105.6	105.4	105.9	105.3	108.3	110.8	114.3
2012	102.3	102.2	102.4	102.1	98.3	98.2	105.3
2013	102.4	102.4	102.5	101.2	98.2	96.9	100.9
2014	101.6	101.7	101.5	100.4	97.4	97.2	99.6
2015	101.3	101.3	101.3	99.7	93.9	93.5	101.6
2016	101.8	101.8	101.6	100.8	98.5	98.4	99.4
2017	101.2	101.3	101.1	101.7	108.0	109.2	101.3
2018	102.0	102.0	102.0	101.9	103.0	105.3	101.5
2019	102.7	102.7	102.8	101.9	100.3	99.9	102.3
2020	102.7	102.5	102.9	101.6	99.1	98.5	104.8

4-2 各种价格定基指数
Fixed-base Price Indices

年 份 Year	居民消费价格指数 Consumer Price Index (1983=100)	城市居民消费价格指数 Urban Household (1978=100)	农村居民消费价格指数 Rural Household (1983=100)	商品零售价格指数 Retail Price Index (1978=100)	工业生产者出厂价格指数 Producer Price Index for Industrial Products (1992=100)	工业生产者购进价格指数 Purchasing Price Index for Industrial Producers (1992=100)	农业生产资料价格指数 Price Index of Means of Agricultural Production (1983=100)
1979		102.6		102.1			102.4
1980		106.8		105.6			104.6
1981		110.2		107.4			106.3
1982		110.3		108.4			107.7
1983		112.8		109.6			110.7
1984	102.1	115.1	102.0	111.8			118.5
1985	109.3	124.1	108.5	119.0			120.5
1986	116.1	131.3	115.6	125.2			123.0
1987	126.7	144.3	125.2	137.3			138.8
1988	153.2	175.2	149.1	167.2			164.6
1989	179.5	202.7	177.1	195.8			200.3
1990	184.4	208.0	182.1	199.6			208.1
1991	195.6	223.4	189.5	210.9			212.9
1992	211.7	243.0	204.7	224.9			218.2
1993	242.8	278.0	236.2	253.9	125.3	128.7	246.4
1994	308.1	354.2	298.3	312.8	151.5	157.4	302.5
1995	353.7	410.5	339.2	352.5	177.5	185.6	387.2
1996	388.7	451.9	372.1	377.5	180.3	204.2	415.1
1997	393.7	460.5	374.7	375.2	179.0	207.6	410.6
1998	393.7	461.9	374.4	368.1	172.5	199.2	389.2
1999	385.1	450.8	366.9	355.6	165.4	188.2	370.9
2000	387.8	454.9	368.7	348.5	163.5	193.1	364.2
2001	389.7	454.9	373.5	347.1	161.3	193.4	356.6
2002	385.8	450.8	368.6	344.3	161.0	190.0	356.2
2003	392.4	458.9	374.9	348.8	166.6	202.8	356.9
2004	410.0	478.6	392.9	358.2	180.2	233.2	399.8
2005	415.8	483.4	400.4	360.4	186.2	250.0	433.0
2006	420.8	490.2	404.0	363.2	192.0	259.7	433.0
2007	443.1	516.2	425.0	379.6	199.0	273.0	462.4
2008	470.5	547.1	452.2	403.5	215.7	306.8	572.9
2009	466.3	541.1	449.5	399.5	200.2	292.3	548.9
2010	480.7	557.4	464.7	412.3	218.2	326.6	559.8
2011	507.7	587.5	492.2	434.1	236.3	361.9	639.9
2012	519.3	600.4	504.0	443.2	232.3	355.4	673.8
2013	531.8	614.8	516.6	448.5	228.1	344.4	679.9
2014	540.3	625.3	524.3	450.3	222.2	334.8	677.2
2015	547.3	633.4	531.1	448.9	208.6	313.0	688.0
2016	557.2	644.8	539.6	452.5	205.5	308.0	683.9
2017	563.9	653.2	545.5	460.2	221.9	336.3	692.8
2018	575.2	666.3	556.4	468.9	228.6	354.0	703.2
2019	590.7	684.3	572.0	477.8	229.4	353.7	719.4
2020	606.6	701.4	588.6	485.4	227.4	348.3	753.9

4-3 居民消费价格分类指数(2020年)
Consumer Price Indices by Category (2020)

(上年=100) (preceding year=100)

指　　标	Item	全省 Provincial Indices	城市 Urban Indices	农村 Rural Indices
居民消费价格总指数	**Consumer Price Index**	**102.7**	**102.5**	**102.9**
非食品烟酒价格指数	Non-food Price Index	100.0	100.0	100.0
服务价格指数	Items of Service Price Index	100.7	100.5	101.1
工业品价格指数	Industrial Products Price Index	99.2	99.3	98.9
消费品价格指数	Consumable Price Index	103.8	103.7	103.9
扣除食品和能源价格指数	Deduction Food and Energy Price Index	100.8	100.8	100.7
扣除鲜菜鲜果价格指数	Deduction Fresh Vegetables and Fruits Price Index	102.8	102.6	103.1
一、食品烟酒	**Food, Tobacco and Liquor**	**108.4**	**108.2**	**109.0**
1.食品	Food	110.9	110.4	111.8
(1)粮食	Grain	101.2	100.8	101.7
大米	Rice	100.6	100.2	101.2
面粉	Flour	100.3	99.9	100.6
(2)薯类	Tubers	104.5	105.6	102.8
(3)豆类	Beans	108.1	108.5	107.5
(4)食用油	Edible Oil	108.5	104.9	113.6
(5)菜	Vegetables	109.5	109.8	108.9
鲜菜	Fresh Vegetables	110.2	110.5	109.6
(6)畜肉类	Edible Livestock Meat	139.4	137.9	142.1
猪肉	Pork	147.8	147.0	149.1
牛肉	Beef	112.9	112.7	113.6
羊肉	Mutton	108.4	108.5	108.1
(7)禽肉类	Poultry	100.4	100.3	100.5
(8)水产品	Aquatic Products	105.5	105.3	105.6
(9)蛋类	Eggs	87.7	87.0	88.7
(10)奶类	Diary Products	100.2	100.4	99.7
(11)干鲜瓜果类	Dried and Fresh Melons and Fruits	88.7	88.7	88.6
鲜瓜果	Fresh Melons and Fruits	84.6	84.6	84.7
(12)糖果糕点类	Confectionery	101.2	101.3	101.1
(13)调味品	Flavoring	102.8	102.4	103.2
(14)其他食品类	Other Foods	101.9	102.5	100.8
2.茶及饮料	Tea and Beverages	101.3	101.5	100.9
3.烟酒	Tobacco and Liquor	101.3	102.0	100.4
(1)烟草	Tobacco	101.1	101.5	100.6
(2)酒类	Liquor	101.6	102.7	99.9
4.在外餐饮	Dinning Out	104.7	104.7	104.5
二、衣着	**Clothing**	**100.3**	**100.4**	**100.1**
1.服装	Garments	100.6	100.7	100.5
(1)男式服装	Men's Clothing	100.6	100.5	100.9
(2)女式服装	Women's Clothing	100.8	100.9	100.5
(3)儿童服装	Children's Clothing	100.1	100.2	99.9

4-3 续表 1 continued

(上年＝100) (preceding year=100)

指 标	Item	全省 Provincial Indices	城市 Urban Indices	农村 Rural Indices
2.服装材料	Clothing Material	98.9	98.5	99.6
3.其他衣着及配件	Other Clothing and Accessories	99.4	99.3	99.9
4.衣着加工服务费	Clothing Processing	103.1	102.5	104.5
5.鞋类	Footwear	99.2	99.6	98.5
(1)鞋	Shoes	99.2	99.6	98.4
(2)鞋类加工服务	Shoes Processing	102.1	101.8	102.4
三、居住	**Residence**	**99.8**	**99.9**	**99.6**
1.租赁房房租	Tenancy	99.8	99.9	99.4
2.住房保养维修及管理	Housing Maintenance	100.5	100.9	99.9
(1)住房装潢材料	Housing Decoration Materials	99.7	99.9	99.3
(2)物业管理费	Property Management Fee	100.7	100.8	100.0
(3)住房装潢维修	Housing Decoration Maintenance	101.6	102.5	100.6
3.水电燃料	Water, Electricity and Fuels	99.3	99.5	99.2
(1)水	Water	100.8	100.0	102.8
(2)电	Electricity	100.0	100.0	100.0
(3)燃气	Gas	97.4	98.2	95.9
(4)取暖费	Heating Fee	100.0	100.0	100.0
(5)其他燃料	Other Fuels	99.7	98.9	100.0
4.自有住房	Housing	99.8	99.8	99.8
四、生活用品及服务	**Daily Necessities and Services**	**99.8**	**100.1**	**99.0**
1.家具及室内装饰品	Furniture and Interior Decorations	99.7	100.3	98.5
(1)家具	Furniture	99.6	100.4	98.3
(2)室内装饰品	Interior Decorations	100.2	100.0	100.7
2.家用器具	Household Appliances	98.5	98.9	97.8
(1)大型家用器具	Large Household Appliances	98.4	98.8	97.6
(2)小家电	Small Home Appliances	99.0	99.2	98.6
3.家用纺织品	Household Textiles	99.3	99.5	99.0
(1)床上用品	Bed Articles	99.2	99.4	98.9
(2)窗帘门帘	Curtain	99.7	99.7	99.7
(3)其他家用纺织品	Other Household Textiles	100.4	100.9	99.0
4.家庭日用杂品	Daily-Use Household Articles	100.1	100.2	99.8
(1)洗涤卫生用品	Sanitary Articles	99.7	99.8	99.6
(2)厨具餐具茶具	Kitchenware, Tableware, Tea set	100.4	100.4	100.4
(3)家用手工工具	Household Hand Tools	101.3	102.1	99.9
(4)其他家庭日用杂品	Other Daily-Use Household Articles	100.5	100.7	100.1
5.个人护理用品	Personal Care Products	101.0	101.0	100.9
(1)化妆品	Cosmetics	100.7	100.8	100.3
(2)其他护理用品类	Other Care Products	101.4	101.4	101.4
6.家庭服务	Household Service	101.7	102.2	100.4

4-3 续表 2 continued

(上年=100) (preceding year=100)

指 标	Item	全省 Provincial Indices	城市 Urban Indices	农村 Rural Indices
五、交通和通信	**Transportation and Communication**	**96.8**	**96.7**	**97.0**
1.交通	Transportation	95.5	95.5	95.4
(1)交通工具	Transportation Facility	96.5	96.3	96.8
(2)交通工具用燃料	Fuels	89.2	90.1	87.0
(3)交通工具使用和维修	Fees for Vehicles Use and Maintenance	101.1	101.3	100.8
(4)交通费	Incity Traffic Fare	98.2	97.8	98.9
2.通信	Communication	99.0	98.7	99.5
(1)通信工具	Communication Facility	97.2	97.2	97.2
(2)通信服务	Communication Services	99.4	99.0	100.0
(3)邮递服务	Postal Service	99.9	100.0	99.6
六、教育文化和娱乐	**Education, Culture and Recreation**	**101.5**	**101.2**	**102.0**
1.教育	Education	102.4	102.0	103.0
(1)教育用品	Teaching Materials and Reference Books	101.1	101.2	100.8
(2)教育服务	Education Services	102.5	102.1	103.0
2.文化娱乐	Cultural and Recreational Articles	99.8	100.1	98.8
(1)文娱耐用消费品	Cultural Articles	97.7	98.1	97.0
(2)其他文娱用品	Expenditure on Culture and Recreation	99.6	99.4	99.9
(3)文化娱乐服务	Culture and Recreation Services	99.6	99.8	98.8
(4)旅游	Tourism	101.1	101.2	100.7
七、医疗保健	**Medical Care and Health**	**101.2**	**100.8**	**101.9**
1.药品及医疗器具	Medical Instrument and Articles	101.2	100.9	101.8
(1)中药	Traditional Chinese Medicine	101.4	100.6	103.0
(2)西药	Western Medicine	101.3	100.9	102.1
(3)滋补保健品	Nourishing Health Products	99.7	99.6	100.0
(4)医疗卫生器具	Medical Appliance	103.2	104.3	100.0
(5)保健器具	Health Care Appliance	100.6	100.7	100.0
2.医疗服务	Health Care Services	101.2	100.8	101.9
(1)综合医疗类	General Medical	100.8	101.1	100.4
(2)诊断类	Diagnosis	99.2	100.2	97.6
(3)治疗类	Treatment	101.6	101.3	102.0
(4)康复类	Rehabilitation	107.5	100.3	122.2
(5)中医医疗服务类	Traditional Chinese Medical Services	109.9	100.5	127.2
(6)其他医疗服务	Other Medical Services	103.5	100.4	108.5
八、其他用品和服务	**Other Articles and Services**	**103.1**	**103.2**	**102.7**
1.其他用品类	Other Articles	107.6	108.2	106.2
(1)首饰手表	Jewelry and Watches	112.7	112.9	112.2
(2)其他杂项用品	Other Sundry Articles	100.1	100.0	100.4
2.其他服务类	Other Services	99.0	99.0	99.1
(1)旅馆住宿	Hotel Accommodation	98.3	98.0	99.4
(2)美容美发洗浴	Hairdressing Bath	101.9	102.3	100.8
(3)养老服务	Aged Services	103.3	102.7	104.9
(4)金融保险	Financial and Insurance	94.5	94.3	95.1
(5)其他服务类	Other Services	103.3	104.1	101.1

4-4 分月居民消费价格指数(2020年)

(上年同月=100)

指　　标	Item	1 月 January	2 月 February	3 月 March
居民消费价格总指数	**Consumer Price Index**	**105.7**	**105.0**	**104.0**
非食品烟酒价格指数	Non-food Price Index	101.1	100.1	100.2
服务价格指数	Items of Service Price Index	101.6	100.0	101.2
工业品价格指数	Industrial Products Price Index	100.6	100.2	99.1
消费品价格指数	Consumable Price Index	108.1	107.9	105.6
扣除食品和能源价格指数	Deduction Food and Energy Price Index	101.4	100.7	101.1
扣除鲜菜鲜果价格指数	Deduction Fresh Vegetables and Fruits Price Index	105.7	105.4	104.5
一、食品烟酒	**Food, Tobacco and Liquor**	**116.1**	**116.0**	**112.4**
1.食品	Food	122.2	121.7	116.5
(1)粮食	Grain	101.1	101.3	101.6
大米	Rice	100.8	100.9	101.0
面粉	Flour	100.2	101.9	100.5
(2)薯类	Tubers	104.3	112.1	112.1
(3)豆类	Beans	101.8	100.6	104.6
(4)食用油	Edible Oil	113.2	113.9	112.8
(5)菜	Vegetables	115.4	103.2	96.7
鲜菜	Fresh Vegetables	116.6	103.4	96.5
(6)畜肉类	Edible Livestock Meat	191.7	195.5	174.5
猪肉	Pork	232.7	237.8	201.1
牛肉	Beef	118.4	119.9	120.8
羊肉	Mutton	110.4	110.9	113.6
(7)禽肉类	Poultry	114.1	113.5	113.6
(8)水产品	Aquatic Products	102.6	104.1	102.9
(9)蛋类	Eggs	100.7	99.2	98.2
(10)奶类	Diary Products	97.6	99.3	99.2
(11)干鲜瓜果类	Dried and Fresh Melons and Fruits	89.9	93.1	92.1
鲜瓜果	Fresh Melons and Fruits	86.1	90.1	88.7
(12)糖果糕点类	Confectionery	100.6	101.2	101.3
(13)调味品	Flavoring	102.2	102.3	102.2
(14)其他食品类	Other Foods	100.9	102.8	102.7
2.茶及饮料	Tea and Beverages	102.4	102.8	102.5
3.烟酒	Tobacco and Liquor	102.0	102.7	102.2
(1)烟草	Tobacco	101.1	101.2	101.4
(2)酒类	Liquor	103.5	105.2	103.4
4.在外餐饮	Dinning Out	105.5	105.1	105.2
二、衣着	**Clothing**	**100.7**	**101.1**	**99.5**
1.服装	Garments	100.9	101.6	100.1
(1)男式服装	Men's Clothing	100.7	101.3	99.7
(2)女式服装	Women's Clothing	101.1	101.7	100.3
(3)儿童服装	Children's Clothing	100.7	101.6	100.1
2.服装材料	Clothing Material	98.9	98.9	99.0

Consumer Price Indices by Month (2020)

(the same month last year=100)

4 月 April	5 月 May	6 月 June	7 月 July	8 月 August	9 月 September	10 月 October	11 月 November	12 月 December
102.9	**102.3**	**103.2**	**103.9**	**103.0**	**102.0**	**100.4**	**99.4**	**100.4**
99.8	100.0	100.2	99.9	99.8	99.7	99.6	99.7	99.7
100.7	101.1	101.0	100.5	100.3	100.5	100.4	100.6	100.3
98.8	98.8	99.2	99.2	99.2	98.7	98.6	98.7	99.1
104.2	102.9	104.4	105.9	104.5	102.8	100.3	98.8	100.5
100.9	101.1	101.0	100.7	100.5	100.5	100.5	100.5	100.3
103.6	103.3	103.8	104.1	102.9	101.5	99.9	99.1	100.1
109.9	**107.3**	**109.9**	**112.9**	**109.8**	**106.9**	**102.0**	**98.8**	**101.8**
112.9	108.9	112.9	117.5	112.7	108.7	101.8	97.5	102.1
101.3	101.7	100.7	101.2	100.7	100.8	101.2	101.0	101.0
100.9	101.4	99.9	100.5	100.0	99.9	100.6	100.6	100.6
99.6	101.0	99.5	99.7	98.6	100.2	101.0	100.2	100.9
110.9	100.9	98.1	93.8	99.5	106.7	104.1	105.5	109.0
107.1	110.0	110.4	110.6	110.0	109.9	110.2	110.5	111.7
111.5	110.1	111.1	112.6	110.6	105.0	102.2	99.0	103.7
96.5	90.7	113.7	122.8	123.2	125.5	120.7	108.4	108.0
96.3	90.0	114.9	124.7	125.1	127.6	122.5	109.2	108.6
162.1	153.8	161.0	169.9	142.5	121.0	99.1	92.2	103.0
182.9	170.3	181.3	191.8	148.7	120.8	92.5	87.1	101.4
118.4	118.1	117.0	116.8	112.9	108.1	105.8	101.7	102.4
111.6	110.6	111.1	110.7	109.3	105.2	103.8	102.4	103.3
109.7	106.4	102.2	102.6	98.1	91.8	89.5	83.5	89.0
103.4	107.4	111.7	111.0	107.3	105.2	104.6	101.9	103.6
93.6	84.0	81.6	82.1	86.3	80.9	81.8	81.2	86.5
99.8	100.2	100.2	99.8	100.8	100.8	101.1	101.9	101.3
85.3	80.5	74.1	78.0	82.2	97.2	99.5	101.0	103.3
79.9	75.3	67.3	71.3	76.5	95.7	98.9	101.0	104.0
101.0	102.4	101.4	102.1	101.3	100.2	101.3	100.9	100.9
103.2	102.7	102.6	103.2	102.1	102.4	103.1	104.0	103.6
102.6	101.8	102.6	102.6	102.1	101.3	101.1	101.4	100.6
101.2	101.4	100.9	101.2	101.1	100.9	100.7	100.0	100.4
102.2	101.6	101.3	101.2	100.7	100.6	100.5	100.3	100.3
101.4	101.1	101.1	101.1	101.1	101.0	101.0	100.8	100.9
103.3	102.5	101.6	101.3	100.2	100.0	99.6	99.4	99.5
105.0	105.6	105.6	105.7	105.5	104.5	103.9	102.7	101.8
100.3	**100.2**	**100.3**	**100.6**	**100.7**	**100.3**	**99.7**	**100.3**	**100.5**
100.8	100.5	100.6	100.9	100.8	100.6	100.0	100.3	100.5
100.4	100.7	101.0	101.1	100.8	100.6	100.0	100.5	100.8
101.1	100.6	100.4	101.0	101.1	100.7	100.3	100.4	100.5
100.7	99.6	100.5	100.3	99.7	100.1	99.0	99.8	99.8
98.6	98.8	98.9	98.8	98.9	99.2	99.1	98.9	99.1

4-4 续表 1

(上年同月=100)

指　　标	Item	1 月 January	2 月 February	3 月 March
3.其他衣着及配件	Other Clothing and Accessories	98.9	99.3	98.9
4.衣着加工服务费	Clothing Processing	104.7	102.8	103.5
5.鞋类	Footwear	99.7	99.8	97.4
(1)鞋	Shoes	99.6	99.8	97.3
(2)鞋类加工服务	Shoes Processing	103.3	99.5	101.3
三、居住	**Residence**	**100.6**	**100.1**	**100.2**
1.租赁房房租	Tenancy	101.2	100.4	100.4
2.住房保养维修及管理	Housing Maintenance	101.1	99.7	100.8
(1)住房装潢材料	Housing Decoration Materials	100.0	99.9	99.9
(2)物业管理费	Property Management Fee	100.7	100.7	100.7
(3)住房装潢维修	Housing Decoration Maintenance	102.6	99.3	102.0
3.水电燃料	Water, Electricity and Fuels	100.2	100.3	100.0
(1)水	Water	100.8	100.8	100.8
(2)电	Electricity	100.0	100.0	100.0
(3)燃气	Gas	100.3	100.6	99.8
(4)取暖费	Heating Fee	100.0	100.0	100.0
(5)其他燃料	Other Fuels	100.2	99.9	99.0
4.自有住房	Housing	100.5	100.2	100.1
四、生活用品及服务	**Daily Necessities and Services**	**100.5**	**100.0**	**100.1**
1.家具及室内装饰品	Furniture and Interior Decorations	100.2	100.0	99.7
(1)家具	Furniture	100.3	99.9	99.6
(2)室内装饰品	Interior Decorations	100.1	100.4	100.3
2.家用器具	Household Appliances	99.4	99.1	99.0
(1)大型家用器具	Large Household Appliances	99.2	98.9	98.8
(2)小家电	Small Home Appliances	100.3	100.5	100.0
3.家用纺织品	Household Textiles	99.7	99.8	99.4
(1)床上用品	Bed Articles	99.6	99.7	99.2
(2)窗帘门帘	Curtain	100.0	100.2	100.1
(3)其他家用纺织品	Other Household Textiles	100.6	99.9	100.1
4.家庭日用杂品	Daily-Use Household Articles	100.4	100.0	99.8
(1)洗涤卫生用品	Sanitary Articles	100.2	99.8	99.6
(2)厨具餐具茶具	Kitchenware, Tableware, Tea set	100.9	100.1	100.1
(3)家用手工工具	Household Hand Tools	100.9	100.9	100.5
(4)其他家庭日用杂品	Other Daily-Use Household Articles	100.4	100.2	100.0
5.个人护理用品	Personal Care Products	101.9	102.0	102.4
(1)化妆品	Cosmetics	101.0	101.5	101.9
(2)其他护理用品类	Other Care Products	103.0	102.6	103.1
6.家庭服务	Household Service	103.6	99.8	102.5
五、交通和通信	**Transportation and Communication**	**100.4**	**97.4**	**96.3**
1.交通	Transportation	101.8	97.1	94.9
(1)交通工具	Transportation Facility	97.5	97.6	97.1

continued

(the same month last year=100)

4 月 April	5 月 May	6 月 June	7 月 July	8 月 August	9 月 September	10 月 October	11 月 November	12 月 December
99.4	99.6	99.5	99.5	99.4	99.7	99.4	99.6	99.9
104.1	104.1	103.2	102.9	102.7	103.1	101.8	102.0	102.4
98.2	98.9	99.0	99.4	100.4	99.2	98.7	100.0	100.2
98.1	98.8	99.0	99.4	100.3	99.2	98.6	99.9	100.2
102.0	102.2	102.2	102.2	102.2	102.2	102.2	102.9	102.4
99.9	**99.8**	**99.7**	**99.7**	**99.6**	**99.4**	**99.4**	**99.5**	**99.6**
100.2	100.1	99.9	99.5	99.4	99.2	99.1	99.2	99.2
100.6	100.6	100.8	100.7	100.3	100.4	100.4	100.5	100.5
99.5	99.6	99.7	99.7	99.4	99.5	99.5	99.5	99.7
100.8	100.8	100.8	100.8	100.8	100.8	100.8	100.8	100.7
101.9	101.9	102.2	101.9	101.2	101.4	101.4	101.6	101.5
99.3	99.1	98.8	99.1	99.3	98.7	98.9	99.1	99.3
100.8	100.8	100.8	100.8	100.8	100.8	100.8	100.8	100.8
100.0	100.0	100.0	100.0	100.0	100.0	100.0	100.0	100.0
97.3	96.5	95.6	96.4	97.3	95.3	95.8	96.7	97.2
100.0	100.0	100.0	100.0	100.0	100.0	100.0	100.0	100.0
99.0	99.4	99.9	99.8	99.8	99.8	99.6	99.3	100.3
100.0	99.8	99.7	99.7	99.6	99.5	99.5	99.5	99.5
99.7	**99.7**	**99.7**	**99.6**	**99.5**	**99.5**	**99.5**	**99.6**	**99.8**
99.6	99.6	99.2	99.8	99.6	99.4	99.7	99.8	99.7
99.5	99.5	99.0	99.7	99.4	99.2	99.7	99.8	99.6
100.0	100.2	99.9	100.2	100.4	100.1	100.1	100.3	100.0
98.1	97.9	98.0	98.1	97.9	98.2	98.3	98.7	98.7
98.0	97.9	97.9	98.0	97.7	98.2	98.3	98.8	98.7
98.8	98.2	98.6	98.6	99.0	98.8	98.5	98.2	98.8
99.1	99.6	99.4	99.4	99.1	99.0	99.1	99.0	99.5
98.8	99.4	99.2	99.3	99.0	98.9	99.1	98.7	99.3
100.1	100.1	99.8	99.5	99.4	99.1	99.2	99.7	99.3
99.9	100.3	100.3	101.0	100.2	99.9	99.7	100.9	102.0
99.8	100.0	100.1	100.7	100.2	99.9	99.7	99.9	100.3
99.3	99.4	99.6	100.3	100.0	99.5	99.3	99.3	100.2
100.7	99.8	100.8	101.1	100.5	100.1	100.4	100.4	100.2
101.2	102.2	102.6	102.6	101.9	100.7	100.7	100.3	100.8
100.1	101.0	100.5	101.1	100.2	100.6	100.1	100.9	100.6
101.9	101.6	101.4	100.4	100.6	100.6	100.1	99.8	99.8
101.1	100.9	101.4	100.3	100.5	100.8	99.9	99.4	99.7
102.9	102.5	101.4	100.5	100.8	100.4	100.2	100.2	99.8
102.6	102.1	102.0	99.9	100.9	101.8	101.8	101.9	101.9
95.4	**95.6**	**96.7**	**96.3**	**96.2**	**96.4**	**96.6**	**96.4**	**97.6**
92.8	93.7	95.5	94.8	94.7	94.8	95.0	94.6	96.1
96.6	96.1	96.2	93.6	93.7	94.7	98.2	97.7	99.1

4-4 续表 2

(上年同月＝100)

指　　标	Item	1 月 January	2 月 February	3 月 March
(2)交通工具用燃料	Fuels	107.7	98.0	86.0
(3)交通工具使用和维修	Fees for Vehicles Use and Maintenance	102.5	93.8	100.9
(4)交通费	Incity Traffic Fare	102.9	96.9	99.3
2.通信	Communication	98.1	98.0	98.5
(1)通信工具	Communication Facility	93.5	93.5	95.7
(2)通信服务	Communication Services	99.2	99.2	99.2
(3)邮递服务	Postal Service	100.5	99.6	100.0
六、教育文化和娱乐	**Education, Culture and Recreation**	**102.4**	**100.3**	**102.3**
1.教育	Education	102.8	102.0	102.2
(1)教育用品	Teaching Materials and Reference Books	102.3	102.4	102.3
(2)教育服务	Education Services	102.8	102.0	102.2
2.文化娱乐	Cultural and Recreational Articles	101.7	97.2	102.5
(1)文娱耐用消费品	Cultural Articles	97.0	97.9	97.9
(2)其他文娱用品	Expenditure on Culture and Recreation	99.8	99.5	98.3
(3)文化娱乐服务	Culture and Recreation Services	100.4	95.2	99.1
(4)旅游	Tourism	105.6	97.0	107.9
七、医疗保健	**Medical Care and Health**	**101.2**	**101.2**	**101.5**
1.药品及医疗器具	Medical Instrument and Articles	102.4	102.2	102.0
(1)中药	Traditional Chinese Medicine	101.5	101.6	101.5
(2)西药	Western Medicine	103.0	102.6	102.7
(3)滋补保健品	Nourishing Health Products	101.1	101.3	100.2
(4)医疗卫生器具	Medical Appliance	103.6	103.5	103.1
(5)保健器具	Health Care Appliance	100.6	100.6	100.5
2.医疗服务	Health Care Services	100.6	100.7	101.2
(1)综合医疗类	General Medical	100.3	100.5	101.0
(2)诊断类	Diagnosis	98.2	98.2	98.7
(3)治疗类	Treatment	100.8	100.8	101.3
(4)康复类	Rehabilitation	108.6	108.6	108.7
(5)中医医疗服务类	Traditional Chinese Medical Services	110.9	110.9	111.1
(6)其他医疗服务	Other Medical Services	105.1	104.8	105.0
八、其他用品和服务	**Other Articles and Services**	**104.2**	**103.2**	**104.8**
1.其他用品类	Other Articles	106.8	107.7	108.9
(1)首饰手表	Jewelry and Watches	111.0	112.4	115.0
(2)其他杂项用品	Other Sundry Articles	100.9	101.0	100.6
2.其他服务类	Other Services	101.9	99.4	101.3
(1)旅馆住宿	Hotel Accommodation	101.2	97.9	99.1
(2)美容美发洗浴	Hairdressing Bath	103.1	97.5	102.3
(3)养老服务	Aged Services	103.5	102.9	102.8
(4)金融保险	Financial and Insurance	99.9	99.9	99.9
(5)其他服务类	Other Services	105.1	104.1	104.5

continued

(the same month last year=100)

4 月 April	5 月 May	6 月 June	7 月 July	8 月 August	9 月 September	10 月 October	11 月 November	12 月 December
80.2	83.5	89.9	92.0	93.0	88.5	84.1	82.8	86.0
102.2	102.2	102.6	102.6	101.6	101.9	101.5	101.4	100.9
96.6	97.1	96.7	95.8	94.9	98.8	99.0	99.9	100.7
99.7	98.7	98.8	99.0	98.6	99.1	99.3	99.5	100.3
102.0	96.8	96.9	98.1	95.7	96.6	97.8	98.7	101.5
99.1	99.1	99.1	99.1	99.3	99.6	99.7	99.7	100.0
100.0	100.1	100.1	100.1	100.1	100.1	99.2	99.3	99.2
101.2	**102.5**	**102.5**	**101.1**	**100.7**	**101.1**	**101.4**	**101.6**	**101.0**
102.2	102.8	102.8	102.3	102.5	102.3	102.4	102.4	102.2
102.1	102.1	103.3	103.2	103.9	98.1	98.2	97.6	97.7
102.2	102.9	102.8	102.3	102.4	102.5	102.6	102.6	102.4
99.4	101.8	102.0	99.0	97.6	98.9	99.4	100.0	98.6
97.4	97.0	97.5	97.8	97.3	98.6	97.8	98.2	98.2
98.1	99.0	99.5	99.5	100.5	100.2	100.3	100.3	100.2
97.8	99.3	100.7	99.5	98.6	101.8	101.2	101.1	100.6
101.7	106.5	105.7	99.4	96.3	97.4	99.2	100.4	97.4
101.3	**101.1**	**101.1**	**101.3**	**101.2**	**101.3**	**101.3**	**101.4**	**100.5**
102.1	101.4	101.3	101.0	100.7	100.6	100.4	100.2	99.7
101.4	101.5	101.7	101.4	101.4	101.3	101.3	101.3	100.9
102.6	101.9	101.7	101.1	100.7	100.6	100.1	99.7	99.0
100.5	99.3	99.0	98.9	99.0	99.0	99.1	99.5	99.6
103.6	103.3	103.3	104.4	102.8	102.6	103.1	102.6	102.7
100.7	100.9	100.1	100.9	100.7	100.8	101.1	100.2	100.1
100.9	101.0	101.0	101.5	101.5	101.7	101.7	102.1	101.0
100.3	100.3	100.3	100.7	100.7	100.9	100.9	101.8	102.2
98.6	99.3	99.3	99.4	99.5	99.6	99.7	99.8	99.9
101.2	101.1	101.1	101.9	102.0	102.2	102.2	102.7	101.4
108.5	106.5	106.5	108.5	108.5	108.7	108.7	108.7	100.2
111.1	110.4	110.4	110.7	110.7	110.9	110.9	110.9	100.4
103.8	103.8	103.8	103.8	102.7	102.9	102.9	102.9	100.1
104.6	**105.3**	**104.9**	**104.7**	**105.2**	**102.0**	**99.4**	**99.5**	**99.3**
108.6	110.2	109.2	108.6	109.8	105.9	105.3	105.5	105.3
114.4	117.1	115.5	114.1	116.4	110.0	109.0	109.6	109.0
100.4	100.5	100.3	100.4	99.8	99.5	99.4	99.4	99.5
101.1	101.1	101.1	101.2	101.0	98.3	93.8	93.9	93.8
97.8	97.7	97.4	98.4	98.1	97.3	97.9	98.5	98.2
102.6	102.5	102.5	102.4	102.2	102.1	101.8	101.9	101.5
102.4	102.6	103.5	103.5	103.5	103.5	103.5	103.7	103.9
99.9	99.9	99.8	99.9	99.9	92.8	80.6	80.7	80.7
103.3	103.3	103.3	102.9	102.6	102.6	102.4	102.4	102.4

4-5 各调查市县居民消费价格总指数(1984-2020年)

(上年=100)

年 份 Year	合肥市 Hefei	庐江县 Lujiang	芜湖市 Wuhu	蚌埠市 Bengbu	淮南市 Huainan	马鞍山市 Maanshan	淮北市 Huaibei	铜陵市 Tongling	安庆市 Anqing	桐城市 Tongcheng
1984	102.0		101.7	100.5	101.3		101.0		101.5	98.5
1985	111.0		108.6	108.9	114.2		107.8		109.1	106.1
1986	107.4		106.5	106.8	106.4		104.9		107.1	104.4
1987	110.8		109.0	111.5	108.4		109.7		109.1	110.5
1988	120.5		120.1	119.4	120.9		124.1		117.6	117.9
1989	115.2		117.1	114.6	115.0	115.1	117.5		117.4	115.0
1990	103.6		105.5	101.9	102.5	102.6	103.5		105.2	98.1
1991	109.3		107.8	107.8	109.1	109.0	107.1	108.5	107.6	106.6
1992	109.7		110.1	106.8	109.1	110.6	108.5	108.5	111.0	111.3
1993	116.5		120.5	114.7	111.0	121.3	112.7	115.6	117.7	112.1
1994	127.6		131.4	124.8	126.8	125.7	124.1	132.3	129.9	123.9
1995	117.1		112.7	117.7	115.1	116.8	113.5	116.2	115.3	114.5
1996	111.5		109.6	109.1	108.7	111.0	109.2	108.5	109.9	111.1
1997	102.6		101.0	102.0	103.0	101.2	100.3	103.7	101.1	99.9
1998	99.1		101.5	101.2	101.7	100.3	99.4	99.4	100.1	99.0
1999	97.7		97.8	97.8	97.2	98.0	97.1	99.1	97.3	98.2
2000	101.3		100.8	102.0	101.6	102.5	99.6	99.8	101.1	99.3
2001	99.4		99.6	100.6	99.9	99.5	99.8	103.7	100.0	102.9
2002	99.1		99.9	98.1	99.5	100.2	98.8	99.9	99.3	99.9
2003	101.2		101.2	101.5	103.1	101.3	103.1	100.4	101.4	101.1
2004	102.2		104.5	105.2	105.1	103.8	104.5	105.1	103.6	104.9
2005	100.9		100.4	100.4	100.9	100.6	100.9	101.2	101.6	102.9
2006	100.9		101.2	102.3	100.1	102.7	101.3	100.9	102.0	101.5
2007	105.6		105.3	105.2	105.2	105.2	105.2	104.6	105.8	105.6
2008	106.4		106.6	106.6	105.0	105.2	106.2	106.1	107.2	106.4
2009	99.1		99.2	99.5	98.3	98.3	98.2	98.9	98.6	99.0
2010	102.7		103.8	103.0	102.3	103.0	102.9	103.0	103.6	103.4
2011	105.7		105.7	105.4	105.2	104.8	105.4	105.3	105.5	106.1
2012	102.2		102.4	102.2	102.2	102.0	102.2	102.5	102.1	102.8
2013	102.7		102.5	102.2	102.6	101.8	102.1	101.9	102.6	102.4
2014	102.0		101.9	102.2	101.4	101.6	101.3	101.1	101.3	101.3
2015	101.6		101.1	101.4	100.9	101.0	100.8	101.2	101.5	101.0
2016	102.6	101.5	102.0	101.6	101.2	101.9	101.3	101.1	101.8	101.3
2017	101.4	101.2	101.3	101.0	101.0	101.2	101.0	100.9	101.8	101.0
2018	102.0	101.9	102.3	102.2	101.7	101.6	102.2	102.1	102.0	102.5
2019	102.9	102.8	102.8	102.2	102.8	102.4	102.6	102.4	102.9	103.0
2020	102.3	102.9	102.7	102.6	102.3	102.8	103.0	103.0	102.7	102.4

General Consumer Price Index by Region (1984-2020)

(preceding year=100)

黄山市 Huangshan	歙县 Shexian	滁州市 Chuzhou	阜阳市 Fuyang	阜南县 Funan	宿州市 Suzhou	六安市 Lu'an	金寨县 Jinzhai	亳州市 Bozhou	宣城市 Xuancheng
	100.8	101.2	102.8		105.4	102.7		99.5	101.2
	107.9	103.7	104.9		104.8	110.7		107.2	106.8
	107.2	107.2	104.5		108.8	107.7		108.1	106.6
	112.4	109.8	110.2		107.3	110.2		111.0	111.8
	121.3	116.4	123.8		119.8	123.0		122.1	122.7
	114.5	119.3	116.7		119.3	116.5		116.5	117.2
	102.8	102.8	103.1		104.4	104.0		98.6	102.6
	101.5	106.5	107.6		105.5	104.6		109.5	102.2
	109.6	110.5	110.0		108.7	109.3		110.2	107.8
	124.4	118.5	111.9		113.1	114.1		113.8	114.8
	125.2	125.4	121.3		124.2	133.5		125.8	126.1
	112.7	116.9	112.4		112.1	112.9		111.8	116.8
108.6	108.3	110.3	110.3		110.7	109.4		107.8	110.4
101.2	99.9	99.8	100.7		99.3	100.9		102.0	102.7
100.8	99.5	99.8	98.9		99.8	99.4		100.3	100.2
99.1	98.0	97.3	95.8		96.6	99.2		96.8	99.4
102.4	100.8	100.9	100.8		104.8			97.6	100.2
99.1	100.9	100.0	100.7					99.8	100.8
97.4	98.6	99.7	100.7		100.9			99.6	99.4
101.6	101.3	101.1	101.3		102.4			103.2	103.1
104.3	105.9	103.3	104.2		104.3			103.4	105.0
101.5	101.8	102.0	102.0		100.6			100.9	102.3
101.2	101.0	101.9	101.6		101.1			102.0	100.2
104.8	104.9	105.3	104.8		105.2			105.6	105.1
105.9	107.2	105.4	106.0		105.7			105.0	105.7
98.4	99.4	100.1	98.8		99.1			98.3	99.7
104.0	104.2	103.3	103.3		102.8			103.0	102.9
105.3	106.5	105.2	105.6		105.4	105.2		104.9	105.4
102.4	102.8	102.1	102.5		102.0	101.5		102.2	102.0
103.0	103.0	102.3	102.2		102.3	102.0		102.6	102.3
102.1	102.3	101.4	101.8		101.4	101.7		101.4	101.3
100.7	101.4	100.8	101.8		100.5	101.1		101.6	101.6
102.0	102.0	101.7	101.5	101.8	101.4	102.1	101.7	101.6	101.5
101.4	101.1	101.2	101.4	101.0	101.3	101.5	101.2	101.5	101.1
102.4	101.9	102.0	101.9	102.1	101.9	101.8	101.6	102.0	102.0
102.7	103.1	102.8	102.8	102.3	102.4	102.9	102.9	102.7	102.6
102.1	103.8	102.4	102.5	103.0	102.3	102.4	102.7	102.5	102.4

4-6 各市居民消费价格分类指数(2020年)

(上年=100)

指　　标	Item	合肥市 Hefei	庐江县 Lujiang	芜湖市 Wuhu
居民消费价格总指数	**Consumer Price Index**	**102.3**	**102.9**	**102.7**
非食品烟酒价格指数	Non-food Price Index	99.9	100.2	99.8
服务价格指数	Items of Service Price Index	100.8	101.7	100.6
工业品价格指数	Industrial Products Price Index	99.0	98.5	98.9
消费品价格指数	Consumable Price Index	103.3	103.5	104.0
扣除食品和能源价格指数	Deduction Food and Energy Price Index	100.8	100.9	101.2
扣除鲜菜鲜果价格指数	Deduction Fresh Vegetables and Fruits Price Index	102.5	102.9	102.8
一、食品烟酒	**Food, Tobacco and Liquor**	**108.0**	**108.5**	**109.2**
1.食品	Food	110.1	111.7	110.8
(1)粮食	Grain	103.0	102.2	99.4
大米	Rice	102.2	101.6	98.6
面粉	Flour	99.9	102.3	109.8
(2)薯类	Tubers	100.9	114.4	116.4
(3)豆类	Beans	114.2	106.8	109.9
(4)食用油	Edible Oil	105.0	113.3	106.0
(5)菜	Vegetables	110.5	113.5	111.8
鲜菜	Fresh Vegetables	111.2	114.3	112.9
(6)畜肉类	Edible Livestock Meat	137.3	137.1	139.0
猪肉	Pork	145.2	145.6	143.7
牛肉	Beef	113.5	111.8	111.2
羊肉	Mutton	108.3	104.6	111.1
(7)禽肉类	Poultry	100.5	102.4	103.7
(8)水产品	Aquatic Products	105.1	107.4	105.4
(9)蛋类	Eggs	86.0	87.5	89.9
(10)奶类	Diary Products	101.3	100.6	99.0
(11)干鲜瓜果类	Dried and Fresh Melons and Fruits	87.9	88.4	87.5
鲜瓜果	Fresh Melons and Fruits	83.6	85.3	83.5
(12)糖果糕点类	Confectionery	99.5	102.5	100.8
(13)调味品	Flavoring	101.3	103.5	102.2
(14)其他食品类	Other Foods	103.2	102.0	100.3
2.茶及饮料	Tea and Beverages	102.2	101.6	101.1
3.烟酒	Tobacco and Liquor	100.4	99.9	102.3
(1)烟草	Tobacco	100.2	101.0	102.6
(2)酒类	Liquor	100.7	97.5	101.7
4.在外餐饮	Dinning Out	105.4	102.4	108.0
二、衣着	**Clothing**	**99.7**	**99.1**	**100.8**
1.服装	Garments	99.5	99.6	100.7
(1)男式服装	Men's Clothing	99.5	101.4	100.5
(2)女式服装	Women's Clothing	99.9	99.0	100.4
(3)儿童服装	Children's Clothing	98.0	97.2	102.1

Consumer Price Index by Region and Category (2020)

(preceding year=100)

蚌埠市 Bengbu	淮南市 Huainan	马鞍山市 Maanshan	淮北市 Huaibei	铜陵市 Tongling	安庆市 Anqing	桐城市 Tongcheng
102.6	**102.3**	**102.8**	**103.0**	**103.0**	**102.7**	**102.4**
100.0	99.8	99.9	100.3	100.1	100.1	99.3
100.6	100.5	100.4	100.8	100.4	100.1	99.6
99.3	99.1	99.3	99.7	99.7	100.0	98.9
103.6	103.3	104.3	104.2	104.4	104.1	104.0
100.8	100.7	100.9	101.2	100.8	100.8	99.8
102.7	102.6	102.9	103.1	102.9	102.9	102.5
108.1	**107.5**	**109.7**	**108.7**	**109.5**	**108.4**	**108.9**
110.8	109.4	111.7	110.7	112.3	111.3	112.3
104.4	99.8	100.1	100.4	99.9	100.1	103.7
106.2	98.7	99.7	99.9	100.1	99.4	102.8
102.4	96.7	100.4	101.0	105.3	100.1	106.5
112.4	114.1	101.9	113.7	109.1	107.6	106.2
118.7	103.8	107.3	114.1	110.1	106.6	112.2
101.2	105.3	105.1	102.1	110.7	111.9	119.7
109.9	107.7	109.0	108.6	107.6	108.9	109.6
110.3	108.5	109.8	109.6	108.1	109.3	110.5
136.9	139.6	139.7	141.1	138.6	138.2	139.5
149.0	148.9	147.7	153.4	147.2	143.5	146.0
106.7	115.7	113.4	112.8	111.5	114.0	117.7
109.8	105.1	112.2	111.0	106.4	104.0	111.1
104.0	96.5	103.8	98.0	102.2	98.3	94.4
100.2	101.1	106.3	106.2	106.5	109.8	103.5
88.0	84.4	88.6	92.2	86.5	87.4	86.3
99.3	100.4	103.4	98.2	101.9	99.6	99.5
87.4	85.7	93.2	89.8	98.9	87.9	91.2
83.1	81.1	89.5	86.6	96.0	83.5	87.1
103.5	102.7	104.3	102.0	100.5	100.4	103.1
100.9	105.4	102.4	103.6	101.4	103.0	106.6
103.8	99.0	100.6	102.5	101.4	102.2	101.8
101.1	99.7	104.1	103.4	101.4	100.2	100.1
100.8	103.1	102.6	104.0	103.6	101.0	97.8
100.0	100.8	101.2	103.2	104.9	100.0	97.4
101.8	106.0	105.1	105.0	101.5	102.8	98.5
103.6	104.3	107.4	104.8	104.3	103.4	103.9
102.4	**100.7**	**99.7**	**100.2**	**100.5**	**102.5**	**101.5**
103.1	101.0	100.3	100.7	100.4	102.9	101.7
103.8	101.4	99.5	101.5	99.8	102.5	100.9
103.2	100.8	100.3	100.2	100.3	103.8	101.7
101.2	100.7	102.2	100.4	102.6	100.8	103.5

4-6 续表 1

(上年=100)

指　　标	Item	合肥市 Hefei	庐江县 Lujiang	芜湖市 Wuhu
2.服装材料	Clothing Material	97.7	101.7	100.0
3.其他衣着及配件	Other Clothing and Accessories	96.2	99.6	99.9
4.衣着加工服务费	Clothing Processing	105.4	107.4	106.7
5.鞋类	Footwear	100.2	96.5	100.8
(1)鞋	Shoes	100.2	96.4	100.8
(2)鞋类加工服务	Shoes Processing	100.0	100.2	100.0
三、居住	**Residence**	**99.9**	**99.2**	**100.0**
1.租赁房房租	Tenancy	99.9	98.5	98.7
2.住房保养维修及管理	Housing Maintenance	101.8	99.3	100.7
(1)住房装潢材料	Housing Decoration Materials	100.3	99.2	101.5
(2)物业管理费	Property Management Fee	100.5	100.0	100.0
(3)住房装潢维修	Housing Decoration Maintenance	105.0	99.4	100.0
3.水电燃料	Water, Electricity and Fuels	99.7	99.0	100.0
(1)水	Water	100.0	111.1	100.0
(2)电	Electricity	100.0	100.0	100.0
(3)燃气	Gas	99.0	94.1	100.4
(4)取暖费	Heating Fee	100.0	100.0	100.0
(5)其他燃料	Other Fuels	96.3	100.0	94.4
4.自有住房	Housing	99.6	99.3	100.0
四、生活用品及服务	**Daily Necessities and Services**	**99.8**	**99.4**	**100.5**
1.家具及室内装饰品	Furniture and Interior Decorations	100.2	100.9	101.2
(1)家具	Furniture	100.4	100.9	100.9
(2)室内装饰品	Interior Decorations	98.9	100.8	102.5
2.家用器具	Household Appliances	96.7	97.7	101.1
(1)大型家用器具	Large Household Appliances	96.5	98.1	101.5
(2)小家电	Small Home Appliances	97.7	94.8	98.7
3.家用纺织品	Household Textiles	97.1	95.4	100.9
(1)床上用品	Bed Articles	96.4	94.6	100.9
(2)窗帘门帘	Curtain	99.5	98.6	100.6
(3)其他家用纺织品	Other Household Textiles	99.7	98.9	100.9
4.家庭日用杂品	Daily-Use Household Articles	99.7	100.7	97.1
(1)洗涤卫生用品	Sanitary Articles	99.7	100.1	93.2
(2)厨具餐具茶具	Kitchenware, Tableware, Tea set	99.5	101.6	101.6
(3)家用手工工具	Household Hand Tools	100.9	101.0	102.6
(4)其他家庭日用杂品	Other Daily-Use Household Articles	99.8	101.4	104.2
5.个人护理用品	Personal Care Products	101.9	102.3	100.6
(1)化妆品	Cosmetics	101.7	100.6	101.4
(2)其他护理用品类	Other Care Products	102.1	103.8	99.4
6.家庭服务	Household Service	104.1	98.1	105.0
五、交通和通信	**Transportation and Communication**	**97.1**	**96.1**	**94.3**
1.交通	Transportation	96.0	94.3	93.9

continued

(preceding year=100)

蚌埠市 Bengbu	淮南市 Huainan	马鞍山市 Maanshan	淮北市 Huaibei	铜陵市 Tongling	安庆市 Anqing	桐城市 Tongcheng
94.4	97.3	104.3	99.5	100.0	100.0	100.0
103.7	101.0	100.7	100.9	98.2	100.0	99.9
101.1	102.1	102.2	100.0	100.0	101.1	103.1
100.0	99.7	96.6	98.5	101.3	101.4	100.7
100.0	99.7	96.5	98.5	101.3	101.4	100.6
100.0	100.0	100.0	99.5	100.0	103.6	101.3
99.3	**100.0**	**100.3**	**99.7**	**100.6**	**99.8**	**99.9**
100.2	100.9	99.3	100.3	100.9	99.0	98.0
99.7	99.3	99.9	100.2	102.2	101.2	98.4
98.9	98.8	100.5	100.4	98.8	99.9	96.9
100.0	100.0	100.0	100.0	100.0	100.0	100.0
100.7	99.9	98.9	100.0	107.9	102.8	99.6
98.1	99.4	101.4	98.7	100.9	99.0	99.4
100.0	100.0	100.0	100.0	100.0	100.0	100.0
100.0	100.0	100.0	100.0	100.0	100.0	100.0
94.4	97.5	104.6	96.4	103.0	97.4	98.2
100.0	100.0	100.0	100.0	100.0	100.0	100.0
100.0	97.6	100.0	91.2	100.0	96.5	98.4
99.9	100.4	100.0	100.0	100.0	100.0	101.1
100.6	**99.5**	**100.1**	**100.9**	**99.9**	**100.6**	**99.6**
100.5	99.8	98.3	101.5	99.5	100.6	97.1
101.0	99.6	98.1	101.4	99.6	100.8	96.7
97.5	101.1	99.4	101.9	98.7	99.3	100.4
99.2	95.3	99.5	99.6	98.3	101.2	99.5
99.2	95.0	98.9	99.6	98.4	101.0	99.8
99.4	96.8	102.4	99.6	98.3	102.2	97.8
103.5	101.0	99.3	100.4	99.6	99.8	100.6
104.5	101.3	99.1	100.4	99.0	99.8	100.8
100.0	98.1	99.6	100.0	102.0	101.2	100.0
100.6	101.4	100.6	101.3	102.8	98.5	100.2
101.2	101.2	99.7	101.9	100.3	100.3	100.0
101.6	101.4	99.8	102.0	97.0	100.1	100.2
100.8	100.8	97.6	99.5	102.7	100.4	100.4
104.9	99.9	120.3	101.6	99.3	100.0	100.0
100.1	101.1	98.6	102.8	105.7	100.5	99.6
100.6	101.0	102.1	101.5	100.9	100.9	101.4
100.6	100.5	102.5	101.0	101.2	101.0	101.6
100.7	101.7	101.4	102.1	100.6	100.8	101.3
100.3	102.1	102.3	100.5	101.0	100.3	99.6
96.6	**97.2**	**96.8**	**97.7**	**96.4**	**95.8**	**96.9**
94.6	95.5	96.0	96.3	95.4	94.2	95.5

4-6 续表 2

(上年=100)

指　　标	Item	合肥市 Hefei	庐江县 Lujiang	芜湖市 Wuhu
(1)交通工具	Transportation Facility	96.2	96.4	96.2
(2)交通工具用燃料	Fuels	91.5	86.8	87.5
(3)交通工具使用和维修	Fees for Vehicles Use and Maintenance	102.2	95.9	98.9
(4)交通费	Incity Traffic Fare	98.7	98.8	95.8
2.通信	Communication	99.5	99.4	95.2
(1)通信工具	Communication Facility	97.6	97.2	97.1
(2)通信服务	Communication Services	99.9	100.0	94.5
(3)邮递服务	Postal Service	100.3	100.0	100.1
六、教育文化和娱乐	**Education, Culture and Recreation**	**101.6**	**102.8**	**102.1**
1.教育	Education	102.9	103.9	105.9
(1)教育用品	Teaching Materials and Reference Books	101.1	100.6	101.9
(2)教育服务	Education Services	103.0	104.1	106.0
2.文化娱乐	Cultural and Recreational Articles	100.2	98.4	97.9
(1)文娱耐用消费品	Cultural Articles	98.4	96.4	96.7
(2)其他文娱用品	Expenditure on Culture and Recreation	99.2	100.1	96.8
(3)文化娱乐服务	Culture and Recreation Services	99.2	98.7	102.3
(4)旅游	Tourism	101.4	99.8	96.4
七、医疗保健	**Medical Care and Health**	**100.8**	**105.2**	**102.3**
1.药品及医疗器具	Medical Instrument and Articles	101.5	103.0	101.4
(1)中药	Traditional Chinese Medicine	100.8	102.3	100.1
(2)西药	Western Medicine	100.7	104.1	103.9
(3)滋补保健品	Nourishing Health Products	99.9	101.1	94.8
(4)医疗卫生器具	Medical Appliance	112.0	100.0	108.1
(5)保健器具	Health Care Appliance	100.3	100.3	99.1
2.医疗服务	Health Care Services	100.3	106.1	102.7
(1)综合医疗类	General Medical	100.4	98.2	101.8
(2)诊断类	Diagnosis	100.0	98.8	103.4
(3)治疗类	Treatment	100.6	105.5	103.0
(4)康复类	Rehabilitation	100.0	171.2	100.0
(5)中医医疗服务类	Traditional Chinese Medical Services	100.0	163.0	102.8
(6)其他医疗服务	Other Medical Services	100.6	120.0	100.6
八、其他用品和服务	**Other Articles and Services**	**103.4**	**104.2**	**101.4**
1.其他用品类	Other Articles	108.8	108.1	106.6
(1)首饰手表	Jewelry and Watches	113.8	114.9	110.4
(2)其他杂项用品	Other Sundry Articles	98.7	99.9	100.2
2.其他服务类	Other Services	98.9	100.1	97.3
(1)旅馆住宿	Hotel Accommodation	94.3	109.4	96.8
(2)美容美发洗浴	Hairdressing Bath	101.9	101.6	99.8
(3)养老服务	Aged Services	103.0	108.7	100.2
(4)金融保险	Financial and Insurance	93.7	94.6	94.2
(5)其他服务类	Other Services	115.7	100.0	100.0

continued

(preceding year=100)

蚌埠市 Bengbu	淮南市 Huainan	马鞍山市 Maanshan	淮北市 Huaibei	铜陵市 Tongling	安庆市 Anqing	桐城市 Tongcheng
95.9	96.6	96.4	97.2	96.5	96.7	97.3
88.3	88.2	90.2	91.7	90.0	87.1	86.0
97.7	103.8	107.0	100.2	100.0	100.2	101.4
99.1	98.0	97.0	97.9	98.2	95.5	99.8
99.5	99.3	98.5	99.5	98.6	98.3	99.4
96.7	96.8	97.1	97.2	97.2	97.1	97.2
100.0	100.0	98.9	100.0	99.0	98.6	100.0
101.4	99.6	100.0	100.0	100.0	99.8	100.0
101.9	**101.0**	**100.4**	**101.8**	**100.2**	**101.0**	**100.5**
103.5	99.8	101.7	103.3	102.0	101.3	100.6
100.4	101.7	100.8	101.9	100.9	101.8	101.5
103.6	99.7	101.8	103.4	102.1	101.3	100.6
99.5	102.8	99.2	99.1	97.4	100.2	100.0
97.7	96.8	97.0	98.5	96.0	99.1	97.7
100.0	100.3	98.5	100.0	100.5	99.6	100.8
104.3	99.6	100.9	99.9	95.0	100.3	100.2
97.6	107.0	99.4	98.8	98.0	101.0	103.2
99.4	**100.3**	**101.1**	**101.2**	**101.7**	**101.2**	**96.3**
98.4	100.8	100.4	100.1	103.5	102.3	99.9
97.2	99.5	98.0	100.0	104.4	102.2	102.6
99.7	101.0	100.1	100.8	104.8	100.5	99.3
96.5	102.0	100.0	98.1	100.7	100.0	98.2
96.2	100.3	106.2	100.0	100.1	113.7	101.9
100.3	100.0	100.2	100.7	103.0	99.4	100.1
100.1	100.0	101.5	101.8	100.6	100.4	95.0
100.0	100.0	108.1	100.0	102.2	100.0	95.5
100.0	100.0	100.0	99.9	100.3	100.0	92.3
100.0	100.0	100.0	104.9	100.0	101.0	94.2
100.0	100.0	100.0	104.4	100.0	101.0	115.2
100.0	100.0	100.0	100.0	100.0	100.0	96.2
101.9	100.0	100.0	99.5	100.0	101.5	108.2
102.2	**101.5**	**103.6**	**104.1**	**104.0**	**103.5**	**102.0**
106.5	105.5	110.5	110.3	109.1	107.6	106.2
112.3	109.2	114.0	115.4	113.6	112.4	111.4
100.1	100.4	98.4	100.6	102.3	101.6	100.4
98.3	98.0	98.5	98.6	100.3	99.7	97.7
99.3	96.9	95.6	100.1	102.2	100.0	93.7
98.6	101.7	105.4	101.1	99.8	100.9	99.8
109.0	100.0	100.0	101.0	110.4	110.6	100.0
94.6	94.4	93.1	94.7	97.3	95.0	95.1
100.0	101.6	100.8	101.3	100.0	100.0	100.0

4-6 续表 3

(上年=100)

指　　标	Item	黄山市 Huangshan	歙　县 Shexian	滁州市 Chuzhou
居民消费价格总指数	**Consumer Price Index**	**102.1**	**103.8**	**102.4**
非食品烟酒价格指数	Non-food Price Index	99.9	101.0	99.8
服务价格指数	Items of Service Price Index	101.0	103.0	100.5
工业品价格指数	Industrial Products Price Index	98.7	98.8	99.1
消费品价格指数	Consumable Price Index	102.8	104.3	103.5
扣除食品和能源价格指数	Deduction Food and Energy Price Index	100.7	102.1	101.1
扣除鲜菜鲜果价格指数	Deduction Fresh Vegetables and Fruits Price Index	102.5	104.1	102.5
一、食品烟酒	**Food, Tobacco and Liquor**	**106.9**	**109.8**	**108.0**
1.食品	Food	109.3	111.2	109.3
(1)粮食	Grain	100.3	100.9	100.3
大米	Rice	98.1	99.8	98.6
面粉	Flour	101.3	100.8	98.8
(2)薯类	Tubers	108.0	98.5	104.3
(3)豆类	Beans	100.4	101.3	105.8
(4)食用油	Edible Oil	107.2	117.6	107.0
(5)菜	Vegetables	106.6	103.0	112.9
鲜菜	Fresh Vegetables	106.9	103.7	114.2
(6)畜肉类	Edible Livestock Meat	138.8	145.3	127.8
猪肉	Pork	145.5	150.4	140.6
牛肉	Beef	116.6	116.1	110.4
羊肉	Mutton	111.9	99.5	105.3
(7)禽肉类	Poultry	98.1	97.2	104.9
(8)水产品	Aquatic Products	103.3	103.5	112.1
(9)蛋类	Eggs	89.5	85.7	91.4
(10)奶类	Diary Products	100.1	100.6	100.9
(11)干鲜瓜果类	Dried and Fresh Melons and Fruits	83.2	89.2	87.2
鲜瓜果	Fresh Melons and Fruits	77.3	85.5	84.7
(12)糖果糕点类	Confectionery	102.4	100.5	102.2
(13)调味品	Flavoring	100.3	98.6	101.0
(14)其他食品类	Other Foods	101.6	101.6	106.1
2.茶及饮料	Tea and Beverages	102.0	102.8	112.2
3.烟酒	Tobacco and Liquor	98.8	102.9	102.0
(1)烟草	Tobacco	100.0	103.2	103.9
(2)酒类	Liquor	97.1	102.4	99.3
4.在外餐饮	Dinning Out	103.3	110.9	105.7
二、衣着	**Clothing**	**100.1**	**100.2**	**100.2**
1.服装	Garments	100.2	100.9	100.5
(1)男式服装	Men's Clothing	99.2	100.8	99.4
(2)女式服装	Women's Clothing	101.3	101.8	101.6
(3)儿童服装	Children's Clothing	98.7	98.6	99.1

continued

(preceding year=100)

阜阳市 Fuyang	阜南县 Funan	宿州市 Suzhou	六安市 Lu'an	金寨县 Jinzhai	亳州市 Bozhou	宣城市 Xuancheng
102.5	**103.0**	**102.3**	**102.4**	**102.7**	**102.5**	**102.4**
100.1	100.1	100.0	99.7	99.5	100.2	99.8
100.3	100.6	100.6	100.0	100.2	100.2	100.3
99.9	99.5	99.4	99.3	98.7	100.1	99.4
103.8	104.2	103.3	103.7	103.9	103.7	103.6
100.7	100.6	100.8	100.3	100.0	100.4	100.9
102.7	103.3	102.4	102.4	102.9	102.8	102.5
107.7	**108.9**	**107.3**	**108.2**	**109.2**	**107.4**	**108.1**
110.3	111.7	109.9	111.6	112.1	109.9	109.7
100.6	100.5	100.8	99.5	101.2	99.3	100.8
99.3	100.1	100.4	99.3	100.9	98.4	100.0
100.6	99.0	98.7	104.7	102.7	98.9	101.3
93.1	93.3	107.8	97.9	103.2	111.4	105.5
112.4	111.6	107.9	101.6	107.2	103.6	102.4
106.5	106.5	103.5	102.6	110.1	102.2	109.2
108.6	105.5	110.7	110.2	110.2	110.9	107.7
109.1	106.0	111.8	111.2	110.9	111.8	108.1
138.5	150.6	135.4	140.0	141.1	138.0	134.6
151.5	159.0	149.2	146.9	146.8	148.5	142.0
115.2	113.8	113.0	111.6	110.7	117.2	98.5
108.7	109.2	107.9	111.5	110.0	106.7	111.3
96.7	101.5	102.9	99.0	105.6	99.0	98.5
108.0	103.3	103.7	105.6	110.7	106.7	108.2
85.4	92.4	84.7	87.6	90.2	88.9	84.7
97.8	97.4	102.9	100.3	99.9	100.9	99.3
90.7	87.5	89.8	91.4	86.4	82.9	92.0
86.8	82.1	84.9	88.0	82.7	77.6	88.3
99.5	98.6	102.5	101.5	101.6	99.7	102.8
102.5	101.2	101.5	102.9	105.7	102.8	102.2
102.7	97.3	104.8	103.4	102.0	103.3	104.0
100.1	101.8	101.2	97.9	97.3	101.5	102.1
102.3	100.9	102.1	102.1	101.0	102.2	102.7
102.0	101.1	100.0	102.1	100.8	103.2	101.2
102.7	100.6	105.1	102.1	101.1	100.7	105.0
103.2	102.9	102.5	101.8	104.3	102.8	106.2
100.5	**100.5**	**100.5**	**100.5**	**99.9**	**99.9**	**100.2**
100.8	100.7	100.9	100.7	100.3	100.5	100.9
99.8	99.8	100.2	101.1	101.3	100.2	100.7
101.1	101.0	101.8	101.1	99.8	100.4	101.5
102.0	102.0	99.5	98.5	99.5	101.5	98.8

4-6 续表 4

(上年=100)

指　　标	Item	黄山市 Huangshan	歙　县 Shexian	滁州市 Chuzhou
2.服装材料	Clothing Material	98.8	99.0	99.3
3.其他衣着及配件	Other Clothing and Accessories	101.8	98.7	102.1
4.衣着加工服务费	Clothing Processing	103.8	100.0	103.2
5.鞋类	Footwear	99.3	97.9	98.4
(1)鞋	Shoes	99.2	97.7	98.3
(2)鞋类加工服务	Shoes Processing	104.7	105.6	109.8
三、居住	**Residence**	**100.1**	**100.7**	**100.4**
1.租赁房房租	Tenancy	99.2	104.6	103.8
2.住房保养维修及管理	Housing Maintenance	102.7	102.3	101.1
(1)住房装潢材料	Housing Decoration Materials	100.6	99.9	101.1
(2)物业管理费	Property Management Fee	101.1	100.0	100.0
(3)住房装潢维修	Housing Decoration Maintenance	106.3	104.7	101.5
3.水电燃料	Water, Electricity and Fuels	98.9	99.0	98.3
(1)水	Water	100.9	100.0	100.0
(2)电	Electricity	100.0	100.0	100.0
(3)燃气	Gas	96.1	94.9	94.6
(4)取暖费	Heating Fee	100.0	100.0	100.0
(5)其他燃料	Other Fuels	95.8	100.8	100.0
4.自有住房	Housing	100.0	100.9	100.9
四、生活用品及服务	**Daily Necessities and Services**	**99.9**	**98.4**	**99.3**
1.家具及室内装饰品	Furniture and Interior Decorations	100.3	98.2	100.5
(1)家具	Furniture	100.1	97.9	99.5
(2)室内装饰品	Interior Decorations	101.5	101.2	103.8
2.家用器具	Household Appliances	100.0	97.5	97.7
(1)大型家用器具	Large Household Appliances	99.9	97.1	97.8
(2)小家电	Small Home Appliances	100.7	100.2	97.1
3.家用纺织品	Household Textiles	100.0	99.7	99.1
(1)床上用品	Bed Articles	100.2	99.5	98.7
(2)窗帘门帘	Curtain	100.0	100.9	101.7
(3)其他家用纺织品	Other Household Textiles	97.8	100.0	98.0
4.家庭日用杂品	Daily-Use Household Articles	97.0	98.8	99.3
(1)洗涤卫生用品	Sanitary Articles	95.2	98.5	99.5
(2)厨具餐具茶具	Kitchenware, Tableware, Tea set	99.3	99.1	100.1
(3)家用手工工具	Household Hand Tools	111.5	98.6	101.5
(4)其他家庭日用杂品	Other Daily-Use Household Articles	98.2	99.5	98.2
5.个人护理用品	Personal Care Products	100.0	97.9	101.3
(1)化妆品	Cosmetics	100.0	97.3	100.5
(2)其他护理用品类	Other Care Products	100.1	98.3	102.5
6.家庭服务	Household Service	105.3	100.0	99.0
五、交通和通信	**Transportation and Communication**	**95.1**	**97.0**	**96.0**
1.交通	Transportation	94.4	95.5	94.7

continued

(preceding year=100)

阜阳市 Fuyang	阜南县 Funan	宿州市 Suzhou	六安市 Lu'an	金寨县 Jinzhai	亳州市 Bozhou	宣城市 Xuancheng
99.9	101.7	98.8	93.9	94.8	100.0	100.0
98.2	99.8	101.8	99.2	102.6	98.7	97.8
100.1	99.0	103.0	102.4	115.9	95.9	100.0
100.0	100.1	98.7	100.2	98.0	97.9	97.9
100.0	100.0	98.7	100.1	98.0	97.9	97.7
100.0	105.2	101.9	107.2	100.0	100.0	116.9
100.0	**99.6**	**99.8**	**99.6**	**98.8**	**99.2**	**100.1**
99.9	101.1	100.2	99.3	97.4	98.0	101.8
101.9	100.3	102.8	100.2	99.9	100.6	100.1
99.8	100.5	99.9	100.1	99.9	98.4	100.1
100.0	100.0	111.8	101.6	100.0	100.0	100.0
105.4	100.0	103.9	99.8	99.9	103.5	100.1
100.0	98.7	97.2	98.9	99.8	99.9	99.9
100.0	100.0	100.0	100.0	100.0	100.0	100.0
100.0	100.0	100.0	100.0	100.0	100.0	100.0
99.4	94.4	90.2	96.4	99.3	99.7	99.6
100.0	100.0	100.0	100.0	100.0	100.0	100.0
105.5	100.4	102.0	102.7	100.0	100.0	100.0
99.2	100.0	100.2	100.0	97.6	98.5	100.0
99.6	**99.4**	**101.2**	**100.2**	**98.2**	**100.1**	**101.0**
99.6	99.4	100.6	100.9	95.8	100.5	101.4
99.7	99.4	100.6	100.9	95.1	100.5	101.6
99.5	99.4	100.7	100.9	101.2	100.1	100.0
99.8	98.8	100.1	99.4	95.4	100.6	101.6
99.9	98.4	99.8	99.6	94.5	100.7	101.5
99.7	101.0	101.2	98.3	99.6	99.6	102.3
100.0	99.8	102.0	98.1	100.2	98.0	97.8
99.8	100.0	102.1	97.3	100.3	98.1	96.7
101.7	99.5	100.5	99.8	100.0	96.6	98.9
101.8	96.2	102.3	102.2	99.3	98.4	102.7
100.0	99.4	101.3	100.5	99.8	100.9	99.9
99.6	98.7	102.0	100.4	100.1	101.0	99.1
100.8	100.9	100.9	101.0	99.2	101.6	101.2
100.7	100.0	100.6	100.0	100.1	100.0	101.4
100.3	100.1	100.3	100.6	99.2	100.3	100.6
99.1	100.0	101.8	100.3	101.3	99.4	103.1
98.0	99.4	101.3	100.9	101.6	98.5	102.2
100.8	100.4	102.5	99.5	101.1	100.8	104.4
97.3	100.7	102.9	103.9	106.8	98.8	100.4
96.9	**97.6**	**97.3**	**95.5**	**97.9**	**98.8**	**96.0**
95.7	96.1	95.9	94.6	96.8	98.4	94.4

4-6 续表 5

(上年=100)

指　　标	Item	黄山市 Huangshan	歙　县 Shexian	滁州市 Chuzhou
(1)交通工具	Transportation Facility	95.5	96.2	96.8
(2)交通工具用燃料	Fuels	87.1	87.8	86.8
(3)交通工具使用和维修	Fees for Vehicles Use and Maintenance	104.6	100.8	100.4
(4)交通费	Incity Traffic Fare	97.0	98.7	97.7
2.通信	Communication	96.7	99.3	98.4
(1)通信工具	Communication Facility	97.0	97.0	97.2
(2)通信服务	Communication Services	96.5	100.0	98.7
(3)邮递服务	Postal Service	98.9	97.2	100.0
六、教育文化和娱乐	**Education, Culture and Recreation**	**103.0**	**103.8**	**100.8**
1.教育	Education	105.9	105.8	100.6
(1)教育用品	Teaching Materials and Reference Books	101.4	100.4	101.4
(2)教育服务	Education Services	106.0	105.9	100.5
2.文化娱乐	Cultural and Recreational Articles	97.9	97.3	101.1
(1)文娱耐用消费品	Cultural Articles	99.8	97.2	97.1
(2)其他文娱用品	Expenditure on Culture and Recreation	97.2	99.8	99.2
(3)文化娱乐服务	Culture and Recreation Services	96.2	96.9	98.7
(4)旅游	Tourism	98.2	95.3	104.1
七、医疗保健	**Medical Care and Health**	**100.7**	**104.5**	**101.1**
1.药品及医疗器具	Medical Instrument and Articles	101.5	101.6	104.1
(1)中药	Traditional Chinese Medicine	100.5	104.9	105.5
(2)西药	Western Medicine	101.3	101.0	105.1
(3)滋补保健品	Nourishing Health Products	104.8	100.7	102.2
(4)医疗卫生器具	Medical Appliance	99.3	100.8	99.6
(5)保健器具	Health Care Appliance	97.6	99.2	100.5
2.医疗服务	Health Care Services	100.2	105.8	99.5
(1)综合医疗类	General Medical	100.0	102.2	101.5
(2)诊断类	Diagnosis	100.1	98.3	100.0
(3)治疗类	Treatment	100.4	110.3	98.1
(4)康复类	Rehabilitation	100.0	100.0	100.0
(5)中医医疗服务类	Traditional Chinese Medical Services	100.2	165.2	100.0
(6)其他医疗服务	Other Medical Services	100.0	100.0	94.2
八、其他用品和服务	**Other Articles and Services**	**102.1**	**102.6**	**103.0**
1.其他用品类	Other Articles	105.5	106.4	107.7
(1)首饰手表	Jewelry and Watches	109.6	114.2	113.1
(2)其他杂项用品	Other Sundry Articles	97.1	99.4	99.1
2.其他服务类	Other Services	99.4	98.8	98.8
(1)旅馆住宿	Hotel Accommodation	102.8	97.1	103.2
(2)美容美发洗浴	Hairdressing Bath	100.4	100.9	100.6
(3)养老服务	Aged Services	113.3	100.0	100.0
(4)金融保险	Financial and Insurance	94.1	95.2	94.6
(5)其他服务类	Other Services	100.0	105.4	100.0

continued

(preceding year=100)

阜阳市 Fuyang	阜南县 Funan	宿州市 Suzhou	六安市 Lu'an	金寨县 Jinzhai	亳州市 Bozhou	宣城市 Xuancheng
96.8	97.7	96.5	96.9	96.6	94.8	96.5
89.1	88.8	89.4	87.4	85.9	104.7	86.1
97.8	99.8	103.2	100.7	109.5	98.3	100.0
99.2	98.4	97.9	95.9	98.6	97.9	98.0
98.6	99.6	99.5	97.0	99.5	99.4	98.7
97.2	97.3	97.1	97.5	97.1	97.0	97.1
98.9	100.0	100.0	96.8	100.0	100.0	99.1
100.0	100.0	100.0	97.6	100.9	100.4	100.0
101.2	**102.0**	**100.9**	**100.9**	**100.5**	**100.6**	**101.2**
100.8	103.0	101.8	102.3	100.9	99.8	101.2
100.8	101.0	101.6	101.3	100.4	100.9	101.3
100.8	103.1	101.8	102.3	100.9	99.8	101.2
102.0	98.8	99.4	98.6	99.5	101.9	101.3
99.2	98.3	98.3	99.4	95.6	97.8	101.8
99.9	99.6	99.4	101.1	99.4	100.1	99.1
97.1	97.5	98.7	92.5	100.8	107.5	98.8
105.2	100.0	100.2	100.2	106.3	101.9	102.6
100.5	**100.5**	**99.3**	**100.4**	**101.1**	**102.7**	**99.9**
101.6	102.0	99.1	100.1	101.9	101.7	99.7
102.7	102.5	99.8	100.7	103.0	103.5	99.5
102.2	102.5	97.3	100.7	102.4	101.2	98.8
100.9	100.0	102.0	98.1	99.4	101.9	101.0
97.0	97.5	104.8	100.1	100.0	100.9	102.5
104.5	100.5	100.0	99.8	100.0	101.2	98.5
100.0	99.8	99.5	100.6	100.9	103.3	100.0
100.0	101.0	100.2	102.4	105.4	100.9	100.0
100.0	99.3	98.3	99.7	98.0	100.4	100.0
100.0	99.7	100.0	100.1	99.6	108.2	100.0
100.0	99.5	100.0	100.6	100.2	99.4	100.0
100.0	100.0	100.0	100.6	99.1	101.8	100.0
100.0	99.5	100.0	102.6	107.8	100.9	100.0
104.7	**102.8**	**105.4**	**102.7**	**101.3**	**102.7**	**103.5**
110.2	105.9	110.9	105.9	103.9	107.0	108.6
115.2	111.2	112.5	110.5	108.1	112.7	114.8
99.5	101.7	99.7	100.2	100.2	101.1	101.0
99.7	99.6	100.5	99.8	98.7	99.0	98.7
103.7	99.2	101.5	97.8	93.1	98.4	101.0
104.2	103.3	104.8	105.0	98.2	102.6	100.9
103.1	100.0	100.0	103.9	113.6	103.2	101.8
93.4	95.5	95.9	93.3	95.4	95.0	94.9
100.0	100.0	101.0	105.5	99.5	99.5	100.5

4-7 商品零售价格分类指数(2020年)

Retail Price Indices by Category (2020)

(上年＝100) (preceding year=100)

指 标	Item	全省 Anhui	城市 Cities	农村 Rural Areas
商品零售价格指数	**Retail General Price Index**	**101.6**	**101.6**	**101.7**
一、食品	Food	109.4	109.1	110.8
1.粮食	Grain	101.4	101.2	101.9
2.薯类	Tubers	105.1	105.3	104.3
3.豆类	Beans	109.2	109.9	107.1
4.食用油	Edible Oil	107.7	105.2	114.3
5.菜	Vegetables	109.6	109.9	108.5
6.畜肉类	Edible Livestock Meat	138.8	137.8	142.3
7.禽肉类	Poultry	100.5	100.7	99.9
8.水产品	Aquatic Products	105.3	105.2	105.7
9.蛋类	Eggs	87.4	87.0	88.5
10.奶类	Diary Products	100.4	100.5	99.7
11.干鲜瓜果类	Dried and Fresh Melons and Fruits	88.6	88.6	88.7
12.糖果糕点类	Confectionery	101.1	101.1	101.4
13.调味品	Flavoring	102.5	102.2	103.4
14.其他食品类	Other Food	102.2	102.6	101.1
15.在外餐饮	Picnic Food	104.9	105.0	104.7
二、饮料、烟酒	Tobacco, Liquor and Articles	101.5	101.7	100.5
1.茶及饮料	Tea and Drinks	101.6	101.7	101.2
2.烟草	Tobacco	101.1	101.3	100.6
3.酒类	Liquor	101.9	102.4	99.8
三、服装、鞋帽	Garments, Shoes and Hats	100.3	100.4	100.1
1.服装	Garments	100.6	100.5	100.6
(1)男士服装	Men's Clothing	100.5	100.4	100.8
(2)女士服装	Women's Clothing	100.8	100.8	100.6
(3)儿童服装	Children's Clothing	99.9	99.9	100.2
2.鞋帽袜	Footwear, Socks and Hats	99.5	99.7	98.7
(1)鞋	Shoes	99.6	99.8	98.5
(2)袜子	Socks	98.8	98.5	100.6
(3)帽子	Hats	98.7	98.5	99.7
3.其他衣着配件	Others	99.5	99.6	98.9
四、纺织品	Textiles	98.9	98.9	98.9
1.服装材料	Clothing Material	98.7	98.4	99.8
2.床上用品	Bed Articles	98.9	99.0	98.7

4-7 续表 continued

(上年＝100) (preceding year=100)

指 标	Item	全省 Anhui	城市 Cities	农村 Rural Areas
五、家用电器及音像器材	Electric Household Appliance and Sound Apparatus	98.5	98.6	97.7
1.家庭设备	Household Facilities	98.4	98.5	97.9
2.文娱用耐用消费品	Durable Consuming Goods for Entertainment	98.2	98.5	97.0
3.专业音像器材	Sound Apparatus	102.2	102.2	102.2
六、文化办公用品	Cultural and Office Goods	99.0	99.0	99.1
七、日用品	Articles for Daily Use	99.6	99.6	99.5
1.日用百货	Merchandises for Daily Use	99.1	99.3	98.0
2.厨具餐具茶具	Kitchenware, Tableware, Tea set	100.3	100.3	100.3
3.清洗用品	Washing and Cleaning Goods	99.3	98.9	101.4
4.其他日用品	Other Daily-use Goods	100.1	100.0	100.3
八、体育娱乐用品	Sports and Entertainment Goods	100.3	100.2	100.8
1.体育户外用品	Sports Goods	100.7	100.8	100.2
2.娱乐用品	Recreational Goods	100.2	100.1	100.9
九、交通、通信用品	Traffic and Telecommunication Goods	97.3	97.3	97.4
1.交通运输机械	Traffic and Transport Machinery	97.3	97.2	97.5
2.通信器材	Telecommunication Apparatus	97.3	97.3	97.2
十、家具	Furniture	100.0	100.4	97.9
十一、化妆品	Cosmetics	101.3	101.4	100.9
十二、金银饰品	Gold and Silver Jewls	115.4	115.7	113.5
十三、中西药品及医疗保健用品	Chinese and Western Medicines and Health Supplies	101.3	101.1	101.8
1.医疗卫生器具	Medical-care Apparatus and Goods	105.7	106.7	100.0
2.中药	Chinese Herbs and Patent Medicine	101.2	100.7	103.0
3.西药	Western Medicine	101.2	101.0	102.1
4.保健器具及用品	Healthy Devices and Goods	99.6	99.6	99.9
十四、书报杂志及电子出版物	Books, Magazines and Electronic Publications	99.3	99.4	98.9
1.教材及参考书	Texts and Reference Books	101.2	101.2	100.9
2.书报杂志	Newspapers and Magazines	95.7	95.9	95.1
3.计算机办公软件	Office Software	100.2	100.2	100.2
十五、燃料	Fuels	94.3	94.7	92.7
1.煤炭及制品	Coal and Its Products	98.7	98.2	100.0
2.石油及制品	Oil and Its Products	93.2	93.9	89.9
十六、建筑材料及五金电料	Building Apparatus and Hardware	100.2	100.4	99.4
1.建筑装潢材料	Building Decoration Materials	100.0	100.1	99.3
2.五金水暖	Hardware Plumbing	101.0	101.2	99.9

4-8 各市商品零售价格总指数(1984-2020年)

(上年=100)

年 份 Year	合肥市 Hefei	庐江县 Lujiang	芜湖市 Wuhu	蚌埠市 Bengbu	淮南市 Huainan	马鞍山市 Maanshan	淮北市 Huaibei	铜陵市 Tongling	安庆市 Anqing
1984	100.6		101.4	100.3	101.3		101.1		101.3
1985	111.4		108.4	108.8	112.5		108.1		109.5
1986	105.9		106.5	106.2	106.4		105.0		107.2
1987	110.3		108.9	111.0	108.1		109.2		109.2
1988	122.1		121.2	120.7	121.9		125.5		118.9
1989	115.0		115.9	114.8	114.6	115.3	116.2		116.6
1990	101.7		103.6	100.6	102.0	100.6	101.2		102.6
1991	109.5		107.7	108.1	108.8	108.6	107.3	108.1	107.1
1992	108.8		108.5	106.2	108.1	108.6	107.2	106.6	108.7
1993	115.0		118.9	112.3	107.4	118.3	109.5	124.0	114.3
1994	120.5		126.0	119.9	121.3	123.9	117.8	124.0	127.9
1995	113.8		115.5	111.7	112.0	111.4	112.8	112.7	113.7
1996	107.1		106.9	106.7	107.0	106.6	106.5	106.7	107.0
1997	100.9		100.0	100.1	101.1	100.7	99.2	101.0	98.8
1998	98.2		98.9	99.1	97.8	98.3	98.6	98.1	98.3
1999	96.5		96.2	95.8	97.0	97.6	96.8	97.2	96.6
2000	97.2		98.1	98.7	98.3	99.0	98.8	97.9	98.3
2001	97.7		98.9	98.5	99.3	99.9	99.3	98.7	98.3
2002	99.3		98.9	98.8	99.2	100.3	99.6	99.9	99.5
2003	101.4		100.3	100.9	101.1	101.7	103.1	99.4	99.4
2004	100.8		102.3	103.4	102.3	103.0	102.6	102.9	102.5
2005	99.7		99.2	99.8	99.8	100.2	101.4	99.9	100.7
2006	100.6		100.6	101.9	99.8	101.8	101.1	100.2	101.4
2007	104.6		104.1	104.6	104.9	104.9	104.4	103.3	104.2
2008	106.3		106.2	106.4	105.6	106.6	106.3	105.6	106.8
2009	99.8		98.1	98.7	98.1	98.7	99.0	98.5	98.8
2010	102.1		102.7	102.7	101.8	103.1	103.4	102.4	103.2
2011	105.1		105.0	105.4	104.9	103.9	104.9	105.5	105.1
2012	101.9		102.2	102.1	102.2	101.9	102.0	102.2	101.8
2013	101.2		101.3	101.5	101.4	101.2	101.1	101.1	101.5
2014	100.3		100.6	100.9	100.0	100.4	99.9	99.9	100.4
2015	99.5		100.1	99.4	99.5	99.7	99.3	99.9	99.9
2016	100.8	100.6	100.9	101.0	100.8	100.7	100.5	100.9	101.2
2017	102.3	100.8	100.7	101.1	101.8	101.4	101.1	101.2	102.6
2018	101.7	101.8	101.8	102.5	102.0	101.3	102.1	101.5	101.9
2019	101.6	101.8	101.9	101.3	102.4	101.8	102.0	102.3	102.3
2020	101.3	101.5	101.6	101.5	101.4	102.0	102.3	102.2	102.4

General Retail Price Index by Region (1984-2020)

(preceding year=100)

桐城市 Tongcheng	黄山市 Huangshan	歙　县 Shexian	滁州市 Chuzhou	阜阳市 Fuyang	阜南县 Funan	宿州市 Suzhou	六安市 Lu'an	金寨县 Jinzhai	亳州市 Bozhou	宣城市 Xuancheng
98.3		100.5	101.3	102.3		104.8	102.5		98.7	100.5
106.2		108.3	103.2	105.2		103.4	109.2		105.0	106.6
104.1		107.4	104.7	104.0		107.6	105.1		108.2	105.7
111.0		113.2	109.4	110.1		111.5	110.7		111.2	112.2
118.1		122.5	117.5	123.8		116.7	123.1		123.3	123.7
115.9		114.7	118.5	115.5		116.8	116.9		115.7	115.6
98.2		101.4	100.5	102.2		103.7	103.0		97.8	102.1
106.6		101.5	106.8	107.5		104.4	104.1		109.9	102.6
109.8		107.3	107.2	110.0		106.1	107.4		109.6	104.4
109.5		115.6	118.8	109.6		112.1	112.2		110.4	115.7
116.4		122.9	122.2	117.9		122.5	127.8		125.3	124.3
113.2		111.4	114.5	111.0		112.6	112.6		108.1	112.1
107.4	106.8	107.8	107.3	107.7		107.7	107.1		106.7	106.9
98.8	98.1	98.4	99.4	99.2		98.5	98.9		97.9	99.8
97.9	99.9	98.2	98.7	97.7		96.8	98.3		99.4	98.7
96.2	96.8	96.1	96.8	95.5		95.1	96.6		97.3	98.4
98.6	99.7	97.0	97.3	97.7		96.5			96.3	98.5
99.6	99.4	98.9	99.1	98.0					100.1	101.9
98.9	98.4	98.3	99.0	98.3					98.3	102.0
101.4	102.5	100.6	100.6	100.2		102.0			103.1	102.2
104.2	103.8	104.6	101.4	102.4		102.4			101.8	103.5
102.3	99.9	101.3	100.7	100.6		99.9			99.4	101.8
101.4	100.4	100.7	101.0	101.3		101.0			101.3	100.7
105.2	103.9	104.7	104.2	103.9		104.9			105.5	104.2
106.3	105.6	106.3	105.2	105.5		106.1			105.0	106.3
97.8	98.9	98.9	99.6	97.9		99.0			98.4	100.0
103.9	104.2	104.5	102.7	103.1		102.6			103.9	103.9
106.4	105.4	107.0	104.6	105.4		105.1	104.8		104.4	105.6
102.5	101.8	102.8	101.9	102.5		101.6	101.0		102.1	101.9
101.4	101.8	101.7	101.3	101.0		101.3	101.1		101.1	101.3
100.5	100.9	101.1	100.4	100.7		100.3	100.8		99.8	100.2
99.4	99.3	100.3	98.9	99.6		99.2	99.4		100.0	100.0
100.7	100.5	101.0	101.0	100.6	100.9	100.5	101.5	100.9	101.2	100.8
102.1	101.4	100.9	100.7	101.3	101.3	101.9	102.1	101.6	102.0	101.1
101.9	102.4	102.3	101.8	101.9	102.6	102.2	102.3	102.1	102.4	102.4
102.3	102.2	101.9	101.7	102.0	101.7	101.7	102.2	102.5	101.7	102.5
101.6	101.3	101.9	101.8	101.8	102.1	101.5	101.6	101.5	101.8	102.0

4-9 各市商品零售价格分类指数(2020年)

(上年=100)

指　　标	Item	合肥市 Hefei	庐江县 Lujiang	芜湖市 Wuhu
商品零售价格指数	**Retail General Price Index**	**101.3**	**101.5**	**101.6**
一、食品	Food	108.9	110.0	110.0
1.粮食	Grain	103.0	102.2	99.4
2.薯类	Tubers	100.9	114.4	116.4
3.豆类	Beans	114.2	106.8	109.9
4.食用油	Edible Oil	105.0	114.4	106.0
5.菜	Vegetables	110.5	113.1	111.8
6.畜肉类	Edible Livestock Meat	137.3	136.3	139.0
7.禽肉类	Poultry	100.5	102.1	103.7
8.水产品	Aquatic Products	105.1	108.9	105.4
9.蛋类	Eggs	86.0	87.5	89.9
10.奶类	Diary Products	101.3	100.4	99.0
11.干鲜瓜果类	Dried and Fresh Melons and Fruits	87.9	88.0	87.5
12.糖果糕点类	Confectionery	99.5	102.6	100.8
13.调味品	Flavoring	101.3	103.5	102.2
14.其他食品类	Other Food	103.2	101.8	100.3
15.在外餐饮	Picnic Food	105.4	102.4	108.0
二、饮料、烟酒	Tobacco, Liquor and Articles	100.8	100.1	102.0
1.茶及饮料	Tea and Drinks	102.2	101.9	101.1
2.烟草	Tobacco	100.2	101.0	102.6
3.酒类	Liquor	100.7	97.6	101.7
三、服装、鞋帽	Garments, Shoes and Hats	99.6	98.9	100.7
1.服装	Garments	99.5	99.6	100.7
(1)男士服装	Men's Clothing	99.5	101.4	100.5
(2)女士服装	Women's Clothing	99.9	99.0	100.4
(3)儿童服装	Children's Clothing	98.0	97.2	102.1
2.鞋帽袜	Footwear, Socks and Hats	99.8	96.6	100.8
(1)鞋	Shoes	100.2	96.4	100.8
(2)袜子	Socks	95.0	101.0	101.8
(3)帽子	Hats	95.8	98.4	97.6
3.其他衣着配件	Others	99.2	97.5	97.6
四、纺织品	Textiles	96.7	96.1	100.7
1.服装材料	Clothing Material	97.7	101.7	100.0
2.床上用品	Bed Articles	96.4	94.6	100.9

Retail Price Index by Region and Category (2020)

(preceding year=100)

蚌埠市 Bengbu	淮南市 Huainan	马鞍山市 Maanshan	淮北市 Huaibei	铜陵市 Tongling	安庆市 Anqing	桐城市 Tongcheng
101.5	**101.4**	**102.0**	**102.3**	**102.2**	**102.4**	**101.6**
109.1	108.2	110.6	109.4	110.3	109.4	110.9
104.4	99.8	100.1	100.4	99.9	100.1	103.7
112.4	114.1	101.9	113.7	109.1	107.6	106.2
118.7	103.8	107.3	114.1	110.1	106.6	112.2
101.2	105.3	105.1	102.1	110.7	111.9	119.7
109.9	107.7	109.0	108.6	107.6	108.9	109.6
136.9	139.6	139.7	141.1	138.6	138.2	139.5
104.0	96.5	103.8	98.0	102.2	98.3	94.4
100.2	101.1	106.3	106.2	106.5	109.8	103.5
88.0	84.4	88.6	92.2	86.5	87.4	86.3
99.3	100.4	103.4	98.2	101.9	99.6	99.5
87.4	85.7	93.2	89.8	98.9	87.9	91.2
103.5	102.7	104.3	102.0	100.5	100.4	103.1
100.9	105.4	102.4	103.6	101.4	103.0	106.6
103.8	99.0	100.6	102.5	101.4	102.2	101.8
103.6	104.3	107.4	104.8	104.3	103.4	103.9
100.8	102.4	103.0	103.9	103.1	100.8	98.2
101.1	99.7	104.1	103.4	101.4	100.2	100.1
100.0	100.8	101.2	103.2	104.9	100.0	97.4
101.8	106.0	105.1	105.0	101.5	102.8	98.5
102.5	100.7	99.6	100.2	100.6	102.5	101.4
103.1	101.0	100.3	100.7	100.4	102.9	101.7
103.8	101.4	99.5	101.5	99.8	102.5	100.9
103.2	100.8	100.3	100.2	100.3	103.8	101.7
101.2	100.7	102.2	100.4	102.6	100.8	103.5
100.4	99.9	96.8	98.6	101.0	101.3	100.6
100.0	99.7	96.5	98.5	101.3	101.4	100.6
105.7	102.1	100.8	101.1	97.2	99.9	100.0
99.2	100.4	100.6	99.2	99.4	101.5	99.4
102.5	99.1	100.7	102.0	99.8	99.0	100.0
102.2	100.7	99.9	100.2	99.1	99.8	100.6
94.4	97.3	104.3	99.5	100.0	100.0	100.0
104.5	101.3	99.1	100.4	99.0	99.8	100.8

4-9 续表 1

(上年＝100)

指　　标	Item	合肥市 Hefei	庐江县 Lujiang	芜湖市 Wuhu
五、家用电器及音像器材	Electric Household Appliance and Sound Apparatus	97.7	97.1	99.2
1.家庭设备	Household Facilities	96.7	97.9	101.1
2.文娱用耐用消费品	Durable Consuming Goods for Entertainment	98.7	94.8	96.4
3.专业音像器材	Sound Apparatus	102.2	102.2	102.3
六、文化办公用品	Cultural and Office Goods	98.7	99.3	98.8
七、日用品	Articles for Daily Use	99.1	99.9	97.7
1.日用百货	Merchandises for Daily Use	99.3	97.5	97.2
2.厨具餐具茶具	Kitchenware, Tableware, Tea set	99.5	101.6	101.6
3.清洗用品	Washing and Cleaning Goods	98.8	102.3	91.2
4.其他日用品	Other Daily-use Goods	98.9	100.5	102.2
八、体育娱乐用品	Sports and Entertainment Goods	100.4	100.9	97.1
1.体育户外用品	Sports Goods	100.4	99.9	101.2
2.娱乐用品	Recreational Goods	100.4	101.0	96.4
九、交通、通信用品	Traffic and Telecommunication Goods	96.9	96.9	96.8
1.交通运输机械	Traffic and Transport Machinery	96.8	96.8	96.8
2.通信器材	Telecommunication Apparatus	97.4	97.2	97.2
十、家具	Furniture	100.4	100.9	100.9
十一、化妆品	Cosmetics	102.3	102.8	100.8
十二、金银饰品	Gold and Silver Jewls	116.3	116.5	113.3
十三、中西药品及医疗保健用品	Chinese and Western Medicines and Health Supplies	101.5	103.1	101.4
1.医疗卫生器具	Medical-care Apparatus and Goods	112.0	100.0	108.1
2.中药	Chinese Herbs and Patent Medicine	100.8	102.3	100.1
3.西药	Western Medicine	100.7	104.1	103.9
4.保健器具及用品	Healthy Devices and Goods	99.9	101.0	95.1
十四、书报杂志及电子出版物	Books, Magazines and Electronic Publications	99.2	99.1	99.3
1.教材及参考书	Texts and Reference Books	101.1	100.6	101.9
2.书报杂志	Newspapers and Magazines	95.7	95.7	96.2
3.计算机办公软件	Office Software	100.2	100.2	100.2
十五、燃料	Fuels	95.7	91.6	94.5
1.煤炭及制品	Coal and Its Products	96.3	99.3	97.5
2.石油及制品	Oil and Its Products	95.6	89.2	94.2
十六、建筑材料及五金电料	Building Apparatus and Hardware	100.5	99.3	101.6
1.建筑装潢材料	Building Decoration Materials	100.3	99.2	101.5
2.五金水暖	Hardware Plumbing	101.2	99.5	101.9

continued

(preceding year=100)

蚌埠市 Bengbu	淮南市 Huainan	马鞍山市 Maanshan	淮北市 Huaibei	铜陵市 Tongling	安庆市 Anqing	桐城市 Tongcheng
99.2	96.1	98.4	99.7	97.2	101.2	99.1
99.2	95.3	99.5	99.6	98.4	101.2	99.5
98.8	96.9	96.7	99.5	95.7	101.1	98.2
102.2	102.3	102.2	102.2	102.3	102.3	102.2
99.7	98.8	98.6	99.4	98.5	98.9	99.0
100.0	100.8	99.3	101.3	99.9	100.3	100.2
99.1	100.3	100.6	101.2	100.2	99.9	98.1
100.8	100.8	97.6	99.5	102.7	100.4	100.4
101.1	101.9	99.0	102.5	93.2	100.2	105.7
99.8	100.9	98.4	101.3	102.3	100.9	99.6
101.1	101.5	99.5	100.8	101.3	100.1	102.1
102.3	103.5	101.7	100.0	100.8	99.3	100.2
101.0	101.1	99.1	101.0	101.3	100.2	102.4
96.7	98.7	97.7	98.3	97.9	98.3	98.0
96.5	99.2	97.8	98.6	98.0	98.7	98.2
97.2	97.2	97.2	97.2	97.3	97.2	97.3
101.0	99.6	98.1	101.4	99.6	100.8	96.7
100.6	100.9	102.6	101.5	100.9	101.2	101.7
115.0	111.3	116.8	118.5	116.2	114.9	113.2
98.4	100.8	100.4	100.1	103.5	102.3	99.9
96.2	100.3	106.2	100.0	100.1	113.7	101.9
97.2	99.5	98.0	100.0	104.4	102.2	102.6
99.7	101.0	100.1	100.8	104.8	100.5	99.3
96.8	101.7	100.0	98.3	101.1	100.0	98.3
99.1	99.6	98.5	100.1	99.5	100.3	99.1
100.4	101.7	100.8	101.9	100.9	101.8	101.5
96.5	95.8	95.7	97.2	95.7	95.7	94.8
100.2	100.2	100.2	100.2	100.2	100.2	100.2
91.2	93.4	96.7	96.3	96.1	93.8	93.8
98.0	97.9	100.0	96.6	100.0	98.7	99.2
89.9	91.3	96.1	96.2	94.7	93.0	91.6
99.5	99.5	101.5	100.6	100.5	100.2	97.6
98.9	98.8	100.5	100.4	98.8	99.9	96.9
101.0	100.7	103.8	101.2	104.7	100.9	99.7

4-9 续表 2

(上年=100)

指　　标	Item	黄山市 Huangshan	歙　县 Shexian	滁州市 Chuzhou
商品零售价格指数	**Retail General Price Index**	**101.3**	**101.9**	**101.8**
一、食品	Food	107.8	111.2	108.4
1.粮食	Grain	100.3	100.9	100.3
2.薯类	Tubers	108.0	98.5	104.3
3.豆类	Beans	100.4	101.3	105.8
4.食用油	Edible Oil	107.2	117.6	107.0
5.菜	Vegetables	106.6	103.0	112.9
6.畜肉类	Edible Livestock Meat	138.8	145.3	127.8
7.禽肉类	Poultry	98.1	97.2	104.9
8.水产品	Aquatic Products	103.3	103.5	112.1
9.蛋类	Eggs	89.5	85.7	91.4
10.奶类	Diary Products	100.1	100.6	100.9
11.干鲜瓜果类	Dried and Fresh Melons and Fruits	83.2	89.2	87.2
12.糖果糕点类	Confectionery	102.4	100.5	102.2
13.调味品	Flavoring	100.3	98.6	101.0
14.其他食品类	Other Food	101.6	101.6	106.1
15.在外餐饮	Picnic Food	103.3	110.9	105.7
二、饮料、烟酒	Tobacco, Liquor and Articles	99.6	102.9	104.7
1.茶及饮料	Tea and Drinks	102.0	102.8	112.2
2.烟草	Tobacco	100.0	103.2	103.9
3.酒类	Liquor	97.1	102.4	99.3
三、服装、鞋帽	Garments, Shoes and Hats	100.0	100.2	100.1
1.服装	Garments	100.2	100.9	100.5
(1)男士服装	Men's Clothing	99.2	100.8	99.4
(2)女士服装	Women's Clothing	101.3	101.8	101.6
(3)儿童服装	Children's Clothing	98.7	98.6	99.1
2.鞋帽袜	Footwear, Socks and Hats	99.3	97.8	98.8
(1)鞋	Shoes	99.2	97.7	98.3
(2)袜子	Socks	101.6	99.1	100.7
(3)帽子	Hats	99.8	97.9	110.9
3.其他衣着配件	Others	103.9	98.3	98.9
四、纺织品	Textiles	99.8	99.4	98.8
1.服装材料	Clothing Material	98.8	99.0	99.3
2.床上用品	Bed Articles	100.2	99.5	98.7

continued

(preceding year=100)

阜阳市 Fuyang	阜南县 Funan	宿州市 Suzhou	六安市 Lu'an	金寨县 Jinzhai	亳州市 Bozhou	宣城市 Xuancheng
101.8	**102.1**	**101.5**	**101.6**	**101.5**	**101.8**	**102.0**
108.7	111.7	108.1	109.3	110.4	108.2	108.9
100.6	101.0	100.8	99.5	101.6	99.3	100.8
93.1	93.3	107.8	97.9	103.2	111.4	105.5
112.4	111.6	107.9	101.6	107.3	103.6	102.4
106.5	108.5	103.5	102.6	107.8	102.2	109.2
108.6	105.6	110.7	110.2	110.4	110.9	107.7
138.5	153.1	135.4	140.0	139.9	138.0	134.6
96.7	101.5	102.9	99.0	104.1	99.0	98.5
108.0	102.4	103.7	105.6	110.3	106.7	108.2
85.4	92.4	84.7	87.6	89.9	88.9	84.7
97.8	97.8	102.9	100.3	100.1	100.9	99.3
90.7	87.9	89.8	91.4	86.5	82.9	92.0
99.5	98.7	102.5	101.5	101.4	99.7	102.8
102.5	101.2	101.5	102.9	105.7	102.8	102.2
102.7	97.4	104.8	103.4	102.0	103.3	104.0
103.2	102.9	102.5	101.8	104.3	102.8	106.2
101.8	101.1	101.9	101.1	100.5	102.0	102.5
100.1	102.4	101.2	97.9	97.7	101.5	102.1
102.0	101.1	100.0	102.1	100.8	103.2	101.2
102.7	100.6	105.1	102.1	101.2	100.7	105.0
100.5	100.5	100.5	100.5	99.7	100.0	100.1
100.8	100.7	100.9	100.7	100.3	100.5	100.9
99.8	99.8	100.2	101.1	101.3	100.2	100.7
101.1	101.0	101.8	101.1	99.8	100.4	101.5
102.0	102.0	99.5	98.5	99.5	101.5	98.8
99.8	100.0	99.0	100.0	98.3	97.9	97.6
100.0	100.0	98.7	100.1	98.0	97.9	97.7
96.9	99.6	101.9	99.3	104.1	98.4	96.1
100.6	100.0	103.3	97.9	103.8	97.8	97.9
99.1	100.1	100.4	100.0	98.4	99.7	101.2
99.8	100.4	101.4	96.7	99.4	98.4	97.4
99.9	101.7	98.8	93.9	94.8	100.0	100.0
99.8	100.0	102.1	97.3	100.3	98.1	96.7

4-9 续表 3

(上年＝100)

指　　标	Item	黄山市 Huangshan	歙　县 Shexian	滁州市 Chuzhou
五、家用电器及音像器材	Electric Household Appliance and Sound Apparatus	100.7	97.7	98.0
1.家庭设备	Household Facilities	100.0	97.5	97.7
2.文娱用耐用消费品	Durable Consuming Goods for Entertainment	101.8	97.4	97.8
3.专业音像器材	Sound Apparatus	102.2	102.3	102.3
六、文化办公用品	Cultural and Office Goods	97.8	100.1	100.5
七、日用品	Articles for Daily Use	96.4	98.1	99.8
1.日用百货	Merchandises for Daily Use	95.4	97.0	99.4
2.厨具餐具茶具	Kitchenware, Tableware, Tea Set	99.3	99.1	100.1
3.清洗用品	Washing and Cleaning Goods	94.6	97.4	99.9
4.其他日用品	Other Daily-use Goods	98.1	99.7	100.1
八、体育娱乐用品	Sports and Entertainment Goods	98.7	100.7	99.2
1.体育户外用品	Sports Goods	99.4	100.0	94.8
2.娱乐用品	Recreational Goods	98.6	100.7	100.0
九、交通、通信用品	Traffic and Telecommunication Goods	99.2	97.4	97.1
1.交通运输机械	Traffic and Transport Machinery	99.8	97.5	97.0
2.通信器材	Telecommunication Apparatus	97.0	97.0	97.5
十、家具	Furniture	100.1	97.9	99.5
十一、化妆品	Cosmetics	99.9	97.7	101.1
十二、金银饰品	Gold and Silver Jewls	113.9	116.2	116.0
十三、中西药品及医疗保健用品	Chinese and Western Medicines and Health Supplies	101.5	101.6	104.1
1.医疗卫生器具	Medical-care Apparatus and Goods	99.3	100.8	99.6
2.中药	Chinese Herbs and Patent Medicine	100.5	104.9	105.5
3.西药	Western Medicine	101.3	101.0	105.1
4.保健器具及用品	Healthy Devices and Goods	103.4	100.6	102.0
十四、书报杂志及电子出版物	Books, Magazines and Electronic Publications	99.4	98.1	99.5
1.教材及参考书	Texts and Reference Books	101.4	100.4	101.4
2.书报杂志	Newspapers and Magazines	95.7	94.8	95.9
3.计算机办公软件	Office Software	100.2	100.2	100.2
十五、燃料	Fuels	93.2	91.7	91.2
1.煤炭及制品	Coal and Its Products	101.8	100.0	99.4
2.石油及制品	Oil and Its Products	91.3	87.8	89.8
十六、建筑材料及五金电料	Building Apparatus and Hardware	100.1	100.0	100.5
1.建筑装潢材料	Building Decoration Materials	100.6	99.9	101.1
2.五金水暖	Hardware Plumbing	98.9	100.3	99.4

continued

(preceding year=100)

阜阳市 Fuyang	阜南县 Funan	宿州市 Suzhou	六安市 Lu'an	金寨县 Jinzhai	亳州市 Bozhou	宣城市 Xuancheng
100.2	99.0	99.8	100.0	95.6	100.1	102.9
99.8	98.6	100.1	99.4	95.5	100.6	101.6
100.6	99.3	99.1	100.9	95.1	98.8	105.6
102.2	102.3	102.2	102.2	102.2	102.2	102.3
98.6	98.5	99.5	99.1	99.1	101.2	98.0
99.9	100.1	100.5	100.3	99.2	99.2	99.9
100.0	99.3	100.3	99.9	98.0	94.4	99.4
100.8	100.9	100.9	101.0	99.2	101.6	101.2
99.1	100.0	101.0	101.3	100.0	102.2	98.5
99.8	101.1	100.1	99.6	100.4	101.0	100.8
100.9	100.3	100.3	101.8	99.9	100.4	101.1
100.0	101.4	100.1	101.1	99.0	101.4	101.4
101.0	100.1	100.3	101.9	100.0	100.2	101.1
97.2	98.0	97.3	97.7	96.4	96.8	98.0
97.1	98.3	97.1	97.8	96.1	96.8	98.2
97.4	97.1	97.7	97.4	97.2	96.8	97.3
99.7	99.4	100.6	100.9	95.1	100.5	101.6
99.1	100.4	101.9	100.8	101.5	99.4	103.5
118.6	112.7	114.7	113.9	109.7	115.1	118.2
101.6	101.8	99.1	100.1	101.9	101.7	99.7
97.0	97.5	104.8	100.1	100.0	100.9	102.5
102.7	102.5	99.8	100.7	103.0	103.5	99.5
102.2	102.5	97.3	100.7	102.4	101.2	98.8
101.7	100.0	101.8	98.4	99.4	101.8	100.6
99.2	99.3	99.2	100.2	98.8	99.0	99.6
100.8	101.0	101.6	101.3	100.4	100.9	101.3
94.8	94.8	95.7	97.5	95.7	94.8	94.8
100.2	100.2	100.2	100.2	100.2	100.2	100.2
93.3	92.8	93.2	93.2	93.6	99.3	93.0
98.5	99.6	99.4	101.8	102.6	98.7	99.2
92.2	89.8	90.6	90.3	90.5	99.6	91.5
99.9	100.4	100.0	100.4	99.9	98.1	100.1
99.8	100.5	99.9	100.1	99.9	98.4	100.1
100.1	100.0	100.6	101.6	99.8	97.2	99.9

4-10 农业生产资料价格分类指数
Price Indices of Means of Agricultural Production by Category

(上年＝100) (preceding year=100)

指　　标	Item	2017	2018	2019	2020
农业生产资料价格指数	**Price Index of Means of Agricultural Production**	**101.3**	**101.5**	**102.3**	**104.8**
一、农用手工工具	Agricultural Craft Tool	103.1	102.8	102.4	100.6
二、饲料	Forage	102.4	100.8	100.8	104.8
三、仔畜幼禽及产品畜	Newborn Animals, Poults and Commodity Animals	81.3	77.0	142.7	173.7
四、半机械化农具	Semi-mechanized Farm Tools	101.2	101.2	99.8	99.9
五、机械化农具	Mechanized Farm Machinery	101.4	100.3	98.9	99.6
六、化学肥料	Chemical Fertilizer	105.5	108.3	100.5	97.0
氮　　肥	Nitrogenous Fertilizer	115.5	115.1	100.0	95.0
磷　　肥	Phosphatic Fertilizer	99.8	103.7	102.7	104.6
钾　　肥	Potassic fertilizer	99.7	103.4	100.7	99.4
复合肥料	Complex Fertilizer	102.5	106.1	100.5	96.7
七、农药及农药器械	Pesticide & Its Appliances	100.3	101.3	101.3	100.3
1.化学农药	Chemical Pesticide	100.4	101.3	101.4	100.3
2.农药器械	Pesticide Appliances	98.7	101.2	99.6	99.2
八、农机用油	Fuel Oil of Agricultural Machines	110.9	113.1	94.1	85.9
九、其他农业生产资料	Other Agricultural Productions	102.5	99.8	100.6	100.6
农用种子	Agricultural Seeds	102.9	99.6	100.8	100.8
十、农业生产服务	Agricultural Production Service	100.7	100.4	101.3	101.0

注：1.“仔畜幼禽及产品畜”2016年以前为“产品畜”。
　　2.“农机用油”2016年以前为“农用机油”。

Note: 1."Newborn animals, poults and commodity animals" was "Commodity animals" before 2016.
　　2."Fuel oil of agricultural machines" was "Oil for farm machinery" before 2016.

4-11 分月农业生产资料价格指数(2020年)

Price Indices of Means of Agricultural Production by Month (2020)

(上年同月=100) (the same month last year=100)

指 标	Item	1 月 January	2 月 February	3 月 March	4 月 April	5 月 May	6 月 June
农业生产资料价格指数	**Price Index of Means of Agricultural Production**	**104.5**	**104.3**	**104.6**	**104.7**	**104.2**	**104.4**
一、农用手工工具	Agricultural Craft Tool	100.7	100.7	100.2	100.5	100.5	100.5
二、饲料	Forage	100.0	100.3	100.4	101.6	102.2	102.7
三、仔畜幼禽及产品畜	Newborn Animals, Poults and Commodity Animals	210.4	205.4	211.4	200.1	184.3	180.6
四、半机械化农具	Semi-mechanized Farm Tools	100.0	100.0	99.9	99.9	99.9	99.9
五、机械化农具	Mechanized Farm Machinery	99.7	99.7	99.7	99.6	99.4	99.4
六、化学肥料	Chemical Fertilizer	96.4	97.2	97.1	96.9	96.8	96.9
氮 肥	Nitrogenous Fertilizer	92.9	95.2	94.3	92.9	92.7	92.9
磷 肥	Phosphatic Fertilizer	101.1	100.8	104.1	105.8	105.3	105.4
钾 肥	Potassic Fertilizer	99.4	99.5	100.0	100.6	100.3	100.2
复合肥料	Complex Fertilizer	97.3	97.4	97.3	97.5	97.5	97.5
七、农药及农药器械	Pesticide & Its Appliances	100.0	100.0	100.0	100.1	100.1	100.1
1.化学农药	Chemical Pesticide	100.1	100.1	100.1	100.2	100.2	100.2
2.农药器械	Pesticide Appliances	98.4	98.4	98.4	98.4	98.4	99.2
八、农机用油	Fuel Oil of Agricultural Machines	107.5	97.5	85.1	78.9	78.4	81.6
九、其他农业生产资料	Other Agricultural Productions	100.9	100.9	100.9	100.7	100.7	100.7
农用种子	Agricultural Seeds	101.3	101.3	101.2	100.9	100.9	100.9
十、农业生产服务	Agricultural Production Service	100.0	100.0	100.0	100.0	101.1	101.6

4-11 续表 continued

(上年同月=100) (the same month last year=100)

指标	Item	7月 July	8月 August	9月 September	10月 October	11月 November	12月 December
农业生产资料价格指数	**Price Index of Means of Agricultural Production**	**105.7**	**107.5**	**106.8**	**104.9**	**103.0**	**103.0**
一、农用手工工具	Agricultural Craft Tool	100.6	100.6	100.6	100.6	100.6	100.6
二、饲料	Forage	103.5	108.8	107.6	109.0	110.0	110.8
三、仔畜幼禽及产品畜	Newborn Animals, Poults and Commodity Animals	205.7	206.7	190.9	150.8	116.8	111.0
四、半机械化农具	Semi-mechanized Farm Tools	99.9	99.9	99.9	99.9	99.9	99.9
五、机械化农具	Mechanized Farm Machinery	99.4	99.6	99.6	99.6	99.6	99.7
六、化学肥料	Chemical Fertilizer	96.1	96.0	96.6	97.2	98.1	98.9
氮　肥	Nitrogenous Fertilizer	92.5	94.3	96.0	98.2	99.1	100.1
磷　肥	Phosphatic Fertilizer	104.8	105.5	105.6	105.5	105.4	105.4
钾　肥	Potassic fertilizer	99.5	99.2	98.7	98.1	98.5	98.9
复合肥料	Complex Fertilizer	96.4	95.1	95.3	95.3	96.5	97.3
七、农药及农药器械	Pesticide & Its Appliances	100.1	100.4	100.6	100.6	100.6	100.6
1.化学农药	Chemical Pesticide	100.2	100.4	100.6	100.6	100.6	100.6
2.农药器械	Pesticide Appliances	99.6	100.0	100.0	100.0	100.0	100.0
八、农机用油	Fuel Oil of Agricultural Machines	84.1	85.3	84.7	82.3	81.8	85.0
九、其他农业生产资料	Other Agricultural Productions	100.8	100.8	100.9	100.2	100.1	100.1
农用种子	Agricultural Seeds	100.9	100.9	101.1	100.2	100.1	100.1
十、农业生产服务	Agricultural Production Service	101.6	101.6	101.6	101.6	101.6	101.6

注：1.“仔畜幼禽及产品畜”2016年以前为“产品畜”。
2.“农机用油”2016年以前为“农用机油”。

Note: 1."Newborn animals, poults and commodity animals" was "Commodity animals" before 2016.
2."Fuel oil of agricultural machines" was "Oil for farm machinery" before 2016.

4-12 各调查市县农业生产资料价格指数(2020年)

Price Indices of Means of Agricultural Production by Region and Category(2020)

(上年=100) (preceding year=100)

指　标	Item	庐江县 Lujiang	桐城市 Tongcheng	歙　县 Shexian	阜南县 Funan	金寨县 Jinzhai
农业生产资料价格指数	**Price Index of Means of Agricultural Production**	**107.1**	**101.4**	**109.9**	**102.4**	**103.9**
一、农用手工工具	Agricultural Craft Tool	100.0	101.4	100.4	100.0	100.0
二、饲料	Forage	104.1	99.9	107.5	104.4	110.2
三、仔畜幼禽及产品畜	Newborn Animals, Poults and Commodity Animals	195.2	137.8	226.1	166.5	142.3
四、半机械化农具	Semi-mechanized Farm Tools	100.0	100.0	99.3	100.0	100.0
五、机械化农具	Mechanized Farm Machinery	100.4	100.0	99.7	98.4	98.8
六、化学肥料	Chemical Fertilizer	98.8	97.1	99.8	94.7	95.6
氮　肥	Nitrogenous Fertilizer	93.5	95.2	96.6	95.3	95.5
磷　肥	Phosphatic Fertilizer	107.3	108.2	107.1	99.9	100.0
钾　肥	Potassic fertilizer	100.2	99.9	104.7	99.2	95.1
复合肥料	Complex Fertilizer	100.2	96.2	100.0	93.1	95.2
七、农药及农药器械	Pesticide & Its Appliances	100.0	100.0	101.4	100.0	100.0
1.化学农药	Chemical Pesticide	100.0	100.0	101.9	100.0	100.0
2.农药器械	Pesticide Appliances	100.0	100.0	95.2	100.0	100.0
八、农机用油	Fuel Oil of Agricultural Machines	86.2	86.5	84.9	86.0	85.4
九、其他农业生产资料	Other Agricultural Productions	100.2	100.6	98.9	100.6	102.1
农用种子	Agricultural Seeds	100.3	100.8	99.3	100.5	102.6
十、农业生产服务	Agricultural Production Service	100.0	102.0	100.0	100.1	104.6

注：1.“仔畜幼禽及产品畜”2016年以前为“产品畜”。
　　2.“农机用油”2016年以前为“农用机油”。

Note: 1."Newborn animals, poults and commodity animals" was "Commodity animals" before 2016.
　　2."Fuel oil of agricultural machines" was "Oil for farm machinery" before 2016.

4-13 工业生产者出厂价格分类指数(1993-2020年)

(上年=100)

年 份 Year	工业生产者出厂价格指数 Producer Price Indices for Industrial Products	轻工业 Light Industry	以农产品为原料 Agricultural products as raw materials	以非农产品为原料 Non-agricultural Products as Raw Materials	重工业 Heavy Industry
1993	125.3	109.1	109.3	108.3	143.6
1994	120.9	125.3	129.0	113.2	116.3
1995	117.2	124.0	126.4	115.7	110.1
1996	101.5	99.9	100.3	99.0	103.5
1997	99.3	99.1	99.4	98.7	99.4
1998	96.4	96.4	96.7	96.1	96.1
1999	95.9	94.4	94.1	96.4	97.3
2000	98.9	95.7	95.4	97.6	102.1
2001	98.6	96.9	96.9	97.1	100.2
2002	99.8	97.5	97.1	98.7	101.6
2003	103.5	101.7	102.7	100.7	104.9
2004	108.2	104.6	106.5	102.7	110.9
2005	103.3	99.0	99.6	98.5	106.3
2006	103.1	99.8	99.7	99.8	105.1
2007	103.6	103.4	103.8	103.0	103.8
2008	108.4	105.4	107.1	103.8	110.1
2009	92.8	97.0	97.9	96.2	90.5
2010	109.0	104.8	106.4	103.2	111.4
2011	108.3	107.7	109.9	103.6	108.5
2012	98.3	101.4	101.3	101.5	97.1
2013	98.2	101.5	102.2	100.1	96.9
2014	97.4	100.4	100.8	99.8	96.3
2015	93.9	99.6	99.5	100.0	91.8
2016	98.5	99.1	99.4	98.6	98.2
2017	108.0	101.8	102.2	101.3	110.7
2018	103.0	100.9	101.0	100.8	103.9
2019	100.3	100.0	100.7	99.0	100.5
2020	99.1	99.9	101.5	97.6	98.8

Producer Price Indices for Industrial Products by Category (1993-2020)

(preceding year=100)

采 掘 Mining & Quarrying Industry	原 料 Raw Materials Industry	加 工 Processing Industry	生产资料 Means of Production	生活资料 Consumer Goods
135.1	161.7	121.5	140.0	109.0
117.3	112.6	120.1	116.9	125.7
116.0	104.4	115.0	113.2	121.9
113.8	103.1	101.9	102.7	100.5
99.3	100.2	98.5	98.9	100.1
92.1	96.0	97.0	95.7	97.1
94.2	97.9	97.2	96.9	94.5
101.0	106.1	97.7	102.1	93.7
105.2	99.0	100.2	99.8	96.3
115.4	99.2	100.0	100.1	99.3
102.4	107.2	103.8	105.3	98.9
116.7	115.6	106.5	110.9	101.4
112.2	111.3	101.3	105.0	98.7
98.0	115.2	99.9	104.6	98.4
104.2	102.9	104.3	103.7	103.3
119.0	104.9	111.7	109.3	105.4
95.4	90.3	89.5	91.4	97.8
111.0	116.6	108.1	110.9	103.0
104.8	110.9	107.7	109.2	105.6
96.9	99.3	96.1	97.0	101.7
92.9	96.9	97.4	96.9	101.5
90.1	95.9	97.2	96.2	100.7
81.1	91.2	93.3	91.7	100.2
98.8	96.3	98.8	98.1	99.4
126.4	114.4	108.0	110.8	101.1
99.6	106.5	103.5	103.9	100.7
108.8	99.6	100.0	100.1	100.9
99.6	97.0	99.3	98.6	100.5

4-14 分月工业生产者出厂价格指数(2020年)

(上年同月＝100)

类 别	Item	全 年 Total	1 月 January	2 月 February	3 月 March
工业生产者出厂价格指数	**Producer Price Indices for Industrial Products**	**99.1**	**101.0**	**100.4**	**99.0**
轻工业	Light Industry	99.9	100.6	100.7	100.5
以农产品为原料	Using Farm Produces as Raw Materials	101.5	101.9	101.9	101.9
以非农产品为原料	Using Non-farm Produces as Raw Materials	97.6	98.7	98.9	98.4
重工业	Heavy Industry	98.8	101.2	100.3	98.4
采掘	Mining and Quarrying	99.6	106.9	107.4	103.1
原料	Raw Material	97.0	101.6	99.3	96.4
加工	Processing	99.3	100.5	100.0	98.6
生产资料	Means of Production	98.6	100.8	99.9	98.2
采掘	Mining and Quarrying	99.6	106.9	107.4	103.1
原料	Raw Material	97.0	101.2	98.9	96.3
加工	Processing	98.9	100.1	99.5	98.3
生活资料	Life Material	100.5	101.7	101.7	101.1
食品	Food	103.4	103.9	104.0	103.8
衣着	Clothing	99.9	101.5	101.1	100.7
一般日用品	Articles for Daily Use	99.6	100.6	101.2	100.3
耐用消费品	Durable Consumers' Goods	97.4	99.5	99.1	98.3

Producer Price Indices for Industrial Products by Month (2020)

(the same month last year=100)

4 月 April	5 月 May	6 月 June	7 月 July	8 月 August	9 月 September	10 月 October	11 月 November	12 月 December
98.0	**97.3**	**97.4**	**98.1**	**98.9**	**99.3**	**99.2**	**99.8**	**100.8**
100.1	99.7	99.6	99.9	99.9	99.4	99.4	99.3	99.7
101.7	101.0	101.1	101.7	101.5	101.1	101.0	101.1	101.5
97.9	97.9	97.5	97.2	97.5	97.1	97.0	96.6	97.0
97.1	96.3	96.4	97.3	98.5	99.3	99.2	100.1	101.3
100.8	94.7	92.6	91.8	96.3	99.0	100.2	101.2	103.7
94.7	94.0	94.1	95.5	96.7	96.6	96.8	97.9	100.1
97.5	97.2	97.6	98.5	99.4	100.2	99.9	100.7	101.4
96.8	96.0	96.1	96.9	98.3	99.1	99.2	100.2	101.3
100.8	94.7	92.6	91.8	96.3	99.0	100.2	101.2	103.7
94.5	93.8	94.0	95.6	96.7	96.8	97.0	98.3	100.6
97.1	96.7	97.1	97.8	98.9	99.8	99.8	100.7	101.3
101.0	100.7	100.6	101.1	100.6	99.9	99.2	99.0	99.4
104.2	103.6	103.9	104.5	103.7	102.7	102.3	102.1	102.8
100.6	99.9	99.3	99.2	98.9	99.3	99.6	99.5	99.5
100.2	99.8	99.6	99.4	99.6	98.5	98.4	98.7	98.9
97.7	97.8	97.3	98.5	97.7	97.5	95.5	94.8	95.3

4-15 分行业工业生产者出厂价格指数(2020年)

(上年同月=100)

类　别	Item	全 年 Total	1 月 January
总指数	**General Index**	**99.1**	**101.0**
煤炭开采和洗选业	Coal Mining and Selecting Industry	94.0	101.0
烟煤和无烟煤开采洗选	The Bituminous Coal and Anthracite Coals Mining and Dressing	94.0	101.0
黑色金属矿采选业	Black Metal Mineral Mining and Selecting Industry	107.5	122.7
铁矿采选	The Iron Mineral Mining and Selecting	107.5	122.7
有色金属矿采选业	Colored Metal Mineral Mining and Selecting	104.1	101.6
常用有色金属矿采选	The Regular Colored Metal Mineral Mining and Selecting	103.2	100.9
贵金属矿采选	The Precious Metal Mineral Mining and Selecting	111.1	107.2
非金属矿采选业	Non-Metal Mineral Mining and Selecting	99.7	104.6
土砂石开采	Gravel Mining and Selecting	100.2	105.8
化学矿开采	Chemical Mineral Mining and Selecting	93.2	87.5
采盐	Salt Mining	97.5	103.7
石棉及其他非金属矿采选	Asbestos and Other Non-Metal Mineral Mining and Selecting	97.1	96.8
农副食品加工业	Farm and Side-Line Food Processed Industry	105.7	104.6
谷物磨制	Corn Whetted	103.6	98.5
饲料加工	Forage Processed	104.9	101.0
植物油加工	Planting-Oil Processed	108.6	108.1
屠宰及肉类加工	Slaughtered Meta and Meat Processes	113.4	126.9
水产品加工	Fishery Product Processed	81.2	84.0
蔬菜、菌类、水果和坚果加工	Vegetable, Fruit and Nut Processed	100.7	98.2
其他农副食品加工	Other Farm and Side-line Food Processed	101.5	100.8
食品制造业	Food Manufacture Industry	101.0	102.2
焙烤食品制造	Baked Food Manufacturing	101.1	101.4
糖果、巧克力及蜜饯制造	Candy, Chocolate and Preserves Manufacturing	98.7	102.0
方便食品制造	Convenient Food Manufacturing	102.5	104.0
乳制品制造	Dairy Products Manufacturing	100.0	102.4
罐头食品制造	Canning	99.5	98.2
调味品、发酵制品制造	Condiment, Ferment Product Manufacturing	102.8	104.5
其他食品制造	Other Food Manufacturing	100.8	102.8
酒、饮料及精制茶制造业	Beverage Manufacture Industry	99.0	100.1
酒的制造	Wine Manufacturing	98.0	99.0
饮料制造	Beverage Manufacturing	99.1	99.4
精制茶加工	Refined-tea Process	102.5	105.4
烟草制品业	Tobacco Product Industry	103.7	106.1
烟叶复烤	Tobacco Leaves Retroacting	100.0	100.0
卷烟制造	Cigarette Manufacturing	103.9	106.3
其他烟草制品制造	Other Tobacco Products Manufacturing	100.5	100.7
纺织业	Textile Industry	96.0	96.6
棉纺织及印染精加工	Cotton Textile and Printing and Dyeing Refined Processing	94.6	95.2
毛纺织及染整精加工	Wool Textile and Printing and Dyeing Refined Processing	99.0	101.7
麻纺织及染整精加工	Hemp Textile and Printing and Dyeing Refined Processing	91.4	101.7
丝绢纺织及印染精加工	Silk-textile and Refined Process	95.8	99.1
化纤织造及印染精加工	Chemical Fiber and Refined Process	91.9	92.7

Producer Price Indices for Industrial Products by Sector (2020)

(the same month last year=100)

2 月 February	3 月 March	4 月 April	5 月 May	6 月 June	7 月 July	8 月 August	9 月 September	10 月 October	11 月 November	12 月 December
100.4	**99.0**	**98.0**	**97.3**	**97.4**	**98.1**	**98.9**	**99.3**	**99.2**	**99.8**	**100.8**
101.3	98.2	95.8	89.6	88.7	90.3	91.5	91.2	91.8	93.6	95.9
101.3	98.2	95.8	89.6	88.7	90.3	91.5	91.2	91.8	93.6	95.9
115.0	110.0	104.4	100.1	92.9	89.1	101.4	111.8	114.2	115.8	119.7
115.0	110.0	104.4	100.1	92.9	89.1	101.4	111.8	114.2	115.8	119.7
101.0	100.2	97.7	97.9	100.5	103.4	106.6	108.3	109.6	110.3	111.8
100.3	99.3	96.1	96.1	99.3	102.4	105.7	107.8	109.2	110.4	111.7
106.9	108.2	111.9	114.1	110.8	111.2	114.6	112.7	113.3	110.0	112.5
103.2	102.5	101.6	99.9	99.6	99.0	98.1	96.9	96.8	97.6	97.3
104.2	103.3	102.3	100.4	100.0	99.4	98.6	97.1	96.8	97.6	97.0
87.4	87.3	90.1	90.4	93.3	96.4	93.6	93.9	95.4	98.0	106.5
105.6	105.5	102.8	99.7	99.7	90.8	90.8	90.8	95.0	93.2	92.8
96.7	97.4	97.3	97.4	97.0	96.8	96.0	96.4	96.7	98.6	98.7
105.1	104.8	105.6	105.9	106.2	107.4	106.8	105.8	105.2	104.8	105.6
98.8	99.1	101.1	102.6	102.9	105.0	106.0	105.7	106.2	108.7	109.0
103.0	103.5	103.7	104.0	103.5	104.7	104.2	105.9	107.1	108.7	109.1
108.2	106.9	107.7	108.4	108.8	108.4	107.5	108.3	110.4	110.5	110.1
127.4	124.8	122.8	119.1	119.0	120.6	114.7	108.5	100.9	93.4	96.1
84.0	79.9	77.0	80.0	83.1	82.0	80.7	82.3	82.5	79.3	79.8
98.2	99.6	100.3	100.0	100.5	99.2	100.5	100.0	104.7	104.2	103.7
100.6	101.0	101.8	102.4	102.9	101.4	100.5	101.1	101.4	102.0	101.8
102.6	102.3	101.6	100.6	101.4	101.2	100.5	99.8	99.3	99.5	100.5
101.5	101.5	101.6	101.5	102.2	102.3	101.1	100.3	99.7	99.7	100.2
101.7	101.5	100.9	100.7	100.7	100.1	95.5	95.3	95.3	95.4	95.5
103.8	103.3	103.3	103.0	101.7	101.3	102.0	102.2	101.8	101.3	102.4
105.2	104.9	103.1	96.7	98.7	99.6	98.4	99.0	96.2	95.9	100.3
97.8	97.9	98.2	98.4	100.7	100.2	101.8	99.5	99.8	100.8	100.8
105.0	105.2	102.5	102.4	101.8	103.6	103.2	101.0	100.8	101.8	101.4
103.0	102.1	100.6	100.9	103.1	101.7	99.4	98.1	98.7	99.1	99.6
100.1	100.0	99.4	98.4	98.4	97.7	97.8	98.0	98.8	99.8	99.8
99.1	99.1	98.7	97.2	96.6	96.2	96.4	96.3	98.1	100.1	99.7
99.2	98.7	99.7	100.1	100.2	99.1	99.1	99.3	98.0	98.0	98.6
105.4	105.7	101.4	100.0	102.1	100.8	101.3	102.2	102.4	101.8	102.3
106.1	106.1	106.1	102.6	102.6	102.6	102.6	102.6	102.6	102.6	102.6
100.0	100.0	100.0	100.0	100.0	100.0	100.0	100.0	100.0	100.0	100.0
106.3	106.3	106.3	102.7	102.7	102.7	102.7	102.7	102.7	102.7	102.7
100.7	100.7	100.7	100.8	100.8	100.8	100.8	100.0	100.0	100.0	100.0
96.2	96.8	95.3	94.4	94.6	95.7	95.5	96.1	96.6	97.3	97.3
94.6	95.5	93.8	92.3	92.1	93.4	93.4	94.5	96.1	97.0	97.3
101.2	101.6	99.5	98.5	97.4	96.8	98.2	97.6	97.6	99.1	99.0
101.3	100.2	94.8	93.3	91.8	91.9	88.9	83.7	80.7	82.7	86.0
99.2	102.0	101.0	97.3	96.8	95.2	94.8	93.4	92.0	90.4	88.1
94.3	93.6	91.3	90.4	90.8	91.0	90.5	90.0	91.9	93.4	93.4

4-15 续表 1

(上年同月=100)

类　别	Item	全 年 Total	1 月 January
针织或钩针编织物及其制品制造	Knitted Fabric and Its Products Manufacturing	100.7	100.6
家用纺织制成品制造	Textile Products Manufacturing	98.8	100.4
产业用纺织制成品制造	Knitwear, Knitted Products	99.3	94.9
纺织服装、服饰业	Textile Clothing Industry	99.7	101.0
机织服装制造	Woven Clothing Manufacturing	99.5	101.1
针织或钩针编织服装制造	Knitted Fabric Clothing Manufacturing	98.5	97.2
服饰制造	Textile Clothing Manufacturing	106.3	105.0
皮革、毛皮、羽毛及其制品和制鞋业	Leather, Furriery, Feather and It Products Industry	97.4	102.4
皮革鞣制加工	Leather Processing	97.9	96.4
皮革制品制造	Leather Product Processing	96.5	100.6
羽毛(绒)加工及制品制造	Feather Processing and Its Products Manufacturing	94.7	101.8
制鞋业	Shoe Industry	103.2	105.8
木材加工和木、竹、藤、棕、草制品业	Wood, Bamboo, Rattan, Palm and Grass Product	100.9	102.5
木材加工	Wood-Material Processing	100.9	102.1
人造板制造	Artificial Plank Manufacturing	101.0	103.5
木制品制造	Timber Product Manufacturing	101.1	100.6
竹、藤、棕、草制品制造	Bamboo, Rattan, Palm and Grass Product Manufacturing	99.7	100.5
家具制造业	Furniture Manufacture Industry	100.0	100.9
木质家具制造	Timber Furniture Manufacture	99.9	100.0
竹、藤家具制造	Bamboo Furniture Manufacture	98.3	98.3
金属家具制造	Metal Furniture Manufacturing	101.2	102.5
其他家具制造	Other Furniture Manufacturing	100.5	104.6
造纸和纸制品业	Paper Making and Paper Products Industry	96.2	96.4
造纸	Paper Making	96.2	97.4
纸制品制造	Paper Products Manufacturing	96.2	94.9
印刷和记录媒介复制业	Painting Industry and Duplication of Medium Recorder	100.1	99.7
印刷	Painting	100.1	99.7
装订及印刷相关服务	Binding and Other Painting Service Activity	98.1	98.5
文教、工美、体育和娱乐用品制造业	Culture, Education and Athletics Manufacture Industry	100.5	100.7
文教办公用品制造	Culture Articles Manufacturing	97.1	97.8
工艺美术及礼仪用品制造	Arts and Crafts Manufacturing	101.9	102.2
体育用品制造	Athletic Articles Manufacturing	97.0	97.5
玩具制造	Toy Manufacturing	101.1	100.3
游艺器材及娱乐用品制造	Athletics Manufacture Industry	100.1	100.0
石油、煤炭及其他燃料加工业	Petroleum Process, Coking and Nuclear Fuel Processing Industry	88.6	106.7
精炼石油产品制造	Refined Coking Petroleum Manufacturing	87.8	107.7
煤炭加工	Coking	95.0	98.5
化学原料和化学制品制造业	Chemical Material and Chemical Product Manufacturing	95.9	98.3
基础化学原料制造	Basic Chemical Material Manufacturing	93.2	99.0
肥料制造	Fertilizer Manufacture	96.0	96.2
农药制造	Pesticide Manufacture	93.2	94.6
涂料、油墨、颜料及类似产品制造	Coating, Printing Ink, Pigment and the Similar Products Manufacture	96.8	99.6
合成材料制造	Compounded Material Manufacture	94.9	98.8

continued

(the same month last year=100)

2 月 February	3 月 March	4 月 April	5 月 May	6 月 June	7 月 July	8 月 August	9 月 September	10 月 October	11 月 November	12 月 December
100.3	99.8	99.6	99.8	100.0	100.5	101.4	100.7	101.4	101.9	102.8
99.1	99.2	98.1	97.8	97.8	97.3	97.6	100.1	99.7	99.7	99.3
94.9	94.9	94.6	96.4	99.7	103.0	102.4	102.9	102.3	103.6	103.3
100.5	100.2	100.2	99.5	99.0	99.0	98.6	99.3	99.6	99.6	99.8
100.6	100.3	100.3	99.5	98.8	98.8	98.2	98.9	99.3	99.2	99.3
97.4	96.9	96.1	96.0	97.6	98.8	99.5	100.4	100.2	101.0	101.3
105.4	105.1	106.7	106.7	107.0	105.6	106.1	106.7	106.8	106.6	107.4
101.8	100.6	98.7	97.4	96.4	96.2	96.3	94.9	94.9	95.0	94.9
97.1	97.4	98.3	97.5	98.1	97.9	98.1	97.2	96.9	99.4	100.7
99.7	99.0	97.5	97.4	96.4	95.8	95.3	95.1	94.3	93.8	92.8
101.1	98.8	95.7	93.8	92.9	93.4	93.4	91.1	91.2	91.8	92.0
105.5	105.6	105.5	104.5	103.0	101.6	102.3	101.5	101.8	101.3	100.9
102.4	101.7	101.6	101.7	100.6	100.6	100.5	100.3	100.0	99.8	99.6
102.6	103.0	102.0	101.2	100.5	100.0	99.8	100.3	100.0	100.1	99.6
103.4	102.1	101.9	102.3	100.8	100.4	100.3	99.8	99.5	99.2	99.4
100.1	100.3	101.0	101.0	100.5	101.5	101.7	101.8	101.6	101.8	100.9
100.6	100.5	100.5	99.7	99.9	99.7	100.0	99.3	99.1	98.7	98.1
100.7	100.5	100.3	100.7	99.5	99.6	99.8	100.0	99.5	99.4	99.8
99.9	99.9	99.6	100.8	99.7	100.0	100.0	99.9	99.6	99.6	99.9
98.9	99.2	98.3	97.7	94.4	94.8	98.3	99.5	100.1	100.3	100.3
101.6	101.5	103.3	101.0	100.2	100.7	100.5	101.4	100.6	100.5	100.4
104.1	102.6	101.3	101.7	101.3	99.7	99.3	99.3	97.0	96.9	98.5
95.7	97.3	96.4	93.8	94.0	95.1	97.3	96.9	97.1	97.4	97.2
96.5	99.1	97.1	93.1	93.4	94.4	97.3	96.1	96.4	97.0	97.1
94.4	94.8	95.4	95.1	95.1	96.1	97.4	98.2	98.1	98.0	97.5
99.9	100.7	100.1	100.9	100.4	99.8	99.6	99.6	99.9	100.2	100.1
99.9	100.7	100.1	100.9	100.4	99.8	99.6	99.6	99.9	100.2	100.1
98.5	98.5	100.1	98.8	98.8	98.8	98.3	98.3	98.3	95.5	94.1
101.1	101.4	101.2	99.8	100.5	100.5	100.6	99.8	99.7	100.0	100.9
99.5	99.1	99.8	96.0	95.6	95.6	97.1	95.0	98.0	95.7	95.9
102.4	102.7	102.1	100.6	101.5	101.2	101.8	101.5	100.7	102.1	103.8
97.5	96.7	96.3	95.9	98.1	98.5	97.4	96.4	96.6	96.5	97.0
100.9	102.9	103.6	103.2	102.6	102.6	101.7	99.9	99.2	98.7	98.2
100.0	96.7	95.0	95.0	99.7	101.7	99.3	102.5	104.3	103.2	103.2
97.1	86.3	81.0	78.3	80.3	85.6	87.9	88.6	87.6	89.7	95.3
97.3	85.2	79.5	77.0	79.3	84.7	87.3	88.0	86.8	89.0	94.6
96.2	95.7	95.9	90.3	89.8	93.2	93.8	93.3	95.0	96.7	101.7
98.3	97.1	95.2	94.3	94.4	93.7	94.4	94.1	94.7	97.2	98.8
97.7	95.0	91.1	89.1	89.9	88.3	90.0	90.9	92.3	95.9	100.1
95.4	94.8	95.4	94.7	95.3	94.6	95.2	93.8	95.9	100.9	100.9
94.7	95.7	95.2	94.6	93.5	90.6	90.6	91.6	91.9	93.0	92.2
99.5	98.6	97.1	96.7	96.1	94.9	95.4	96.1	95.8	96.0	95.8
100.5	95.6	91.2	91.4	92.6	93.2	93.7	93.1	93.3	95.3	99.8

4-15 续表 2

(上年同月＝100)

类别	Item	全年 Total	1月 January
专用化学产品制造	Specialized Chemical Product Manufacture	95.5	100.4
炸药、火工及焰火产品制造	Explosive and Fireworks Product Manufacture	98.8	102.4
日用化学产品制造	Daily Chemical Product Manufacture	102.2	98.9
医药制造业	Medical Manufacture Industry	101.8	107.5
化学药品原料药制造	Original Medicine of Chemical Medicine Manufacture	99.9	123.6
化学药品制剂制造	Chemical Medicine Agent Manufacture	104.6	106.8
中药饮片加工	TCM Decoction Pieces Processing	95.0	97.1
中成药生产	Medium Patent Manufacture	102.9	104.1
兽用药品制造	Medicine in Herbs Manufacture	96.6	98.8
生物药品制品制造	Biology, Bio-chemical Product Manufacture	108.0	112.1
卫生材料及医药用品制造	Medical Products Manufacture	101.1	101.8
药用辅料及包装材料	Pharmaceutical Recipients and Packaging Materials	101.1	101.8
化学纤维制造业	Chemical Fiber Manufacture Industry	90.0	94.9
纤维素纤维原料及纤维制造	Cellulose Fiber Material and Fiber Manufacture	89.5	95.2
合成纤维制造	Synthetic Fiber Manufacture	90.3	94.8
生物基材料制造	Bio-based Materials Manufacture	89.5	95.2
橡胶和塑料制品业	Rubber and Plastic Products Industry	98.5	98.1
橡胶制品业	Rubber Product Industry	101.3	100.4
塑料制品业	Plastic Product Industry	97.6	97.3
非金属矿物制品业	Non-metal Mineral Product Industry	99.6	101.6
水泥、石灰和石膏制造	Cement, Lime and Gypsum Manufacture	96.5	102.4
石膏、水泥制品及类似制品制造	Cement and Gypsum Product Manufacture	102.2	103.0
砖瓦、石材等建筑材料制造	Brick, Stone Material and Other Buildings	99.9	100.8
玻璃制造	Glass Manufacture	104.9	105.3
玻璃制品制造	Glass Product Manufacture	98.4	99.4
玻璃纤维和玻璃纤维增强塑料制品制造	Fiberglass and Reinforced Plastic Products Manufacture	92.5	89.4
陶瓷制品制造	Ceramics Product Manufacture	100.1	100.4
耐火材料制品制造	Refractor Product Manufacture	103.3	108.8
石墨及其他非金属矿物制品制造	Graphite and Other Non-metal Minerals Product Manufacture	95.4	92.7
黑色金属冶炼和压延加工业	Black Metal Coking and Pressing Process Industry	97.5	100.1
炼铁	Iron Making	100.5	103.4
炼钢	Steel Making	96.6	94.6
钢压延加工	Pressed Steel Processing	97.5	100.3
铁合金冶炼	Iron-alloy Smelting	95.8	92.3
有色金属冶炼和压延加工业	Colored Metal Coking and Pressing Process Industry	99.7	101.9
常用有色金属冶炼	General Non-ferrous Metal Coking	100.0	101.6
贵金属冶炼	Precious Metal Smelting	124.3	134.1
有色金属合金制造	Non-ferrous Metal Alloy Manufacture	99.7	98.8
有色金属压延加工	Colored Metal Pressing Process Industry	99.3	102.3
金属制品业	Metal Product Industry	100.1	100.9
结构性金属制品制造	Structural Metal Product	99.7	99.2
金属工具制造	Metal Tools Manufacture	102.7	102.7
集装箱及金属包装容器制造	Container and Metal Packing Container Manufacture	98.6	101.8

continued

(the same month last year=100)

2 月 February	3 月 March	4 月 April	5 月 May	6 月 June	7 月 July	8 月 August	9 月 September	10 月 October	11 月 November	12 月 December
99.3	99.8	96.7	94.5	94.1	94.1	94.5	93.1	91.7	93.4	94.9
102.3	102.1	100.9	99.6	99.4	99.3	96.7	97.3	96.1	93.9	95.5
103.1	103.7	103.6	104.0	102.5	102.7	102.5	102.2	101.1	101.4	101.0
107.8	103.6	104.3	103.5	103.3	102.6	100.6	97.5	97.6	96.7	97.7
123.6	99.5	99.9	100.1	99.3	96.0	97.9	92.9	92.9	90.0	91.7
107.3	107.7	109.6	108.1	108.4	104.7	103.7	100.7	99.9	100.5	99.2
96.5	94.6	96.4	95.6	95.6	94.8	93.1	93.5	94.2	93.8	94.2
103.9	104.8	103.5	102.3	102.7	103.3	101.7	102.8	101.6	102.7	101.6
99.2	97.2	97.3	97.3	96.7	96.3	96.4	94.2	94.5	95.2	95.9
115.3	115.6	117.3	116.6	115.1	120.3	109.0	93.7	96.3	91.4	100.3
101.8	102.3	102.4	101.9	101.9	102.3	100.4	99.0	100.1	99.5	100.1
101.8	102.3	102.4	101.9	101.9	102.3	100.4	99.0	100.1	99.5	100.1
94.2	92.0	89.2	89.3	88.8	86.3	85.8	86.8	89.9	93.1	90.2
95.2	94.3	89.7	89.8	86.6	83.3	82.2	85.5	88.9	92.0	91.6
93.6	90.9	89.0	88.9	89.9	87.8	87.6	87.5	90.4	93.6	89.5
95.2	94.3	89.7	89.8	86.6	83.3	82.2	85.5	88.9	92.0	91.6
98.8	98.1	98.4	97.7	98.0	97.5	98.4	98.6	98.8	99.6	100.4
101.1	101.6	102.9	101.8	101.2	100.8	101.7	101.5	101.3	100.9	100.7
98.0	97.0	96.8	96.3	96.9	96.4	97.2	97.6	97.9	99.2	100.3
103.6	102.5	99.6	98.8	99.0	98.7	98.2	98.7	98.6	98.7	97.3
109.1	103.5	95.9	95.1	93.3	93.2	91.5	93.8	94.9	95.2	91.3
103.5	104.3	102.9	102.2	104.0	103.0	102.1	101.5	101.0	99.7	99.6
101.1	101.6	100.4	100.1	100.3	99.6	99.5	99.8	98.5	99.4	97.0
105.7	104.9	101.8	98.1	100.8	101.6	105.1	106.3	106.2	110.5	112.4
99.3	99.3	98.1	96.9	97.1	97.0	97.6	97.7	98.1	99.4	100.8
90.1	89.9	90.8	91.1	92.4	90.3	91.9	93.5	96.0	97.3	98.2
99.8	99.2	100.2	100.9	101.0	101.0	102.8	100.2	99.0	98.6	98.5
109.7	108.7	108.6	108.2	107.5	104.2	98.7	98.7	98.1	95.4	95.2
92.3	92.9	92.9	92.5	92.9	97.0	97.3	98.7	99.1	98.7	98.7
98.2	95.8	92.4	91.0	91.7	92.2	96.9	101.2	101.4	104.4	105.4
99.7	101.7	101.7	98.3	99.2	100.7	92.5	101.4	102.1	103.2	102.9
93.7	94.0	94.4	92.2	94.1	94.1	97.4	99.0	100.6	102.1	104.7
98.3	95.8	92.3	90.8	91.6	92.1	97.0	101.3	101.4	104.5	105.5
92.3	92.9	94.4	96.0	97.2	98.3	97.1	96.5	97.3	97.3	98.5
98.0	91.6	89.8	91.7	94.8	99.5	103.2	104.5	104.2	106.2	111.6
97.5	91.0	92.3	94.8	95.8	99.0	103.9	103.5	104.4	105.9	110.2
133.7	135.9	142.3	143.5	134.6	120.2	116.6	110.6	112.3	113.2	112.1
98.2	96.5	95.6	95.4	96.2	99.2	100.7	102.3	103.1	103.9	106.7
98.2	91.5	87.0	88.7	93.6	99.9	102.8	105.5	104.1	106.6	113.2
100.6	99.7	99.7	99.3	98.7	99.1	100.1	100.5	100.3	100.6	101.2
99.2	98.3	98.8	99.0	98.5	99.2	101.2	101.1	100.1	100.3	101.1
102.7	103.1	101.9	101.7	101.4	102.0	102.4	103.1	103.6	103.4	103.9
100.7	99.2	98.9	98.5	98.7	96.8	97.4	98.0	96.5	97.2	100.0

4-15 续表 3

(上年同月=100)

类　别	Item	全年 Total	1月 January
金属丝绳及其制品制造	Metal Silk Rope and Its Product Manufacture	96.4	92.4
建筑、安全用金属制品制造	Building, Metal Production Safety Producing Manufacture	100.0	99.0
金属表面处理及热处理加工	Metal Finishing and Heat Treatment	102.4	102.2
金属制日用品制造	Stainless Steel and Similar Daily Metal Product Manufacture	98.7	95.3
锻造及其他金属制品制造	Other Metal Product Manufacture	100.7	104.1
通用设备制造业	General Equipment Manufacture	99.3	101.1
锅炉及原动设备制造	Boiler and Original Motor	100.6	100.7
金属加工机械制造	Metal Process and Machinery Manufacture	102.1	102.0
物料搬运设备制造	Hoisting Transportation Equipment Manufacture	101.8	102.7
泵、阀门、压缩机及类似机械制造	Pump, Valve, Compressor and Its Similar Mechanical Manufacture	94.7	98.3
轴承、齿轮和传动部件制造	Bearing, Gear Wheel and Drive Parts Manufacture	99.7	99.3
烘炉、风机、包装等设备制造	Wind-fanning Machine, Scaling and Packing Equipment	96.1	103.7
通用零部件制造	General Machine Components Manufacture	102.6	101.9
其他通用设备制造	Other General Equipment Manufacture	101.5	101.0
专用设备制造业	Special Equipment Manufacture	101.4	103.5
采矿、冶金、建筑专用设备制造	Ore Mountain, Metallurgy, Building Special Equipment Manufacture	99.5	99.7
化工、木材、非金属加工专用设备制造	Chemical Engineering, Timber, Non-Metal Processed Special Equipments Manufacture	100.4	100.9
食品、饮料、烟草及饲料生产专用设备制造	The Food, Beverage, Tobacco and Fodder Production Special Equipments Manufacture	99.9	100.3
印刷、制药、日化及日用品生产专用设备制造	Printing, Pharmacy and Commodities Manufacture	102.7	106.0
纺织、服装和皮革加工专用设备制造	Textile, Clothing and Leather Processing Equipments Manufacture	99.2	101.3
电子和电工机械专用设备制造	Electronics and Electrical Machinery Manufacture	97.4	102.4
农、林、牧、渔专用机械制造	Agriculture, Forestry Animal Husbandry and Fishery Specific Machinery Manufacture	100.2	103.3
医疗仪器设备及器械制造	Medical Instruments Manufacture	95.7	101.9
环保、邮政、社会公共服务及其他专用设备制造	Environment Protection, Public Social Secure and Other Specific Equipment Manufacture	103.5	101.0
汽车制造业	Vehicle Manufacture Industry	99.3	99.9
汽车整车制造	Completely Built Vehicle Manufacture	99.9	101.3
汽车用发动机制造	Automotive Engines Manufacture	99.9	101.3
改装汽车制造	Refit Vehicle Manufacture	97.6	99.0
电车制造	Electric Vehicle Manufacture	97.0	100.0
汽车车身、挂车制造	Vehicle Body and Trailer Manufacture	98.1	98.5
汽车零部件及配件制造	Auto Parts Manufacture	99.1	99.0
铁路、船舶、航空航天和其他运输设备制造业	Rail, Ships, Aeronautical and Other Transportation Equipments Manufacture	100.7	102.1
铁路运输设备制造	Rail Transportation Equipment Manufacture	96.7	99.2
船舶及相关装置制造	Ships and Related Equipment Manufacture	101.8	103.0

continued

(the same month last year=100)

2 月 February	3 月 March	4 月 April	5 月 May	6 月 June	7 月 July	8 月 August	9 月 September	10 月 October	11 月 November	12 月 December
92.8	94.9	93.1	93.4	93.8	96.5	96.7	99.0	99.9	101.6	103.8
98.8	98.7	98.6	99.8	99.7	100.4	101.4	101.5	100.9	100.6	100.6
100.3	100.0	102.4	101.1	100.9	101.5	101.2	102.4	104.5	106.1	106.3
92.9	94.8	92.8	101.3	102.2	100.8	100.7	100.3	100.5	101.8	102.7
103.8	102.1	101.4	100.2	98.8	99.0	99.1	99.9	100.2	100.2	100.0
100.2	99.8	98.8	99.0	98.8	98.9	99.0	99.7	99.1	98.9	98.8
101.3	101.1	100.1	100.6	100.2	100.0	99.8	100.0	100.2	101.4	101.4
101.7	101.4	101.7	103.7	103.5	102.8	102.0	102.8	101.8	101.5	100.4
102.4	102.2	101.3	101.5	100.8	101.7	101.3	102.2	102.0	101.3	102.0
97.6	97.2	94.7	94.2	92.9	94.0	94.0	94.6	92.6	93.7	92.7
99.3	100.1	100.2	100.4	99.4	98.6	99.5	99.7	99.2	100.0	100.5
97.6	95.5	93.9	94.2	95.3	94.1	95.1	97.3	97.3	94.2	94.8
102.0	102.0	101.8	101.7	102.8	103.0	103.2	103.2	103.3	102.9	103.1
101.1	101.4	101.0	101.0	101.1	102.0	102.2	101.6	101.6	101.7	102.3
103.0	102.8	102.8	101.8	101.7	101.2	100.9	100.7	100.4	99.9	98.5
100.1	100.2	100.7	99.9	99.4	98.6	98.4	99.2	99.3	99.2	98.9
100.6	100.2	101.2	100.8	100.9	99.3	99.5	100.0	100.7	100.3	100.2
101.0	101.0	100.1	99.2	98.5	101.4	99.9	98.2	98.6	100.8	100.3
104.9	104.9	104.9	103.1	103.3	102.5	102.3	101.5	100.9	100.1	98.0
101.3	101.3	101.3	101.3	99.3	98.1	97.7	97.2	97.2	97.4	97.3
101.7	97.7	95.6	97.7	98.3	100.3	96.0	95.6	94.9	94.2	94.5
102.9	100.0	100.1	100.1	99.2	98.9	99.7	99.6	99.3	99.6	100.1
100.0	98.4	95.9	94.2	95.1	95.0	92.9	93.8	94.4	93.7	93.5
101.1	101.9	102.0	103.9	103.3	105.2	105.1	105.0	105.8	105.9	102.0
99.9	99.5	99.3	99.1	98.8	100.6	99.6	100.3	98.4	98.1	98.2
101.2	100.4	99.9	99.5	98.6	103.0	100.8	102.6	97.4	97.0	97.1
101.2	100.4	99.9	99.5	98.6	103.0	100.8	102.6	97.4	97.0	97.1
99.0	97.9	97.6	97.9	97.7	96.9	96.9	96.7	97.9	96.5	97.5
100.0	100.0	100.0	96.3	96.3	96.3	96.3	96.3	94.2	94.2	94.2
98.0	97.7	97.9	97.2	100.4	99.0	97.9	97.8	97.8	98.0	97.0
99.0	99.0	99.0	99.0	99.0	99.2	99.1	99.0	99.3	99.4	99.4
101.5	101.4	101.2	101.1	100.8	100.8	100.8	100.4	100.5	99.7	98.8
99.8	98.7	97.7	96.0	95.9	95.3	95.8	94.3	95.2	95.9	97.0
102.2	102.4	102.1	102.2	102.0	102.2	102.2	102.0	102.0	100.7	99.4

4-15 续表 4

(上年同月=100)

类　　别	Item	全 年 Total	1 月 January
摩托车制造	Motorcycle Manufacture	94.4	101.7
助动车制造	Bicycle Manufacture	97.8	97.3
电气机械和器材制造业	Electricity Machine and Its Equipment Manufacture	98.4	99.8
电机制造	Electric Engineering Manufacture	99.4	100.6
输配电及控制设备制造	Electricity Mixed and Control Equipments Manufacture	97.4	97.6
电线、电缆、光缆及电工器材制造	Wire, Cable, Fiber Optic Cable and the Electric Device Manufacture	102.9	103.1
电池制造	Battery Manufacture	96.5	95.1
家用电力器具制造	Electrical Appliance Manufacture	96.0	98.8
非电力家用器具制造	Household Appliance Manufacture	99.4	101.9
照明器具制造	Luminaires Manufacture	98.8	101.4
其他电气机械及器材制造	Other Electric Machines and Device Manufacture	98.5	99.1
计算机、通信和其他电子设备制造业	Tele-communication Equipment, Computer and Other Electronic Equipment Manufacture Industry	96.9	96.7
计算机制造	Computer Manufacture	90.8	90.5
通信设备制造	Tele-communication Equipment Manufacture	97.7	100.7
雷达及配套设备制造	Radar and Its Equipment Manufacture	103.9	105.2
视听设备制造	Audio-visual Equipment Manufacture	99.6	99.2
智能消费设备制造	Intelligent Consumption Equipment Manufacture	99.6	100.7
电子器件制造	Electronic Appliances	99.0	97.6
电子元件及电子专用材料制造	Electronic Components	97.1	97.0
其他电子设备制造	Other Electronic Equipment	97.9	99.5
仪器仪表制造业	Instruments and Apparatuses Manufacture	98.4	97.1
通用仪器仪表制造	General Instruments Manufacture	101.4	103.4
专用仪器仪表制造	Special Instruments Manufacture	94.9	90.3
其他仪器仪表制造业	Optical Instrument and Glasses	102.1	102.8
其他制造业	Other Manufacture	97.3	96.6
日用杂品制造	Daily Groceries Manufacture	99.8	103.4
其他未列明制造业	Other not Specified Manufacture	94.4	89.4
废弃资源综合利用业	Waste Resource Comprehensive Utilization	97.2	100.6
金属废料和碎屑加工处理	Metal Scrap Processing	97.2	100.7
非金属废料和碎屑加工处理	Non-metal Scrap Processing	97.1	100.2
电力、热力生产和供应业	Electronic, Thermodynamic Product and Supply Industry	99.7	100.1
电力生产	Electric Power Production	100.0	100.8
电力供应	Electric Power Supply	99.5	99.6
热力生产和供应	Fuel Production and Supply Industry	100.6	101.2
燃气生产和供应业	Fuel Production and Supply Industry	96.9	103.7
燃气生产和供应业	Fuel Production and Supply Industry	96.9	103.7
生物质燃气生产和供应业	Biomass Gas Production and Supply Industry	96.9	103.7
水的生产和供应业	Water Production and Supply Industry	100.3	100.4
自来水生产和供应	Tapping-water Production and Supply	99.6	99.9
污水处理及其再生利用	Sewage Treatment and Recycled Use	101.8	101.6

continued

(the same month last year=100)

2 月 February	3 月 March	4 月 April	5 月 May	6 月 June	7 月 July	8 月 August	9 月 September	10 月 October	11 月 November	12 月 December
99.8	97.0	98.7	97.4	92.2	91.4	91.1	89.6	90.7	92.0	91.7
97.5	97.6	98.5	98.4	98.9	98.2	97.4	97.0	97.0	98.1	98.1
99.0	97.3	96.6	97.0	97.6	98.4	99.1	98.7	98.9	98.6	99.7
100.2	101.0	100.2	99.2	98.7	98.6	97.8	97.8	98.4	99.0	101.0
97.8	97.0	96.9	96.8	95.9	96.2	97.4	98.7	98.3	98.0	98.5
100.4	96.3	95.2	96.8	100.4	104.5	106.1	106.4	107.1	108.0	110.3
96.1	95.2	94.8	95.4	96.5	95.4	98.0	98.3	97.5	97.4	97.9
98.3	97.2	96.6	96.6	96.2	95.6	95.7	94.5	94.7	93.5	93.8
102.0	100.8	100.6	102.1	99.1	97.2	96.9	97.6	98.7	98.3	98.0
102.0	103.3	103.6	102.4	98.6	99.4	98.2	93.3	94.0	94.3	95.3
98.7	97.9	96.9	96.7	98.2	98.3	99.1	97.7	99.1	100.6	99.4
96.7	96.4	97.1	96.8	95.4	96.5	97.3	96.9	96.5	98.1	99.2
90.1	89.2	91.8	92.7	88.1	88.1	88.1	89.7	89.5	94.2	98.7
100.7	98.8	100.0	99.9	100.7	96.7	96.6	97.5	93.8	93.3	94.1
105.2	104.7	104.6	104.5	102.6	102.8	103.3	103.3	103.2	104.4	103.2
98.4	100.9	98.9	98.1	97.9	100.1	100.2	100.7	99.7	100.3	100.9
100.6	99.8	99.3	100.6	100.7	99.3	99.1	99.2	99.1	98.1	98.5
98.1	97.6	98.5	96.6	96.2	101.2	103.5	100.0	98.9	100.1	99.4
97.5	97.2	97.4	96.6	96.6	95.3	96.8	97.1	97.4	97.8	98.4
99.2	99.2	99.5	99.5	100.3	98.6	97.8	95.8	95.9	94.7	95.3
97.1	96.7	96.8	97.8	98.4	98.4	99.3	100.1	99.8	99.9	99.6
103.2	102.5	101.5	101.3	100.2	100.1	101.0	101.5	101.0	101.2	100.6
90.3	90.3	91.5	93.8	96.3	96.3	97.3	98.4	98.4	98.4	98.4
103.7	103.5	102.7	101.9	101.6	102.1	101.3	101.6	101.5	101.5	101.3
96.9	97.1	97.3	96.8	97.8	96.3	98.3	97.6	97.5	97.5	98.0
102.9	102.0	101.8	101.6	100.9	98.4	97.7	98.0	97.5	97.5	96.8
90.3	91.8	92.3	91.6	94.2	93.9	98.8	97.1	97.5	97.4	99.4
98.0	96.6	92.2	92.0	95.3	96.9	96.8	97.8	99.2	98.9	102.1
97.4	95.1	89.6	89.5	95.3	96.9	98.3	99.3	100.3	100.1	104.3
99.3	100.1	98.1	97.9	95.4	97.0	93.1	94.3	96.8	96.1	97.1
100.2	100.2	99.9	98.8	98.7	99.9	99.8	99.9	99.7	99.7	99.8
101.0	101.1	100.4	100.0	99.6	99.7	99.6	99.7	99.3	99.3	99.4
99.6	99.6	99.6	98.0	98.0	100.0	100.0	100.0	100.0	100.0	100.0
101.2	101.0	100.5	100.6	101.1	100.2	100.3	100.1	99.9	100.1	100.4
102.1	101.2	97.3	96.0	94.5	94.0	94.5	94.5	94.3	94.5	95.6
102.1	101.2	97.3	96.0	94.5	94.0	94.5	94.5	94.3	94.5	95.6
102.1	101.2	97.3	96.0	94.5	94.0	94.5	94.5	94.3	94.5	95.6
100.0	99.9	99.8	99.9	100.0	100.6	100.6	100.6	100.7	100.6	100.5
99.3	99.2	98.9	99.1	99.3	100.1	100.0	100.0	100.0	100.0	100.0
101.6	101.6	101.9	101.7	101.6	101.8	101.8	102.0	102.2	101.9	101.8

4-16 工业生产者购进价格指数

(上年=100)

年 份 Year	总指数 General Index	燃料、动力类 Fuel and Power	黑色金属材料类 Ferrous Metals	钢 材 Rolled Steel	有色金属材料和电线类 Nonferrous Metals and Wires
1993	128.7	129.6	169.4	167.3	127.3
1994	122.3	119.9	101.9	99.6	109.6
1995	117.9	107.4	94.4	94.1	129.3
1996	110.0	114.2	99.7	100.3	93.8
1997	101.7	106.5	95.4	94.6	100.7
1998	96.0	100.5	95.4	94.4	86.0
1999	94.5	96.9	94.8	94.5	89.0
2000	102.6	103.2	102.9	102.3	110.5
2001	100.2	101.6	98.7	97.3	95.8
2002	98.2	101.7	99.1	98.8	96.3
2003	106.7	105.9	108.9	111.7	104.8
2004	115.0	113.9	122.2	118.7	128.4
2005	107.2	115.0	108.4	106.7	116.4
2006	103.9	105.7	99.2	99.5	135.1
2007	105.1	102.4	105.8	105.7	106.2
2008	112.4	116.7	119.4	118.8	97.5
2009	95.3	98.5	86.9	88.2	84.3
2010	111.8	110.9	113.5	105.3	124.9
2011	103.4	108.0	102.0	103.0	101.4
2012	98.2	100.1	94.0	94.7	95.4
2013	96.9	91.6	96.9	95.4	93.8
2014	97.2	93.3	95.9	96.1	95.6
2015	93.5	89.4	88.2	90.3	90.6
2016	98.4	95.7	97.1	97.4	101.6
2017	109.2	114.5	114.1	114.1	122.2
2018	105.3	110.1	106.8	107.8	103.1
2019	99.9	97.3	102.6	98.7	93.2
2020	98.5	91.2	100.7	99.1	96.7

Purchasing Price Indices for Industrial Producers

(preceding year=100)

化工原料类 Raw Chemical Materials	木材及纸浆类 Timber and Paper Pulp	建筑材料及非金属矿类 Building Material and Non-metal Ore	其他工业原材料及半成品类 Other Materials and Semi-finished Category	农副产品类 Agricultural Products	纺织原料类 Textile Materials
120.3	122.2	145.6	112.7	103.1	112.5
121.1	132.4	106.3	113.5	139.5	150.1
127.7	121.1	115.2	107.1	146.0	117.5
95.6	107.0	99.9	104.3	128.1	93.4
97.7	104.9	99.7	95.3	100.7	96.1
91.3	95.3	99.9	88.8	92.9	93.7
94.8	93.4	98.7	92.5	91.9	93.8
109.0	100.2	95.2	100.8	94.3	104.0
98.5	99.1	95.8	99.5	100.1	100.3
97.1	97.8	99.5	97.5	94.2	95.8
105.2	100.5	100.6	103.3	111.0	110.7
112.7	103.9	107.1	112.6	116.5	107.5
107.2	103.2	106.2	104.5	98.1	95.4
102.1	102.1	100.7	102.6	102.8	102.6
104.4	104.3	103.3	106.4	110.6	100.1
107.8	110.5	110.3	110.7	114.9	102.2
90.5	99.3	100.2	94.2	96.1	97.0
111.3	103.9	106.9	105.9	110.1	108.5
100.8	112.2	98.5	100.5	108.0	99.5
97.1	104.4	98.3	98.1	103.1	96.2
97.9	99.6	95.7	98.7	103.4	100.3
98.3	100.4	99.8	98.4	100.8	99.1
94.0	99.7	98.7	97.4	96.7	96.9
96.8	99.5	96.1	99.7	98.5	100.8
109.1	104.8	105.6	104.5	101.4	104.6
106.9	104.1	107.1	104.1	100.0	103.3
97.2	99.3	103.9	102.1	102.0	98.6
93.1	99.7	105.5	100.2	105.3	95.8

4-17 分月工业生产者购进价格指数(2020年)

(上年同月=100)

类　别	Item	累　计 Total	1 月 January	2 月 February
总指数	**General Index**	**98.5**	**99.9**	**99.3**
燃料、动力类	Fuels and Power	91.2	93.8	95.2
黑色金属材料类	Material of Black Metal	100.7	103.1	101.3
#钢材	Rolled Steel	99.1	99.8	99.4
其他	Other	104.1	110.5	105.2
有色金属材料及电线类	Material of Non-ferrous Metal Material and Electric Wire	96.7	94.3	94.1
化工原料类	Chemical Material	93.1	95.0	93.8
木材及纸浆类	Wood and Paper Pulp	99.7	99.6	100.0
建筑材料及非金属类	Building Material and Non-metal Ore	105.5	107.5	107.4
其他工业原材料及半成品类	Other Industrial Raw Material and Semi-finished Category	100.2	101.9	100.0
农副产品类	Agricultural and Side-line Produces	105.3	106.9	107.6
纺织原料类	Raw Textile Material	95.8	96.2	95.9

4-18 分月工业生产者购进价格环比指数(2020年)

(上月=100)

类　别	Item	1 月 January	2 月 February	3 月 March
总指数	**General Index**	**100.3**	**99.6**	**98.6**
燃料、动力类	Fuels and Power	100.0	100.5	98.4
黑色金属材料类	Material of Black Metal	100.7	98.8	99.2
#钢材	Rolled Steel	100.3	99.8	98.8
其他	Other	101.8	96.5	99.9
有色金属材料及电线类	Material of Non-ferrous Metal Material and Electric Wire	100.0	98.8	94.8
化工原料类	Chemical Material	99.7	99.0	98.6
木材及纸浆类	Wood and Paper Pulp	100.1	100.2	99.5
建筑材料及非金属类	Building Material and Non-metal Ore	100.3	99.6	100.2
其他工业原材料及半成品类	Other Industrial Raw Material and Semi-finished Category	100.2	99.5	99.0
农副产品类	Agricultural and Side-line Produces	100.8	100.5	99.5
纺织原料类	Raw Textile Material	100.4	99.9	99.8

Purchasing Price Indices for Industrial Producer by Month (2020)

(the same month last year=100)

3 月 March	4 月 April	5 月 May	6 月 June	7 月 July	8 月 August	9 月 September	10 月 October	11 月 November	12 月 December
98.1	**96.8**	**96.4**	**96.3**	**97.2**	**98.4**	**98.7**	**98.8**	**100.0**	**101.9**
94.7	92.3	89.2	86.6	88.9	88.4	89.9	90.4	91.6	93.6
100.0	97.9	97.4	97.7	97.2	99.4	102.0	102.3	103.6	106.1
98.4	97.1	96.8	97.8	98.2	98.9	99.8	100.1	100.7	102.2
103.3	99.5	98.6	97.5	95.3	100.8	106.9	107.4	110.3	115.2
88.5	88.0	90.3	93.8	97.6	101.6	101.2	100.7	103.5	108.6
93.1	90.6	90.7	90.7	90.5	91.8	92.5	93.4	96.1	99.5
99.5	98.9	98.6	98.6	99.1	100.0	99.8	100.2	101.1	100.7
107.7	105.8	104.5	104.2	103.7	102.6	104.0	105.1	107.7	106.6
99.3	99.0	99.3	98.9	99.3	100.8	100.6	100.4	100.6	101.7
107.1	105.6	104.5	105.3	106.2	105.7	103.8	102.5	103.3	105.2
95.7	94.8	93.8	93.9	94.6	95.2	96.1	97.1	97.7	98.7

Purchasing Price Indices for Industrial Producer on a Month-over-month Basis (2020)

(last month=100)

4 月 April	5 月 May	6 月 June	7 月 July	8 月 August	9 月 September	10 月 October	11 月 November	12 月 December
98.6	**99.3**	**100.0**	**101.0**	**101.0**	**100.6**	**100.2**	**100.9**	**102.0**
96.4	95.9	97.0	101.7	99.7	101.6	99.4	101.2	101.8
98.9	100.0	100.9	100.4	101.7	101.1	100.6	101.0	102.9
99.0	99.7	100.3	100.2	100.7	100.7	100.4	100.6	101.6
98.5	100.5	102.2	100.9	103.8	102.0	101.0	101.8	105.6
98.7	101.1	102.3	103.2	103.6	100.6	99.0	101.9	104.7
96.9	99.6	100.0	99.3	99.8	100.9	101.0	101.9	102.7
99.1	99.8	99.7	100.6	100.3	100.1	100.3	100.9	100.2
99.0	99.4	100.9	100.7	100.2	101.8	101.5	102.2	100.4
99.5	100.0	99.8	101.0	101.0	100.2	100.2	100.0	101.3
99.8	99.4	100.9	101.1	101.2	99.4	100.3	101.1	101.3
99.1	99.0	99.2	99.9	99.7	99.9	100.7	100.3	100.9

4-19 合肥市住宅销售价格指数(2020年)

指　标	Item		1 月 January	2 月 February
定基价格指数 The Year 2010 = 100	**新建商品住宅价格指数**	**Commercialized Buildings**	**161.4**	**161.4**
	一、90m²及以下	90m² and below	160.3	160.3
	二、90-144m²	90-144m²	161.4	161.4
	三、144m²以上	Above 144m²	163.4	163.4
	二手住宅价格指数	**Second-hand Housing**	**161.7**	**161.7**
	一、90m²及以下	90m² and below	162.7	162.7
	二、90-144m²	90-144m²	160.6	160.6
	三、144m²以上	Above 144m²	162.6	162.6
同比价格指数 The Same Month Last Year = 100	**新建商品住宅价格指数**	**Commercialized Buildings**	**103.7**	**102.9**
	一、90m²及以下	90m² and below	103.8	103.7
	二、90-144m²	90-144m²	103.6	102.5
	三、144m²以上	Above 144m²	103.8	102.8
	二手住宅价格指数	**Second-hand Housing**	**103.1**	**103.1**
	一、90m²及以下	90m² and below	103.6	103.7
	二、90-144m²	90-144m²	103.0	102.7
	三、144m²以上	Above 144m²	102.0	102.5
环比价格指数 Last Month = 100	**新建商品住宅价格指数**	**Commercialized Buildings**	**100.4**	**100.0**
	一、90m²及以下	90m² and below	100.6	100.0
	二、90-144m²	90-144m²	100.2	100.0
	三、144m²以上	Above 144m²	100.6	100.0
	二手住宅价格指数	**Second-hand Housing**	**100.3**	**100.0**
	一、90m²及以下	90m² and below	100.3	100.0
	二、90-144m²	90-144m²	100.2	100.0
	三、144m²以上	Above 144m²	100.7	100.0

Sales Price Indices of Residential Buildings in Hefei (2020)

3 月 March	4 月 April	5 月 May	6 月 June	7 月 July	8 月 August	9 月 September	10 月 October	11 月 November	12 月 December
161.5	**160.7**	**160.6**	**161.7**	**162.3**	**162.8**	**163.7**	**164.5**	**165.4**	**166.6**
160.2	160.6	161.0	161.1	161.4	162.2	162.2	162.4	162.4	163.2
161.5	160.2	160.0	161.4	161.9	162.4	163.6	164.5	165.9	167.0
163.6	162.6	162.4	164.4	165.7	165.5	166.7	168.0	168.8	170.3
162.0	**162.9**	**163.6**	**163.9**	**164.3**	**165.1**	**165.7**	**166.5**	**167.6**	**168.7**
162.7	163.5	164.4	164.2	165.5	166.2	166.7	167.4	168.3	169.3
161.2	162.3	163.0	163.3	163.0	164.0	164.5	165.3	166.3	167.9
162.9	163.4	163.4	164.7	165.4	165.7	167.5	168.5	170.4	170.3
102.3	**101.3**	**101.1**	**101.4**	**101.1**	**100.6**	**101.4**	**102.2**	**103.1**	**103.6**
103.0	102.9	103.2	102.7	102.2	102.1	102.4	103.1	103.2	102.4
102.1	100.8	100.4	100.7	100.5	100.0	100.9	101.6	102.9	103.7
101.8	100.6	100.8	102.3	101.9	101.2	101.8	103.3	104.0	104.8
103.1	**103.0**	**103.3**	**103.2**	**102.5**	**102.6**	**103.0**	**103.5**	**104.4**	**104.7**
102.7	102.0	102.6	102.2	102.3	102.5	102.4	103.1	104.0	104.3
103.6	103.7	103.9	103.9	102.6	102.7	103.2	103.7	104.4	104.8
102.4	103.1	103.1	104.1	103.2	102.6	104.0	104.1	105.9	105.5
100.1	**99.5**	**99.9**	**100.7**	**100.4**	**100.3**	**100.6**	**100.5**	**100.6**	**100.7**
99.9	100.3	100.2	100.0	100.2	100.5	100.0	100.1	100.0	100.5
100.1	99.2	99.8	100.9	100.4	100.3	100.8	100.6	100.8	100.7
100.1	99.4	99.9	101.3	100.8	99.9	100.7	100.8	100.5	100.9
100.2	**100.5**	**100.4**	**100.2**	**100.3**	**100.5**	**100.4**	**100.5**	**100.7**	**100.7**
100.0	100.4	100.6	99.9	100.8	100.4	100.3	100.4	100.5	100.6
100.4	100.6	100.4	100.2	99.8	100.6	100.3	100.5	100.6	100.9
100.2	100.3	100.0	100.8	100.4	100.1	101.1	100.6	101.1	100.0

4-20　蚌埠市住宅销售价格指数(2020年)

指　标		Item	1 月 January	2 月 February
定基价格指数 The Year 2010 = 100	**新建商品住宅价格指数**	**Commercialized Buildings**	**130.6**	**130.6**
	一、90m²及以下	90m² and below	131.3	131.3
	二、90-144m²	90-144m²	130.9	130.9
	三、144m²以上	Above 144m²	122.9	122.9
	二手住宅价格指数	**Second-hand Housing**	**125.7**	**125.7**
	一、90m²及以下	90m² and below	127.5	131.3
	二、90-144m²	90-144m²	123.2	130.9
	三、144m²以上	Above 144m²	125.0	122.9
同比价格指数 The Same Month Last Year = 100	**新建商品住宅价格指数**	**Commercialized Buildings**	**103.4**	**103.7**
	一、90m²及以下	90m² and below	103.5	104.3
	二、90-144m²	90-144m²	103.4	103.5
	三、144m²以上	Above 144m²	102.3	103.4
	二手住宅价格指数	**Second-hand Housing**	**104.5**	**104.4**
	一、90m²及以下	90m² and below	105.1	105.0
	二、90-144m²	90-144m²	103.8	103.8
	三、144m²以上	Above 144m²	103.0	103.0
环比价格指数 Last Month = 100	**新建商品住宅价格指数**	**Commercialized Buildings**	**100.7**	**100.0**
	一、90m²及以下	90m² and below	100.8	100.0
	二、90-144m²	90-144m²	100.6	100.0
	三、144m²以上	Above 144m²	101.1	100.0
	二手住宅价格指数	**Second-hand Housing**	**100.3**	**100.0**
	一、90m²及以下	90m² and below	100.4	100.0
	二、90-144m²	90-144m²	100.1	100.0
	三、144m²以上	Above 144m²	100.9	100.0

Sales Price Indices of Residential Buildings in Bengbu (2020)

3 月 March	4 月 April	5 月 May	6 月 June	7 月 July	8 月 August	9 月 September	10 月 October	11 月 November	12 月 December
131.1	**131.7**	**132.4**	**133.7**	**134.2**	**134.9**	**135.5**	**135.9**	**136.3**	**136.6**
131.2	131.6	132.5	134.1	134.6	134.8	135.2	135.6	136.0	136.3
131.6	132.3	133.0	134.1	134.5	135.5	136.1	136.6	136.9	137.3
124.2	124.8	125.3	126.6	127.6	128.1	128.1	129.2	129.4	129.2
125.6	**126.3**	**127.0**	**127.4**	**127.7**	**128.5**	**128.7**	**129.0**	**129.7**	**130.2**
127.6	128.1	128.9	129.3	129.4	130.5	130.5	131.1	131.9	132.2
122.9	123.6	124.1	124.7	125.1	125.7	126.0	125.9	126.5	127.1
124.9	126.9	127.5	128.5	129.0	129.4	129.3	129.7	130.4	130.9
103.8	**103.7**	**103.6**	**104.1**	**103.8**	**104.3**	**104.3**	**104.5**	**104.8**	**105.3**
104.0	103.6	104.0	104.0	103.9	104.6	104.9	104.8	104.6	104.6
103.7	103.7	103.5	104.1	103.7	104.1	104.0	104.3	104.8	105.6
104.4	104.3	103.6	104.1	104.1	105.2	105.2	106.0	106.6	106.3
103.9	**104.0**	**104.1**	**103.8**	**103.1**	**103.0**	**102.8**	**103.5**	**103.8**	**103.9**
104.6	104.5	104.4	104.0	103.2	103.3	103.3	103.9	104.0	104.1
103.0	103.2	103.6	103.4	102.6	102.4	102.0	102.6	103.1	103.3
102.9	104.1	104.6	104.5	105.0	104.2	103.8	105.3	105.8	105.7
100.4	**100.5**	**100.5**	**101.0**	**100.3**	**100.6**	**100.4**	**100.4**	**100.2**	**100.3**
99.9	100.3	100.6	101.3	100.4	100.1	100.4	100.2	100.3	100.2
100.5	100.6	100.5	100.9	100.3	100.8	100.5	100.4	100.2	100.3
101.1	100.5	100.4	101.0	100.8	100.4	100.0	100.8	100.2	99.8
99.9	**100.6**	**100.5**	**100.4**	**100.2**	**100.7**	**100.1**	**100.2**	**100.5**	**100.4**
100.1	100.4	100.6	100.2	100.1	100.8	100.1	100.4	100.6	100.3
99.7	100.6	100.4	100.4	100.3	100.5	100.2	100.0	100.4	100.5
99.9	101.6	100.5	100.8	100.4	100.3	99.9	100.3	100.6	100.4

4-21 安庆市住宅销售价格指数(2020年)

指标		Item	1月 January	2月 February
定基价格指数 The Year 2010 = 100	**新建商品住宅价格指数**	**Commercialized Buildings**	**126.0**	**125.7**
	一、90m²及以下	90m² and below	125.0	125.1
	二、90-144m²	90-144m²	127.3	127.0
	三、144m²以上	Above 144m²	121.0	120.2
	二手住宅价格指数	**Second-hand Housing**	**117.4**	**117.0**
	一、90m²及以下	90m² and below	116.8	116.4
	二、90-144m²	90-144m²	118.0	117.5
	三、144m²以上	Above 144m²	118.1	118.2
同比价格指数 The Same Month Last Year = 100	**新建商品住宅价格指数**	**Commercialized Buildings**	**102.1**	**101.7**
	一、90m²及以下	90m² and below	100.7	100.7
	二、90-144m²	90-144m²	102.8	102.3
	三、144m²以上	Above 144m²	100.7	99.8
	二手住宅价格指数	**Second-hand Housing**	**96.3**	**96.1**
	一、90m²及以下	90m² and below	96.1	95.9
	二、90-144m²	90-144m²	96.2	96.0
	三、144m²以上	Above 144m²	97.4	97.7
环比价格指数 Last Month = 100	**新建商品住宅价格指数**	**Commercialized Buildings**	**99.6**	**99.8**
	一、90m²及以下	90m² and below	99.9	100.0
	二、90-144m²	90-144m²	99.6	99.8
	三、144m²以上	Above 144m²	99.4	99.3
	二手住宅价格指数	**Second-hand Housing**	**99.8**	**99.7**
	一、90m²及以下	90m² and below	99.9	99.7
	二、90-144m²	90-144m²	99.6	99.6
	三、144m²以上	Above 144m²	100.4	100.1

Sales Price Indices of Residential Buildings in Anqing (2020)

3 月 March	4 月 April	5 月 May	6 月 June	7 月 July	8 月 August	9 月 September	10 月 October	11 月 November	12 月 December
125.0	**124.5**	**124.3**	**123.6**	**123.2**	**122.3**	**122.6**	**123.3**	**123.6**	**124.0**
124.4	123.8	124.3	124.1	122.8	122.0	122.5	122.7	122.3	122.6
126.1	125.7	125.3	124.5	124.1	123.3	123.7	124.4	124.8	125.3
119.7	119.0	119.0	118.3	119.0	117.4	117.1	118.0	118.9	119.1
117.4	**117.9**	**117.7**	**117.6**	**117.1**	**116.9**	**116.8**	**116.6**	**116.1**	**115.8**
116.9	117.5	117.5	117.6	117.1	117.1	116.8	116.6	115.8	115.6
117.7	118.2	117.7	117.4	116.6	116.3	116.5	116.5	116.3	115.7
118.6	119.0	118.7	118.4	118.7	118.4	118.1	117.4	117.0	116.5
100.0	**99.5**	**98.8**	**98.0**	**97.7**	**96.9**	**96.5**	**96.8**	**97.5**	**98.0**
99.6	99.1	100.0	99.4	97.9	97.5	97.8	98.2	98.5	97.9
100.3	100.0	98.9	97.9	97.8	96.8	96.3	96.6	97.3	98.1
99.2	97.5	96.5	96.0	96.6	96.2	95.4	95.5	96.7	97.7
96.4	**97.7**	**97.5**	**97.7**	**97.5**	**98.3**	**98.6**	**98.6**	**98.4**	**98.4**
96.4	97.5	98.0	98.5	98.5	99.6	99.6	99.4	98.8	98.9
96.2	97.5	96.6	96.5	96.1	96.5	97.3	97.5	97.8	97.7
98.1	99.4	99.0	98.8	98.9	99.2	99.2	99.3	99.2	99.1
99.4	**99.6**	**99.9**	**99.4**	**99.7**	**99.3**	**100.2**	**100.5**	**100.3**	**100.4**
99.5	99.6	100.4	99.8	99.0	99.4	100.4	100.2	99.6	100.3
99.3	99.7	99.7	99.3	99.7	99.4	100.3	100.6	100.3	100.4
99.6	99.4	100.0	99.4	100.6	98.6	99.7	100.8	100.8	100.1
100.3	**100.5**	**99.8**	**99.9**	**99.6**	**99.8**	**99.9**	**99.8**	**99.6**	**99.7**
100.5	100.5	99.9	100.1	99.6	99.9	99.8	99.8	99.4	99.9
100.2	100.4	99.6	99.7	99.4	99.7	100.2	99.9	99.9	99.5
100.3	100.4	99.8	99.8	100.2	99.8	99.7	99.4	99.7	99.6

4-22 农产品生产者价格指数
Producers Price Indices for Farm Products

(上年＝100) (preceding year=100)

指　标	Item	2017	2018	2019	2020
总指数	**General Index**	**98.4**	**99.0**	**109.3**	**115.6**
农业产品	**Crop Products**	**102.5**	**99.4**	**99.5**	**104.2**
谷物	Cereals	104.0	96.9	98.9	104.2
稻谷	Rice	101.1	95.6	95.1	103.4
小麦	Wheat	108.5	97.5	102.8	101.8
玉米	Corn	96.7	103.3	103.0	112.6
薯类	Tubers	92.9	105.3	99.4	103.7
油料	Oil-bearing Crops	112.7	102.6	102.1	111.4
豆类	Beans	99.9	92.2	104.1	120.4
棉花(籽棉)	Cotton	102.4	101.8	97.0	96.4
蔬菜	Vegetables	92.9	105.2	100.5	101.0
茶叶	Tea	103.0	100.4	100.3	100.5
绿茶	Green Tea	103.1	100.3	100.3	100.5
林业产品	**Forestry Products**	**96.6**	**101.0**	**102.7**	**102.9**
苗木类	Seedlings	98.5	101.3	105.1	99.4
木材采伐产品	Felling and Transport of Wood	95.1	101.9	102.3	104.1
原木	Log	95.1	101.9	102.3	104.1
竹材采伐产品	Felling and Transport of Bamboo	97.6	97.3	99.4	98.8
饲养动物及其产品	**Animal Husbandry Products**	**88.7**	**96.2**	**136.2**	**129.3**
活牲畜	Live Domestic Animals	86.1	88.3	150.8	145.3
猪	Hogs	82.5	83.3	158.5	153.3
活牛	Cattle and Buffaloes	101.6	105.9	109.5	110.3
活羊	Sheep and Goats	104.3	118.0	122.3	102.5
活家禽	Live Poultry	95.0	107.2	110.6	94.9
活鸡	Chicken	94.3	106.3	110.4	94.8
活鸭	Duck	103.0	115.3	113.6	93.1
畜禽产品	Livestock and Poultry Products	92.6	118.0	102.0	83.1
禽蛋	Poultry Eggs	90.0	120.4	103.4	83.1
渔业产品	**Fishery Products**	**101.2**	**103.2**	**100.2**	**103.4**
淡水养殖产品	Freshwater Aquatic Products	101.2	103.2	100.2	103.4
养殖淡水鱼	Freshwater Fish	103.6	103.3	103.2	103.7
淡水养殖虾	Freshwater Shrimps	100.6	101.6	99.6	98.0
淡水养殖蟹	Freshwater Crab	83.2	103.9	74.2	92.3
其他淡水养殖产品	Other Freshwater Aquatic Products	95.0	103.5	102.1	102.9

4-23 分季农产品生产者价格指数(2020年)

Producers Price Indices for Farm Products by Quarter (2020)

(上年＝100) (preceding year=100)

指　标	Item	全　年 Annual Year	1季度 1st Quarter	2季度 2nd Quarter	3季度 3rd Quarter	4季度 4th Quarter
总指数	**General Index**	**115.6**	**142.1**	**112.7**	**110.2**	**99.6**
农业产品	**Crop Products**	**104.2**	**101.3**	**101.4**	**105.2**	**109.3**
谷物	Cereals	104.2	97.2	102.3	105.2	111.6
稻谷	Rice	103.4	94.5	103.4	107.1	113.0
小麦	Wheat	101.8	101.9	101.5	103.2	100.5
玉米	Corn	112.6	103.5	106.0	116.9	123.2
大麦	Barley					
薯类	Tubers	103.7	108.2	104.3	101.0	96.2
油料	Oil-bearing Crops	111.4	113.6	103.1	108.3	109.6
花生	Peanuts	111.8	113.1	115.3	108.3	110.6
油菜籽	Rapeseeds	105.4		102.5	108.3	
芝麻	Sesames	110.5	115.9		110.8	105.5
油茶籽	Camellia Seed					
豆类	Beans	120.4	115.3	117.6	123.5	124.7
大豆	Soybean	120.4	115.3	117.6	123.5	124.7
黄大豆	Soybean	120.4	115.3	117.6	123.5	124.7
棉花	Cotton	96.4	96.5	85.7	100.6	102.7
籽棉	Un-ginned Cotton	96.4	96.5	85.7	100.6	102.7
未加工烟草	Unmanufactured Tobacco					
蔬菜及食用菌	Vegetables and Edible Fungus	100.9	102.8	90.4	110.2	104.7
蔬菜	Vegetables	101.0	103.2	90.3	110.2	104.8
食用菌	Edible Fungus	98.3	90.7	93.4	110.1	100.9
水果及坚果	Fruits and Nuts	96.3	102.6	88.2	88.3	91.9
水果(园林水果)	Fruits	100.0		88.2	85.1	100.0
食用坚果	Edible Nuts	95.7	102.6		97.8	90.5
茶及饮料原料	Tea and Beverage Materials	100.5	99.4	102.1	100.9	100.0
茶叶	Tea	100.5	99.4	102.1	100.9	100.0
红茶	Black Tea	98.9	102.3	95.6	99.9	100.0
绿茶	Green Tea	100.5	99.3	102.3	100.9	100.0
中草药材	Chinese Herbal Medicinal Materials	110.4	104.8	108.2	111.5	100.2

4-23 续表 continued

(上年＝100) (preceding year=100)

指　　标	Item	全　年 Annual Year	1季度 1st Quarter	2季度 2nd Quarter	3季度 3rd Quarter	4季度 4th Quarter
林业产品	**Forestry Products**	**102.9**	**101.7**	**103.4**	**104.6**	**102.3**
育种及苗木	Seedlings	99.4	101.0	100.4	97.2	106.3
木材采伐产品	Felling and Transport of Wood	104.1	102.4	110.3	106.5	99.4
原木	Log	104.1	102.4	110.3	106.5	99.4
竹材采伐产品	Felling and Transport of Bamboo	98.8	99.1	99.1	101.4	95.4
饲养动物及其产品	**Animal Husbandry Products**	**129.3**	**188.0**	**148.0**	**132.3**	**89.5**
活牲畜	Live Domestic Animals	145.3	222.5	183.3	152.7	92.0
猪	Hogs	153.3	245.8	196.9	158.2	89.9
其他活猪	Other Live Pigs	153.3	245.8	196.9	158.2	89.9
牛	Cattle	110.3	114.6	115.3	108.3	104.4
黄牛	Cattle and Buffaloes	110.3	114.6	115.3	108.3	104.4
羊	Sheep and Goats	102.5	108.1	98.0	106.6	97.8
山羊	Goats	102.5	108.1	98.0	106.6	97.8
活家禽	Live Poultry	94.9	100.3	94.1	97.3	87.4
活鸡	Chicken	94.8	99.5	94.2	96.1	87.3
活鸭	Duck	93.1	117.5	77.8	99.7	80.6
畜禽产品	Livestock and Poultry Products	83.1	101.2	82.3	74.8	79.3
禽蛋	Poultry Eggs	83.1	101.2	78.5	74.8	79.3
鸡蛋	Hen Eggs	83.2	101.7	77.7	75.2	79.5
鸭蛋	Duck Eggs	81.1	90.7	84.5	73.7	**76.0**
渔业产品	**Fishery Products**	**103.4**	**102.9**	**102.0**	**99.5**	**109.3**
淡水养殖产品	Freshwater Aquatic Products	103.4	102.9	102.0	99.5	109.3
养殖淡水鱼	Freshwater Fish	103.7	103.5	103.8	98.1	109.6
淡水养殖虾	Freshwater Shrimps	98.0	92.1	94.6	101.9	104.1
淡水养殖蟹	Freshwater Crab	92.3	83.9		89.9	102.9
其他淡水养殖产品	Other Freshwater Aquatic Products	102.9	105.0	102.1	105.9	103.4

4-24 分月农村集贸市场农副产品价格(2020年)

Prices of Agricultural Products by Month in Rural Market (2020)

单位：元/公斤 (yuan/kg)

指 标	Item	省平均价 Average Price	1 月 January	2 月 February	3 月 March	4 月 April	5 月 May	6 月 June
一、粮食	**Grain**							
籼稻	Nonglutinous Rice	2.56	2.46	2.46	2.48	2.53	2.56	2.57
粳稻	Round-grained Rice	2.74	2.62	2.62	2.61	2.73	2.77	2.76
小麦	Wheat	2.29	2.23	2.27	2.28	2.29	2.30	2.27
玉米	Corn//Maize	2.29	2.05	2.11	2.11	2.21	2.28	2.31
大豆	Soybean	5.51	5.08	5.16	5.19	5.56	5.51	5.52
籼米	Long-grained Nonglutinous Rice	4.40	4.28	4.30	4.32	4.39	4.41	4.38
粳米	Polished Round-grained Rice	4.94	4.86	4.84	4.84	4.93	4.93	4.93
二、经济作物类	**Economic Crops**							
棉花(籽棉)	Cotton	7.30	7.16	7.20	7.24	7.24	7.24	7.24
花生仁	Peanut	12.70	12.14	12.02	12.36	13.00	12.96	12.96
油菜籽	Rapeseeds	5.44	5.35	5.40	5.40	5.43	5.43	5.32
三、畜产品	**Livestock Products**							
活猪	Live Hogs	34.80	37.66	39.44	36.94	33.91	30.16	33.22
仔猪	Piglet	89.18	77.89	80.75	90.29	88.97	88.10	90.78
猪肉	Pork	51.18	55.70	57.90	53.10	49.40	45.40	49.80
活牛	Live Cattle	38.09	37.92	37.40	38.12	37.00	37.00	36.80
牛肉	Beef	82.51	81.75	82.00	81.43	80.57	80.57	81.29
活羊	Live Sheep	37.32	38.67	37.25	37.20	36.12	36.12	36.12
羊肉	Mutton	78.22	79.50	79.60	76.40	76.50	76.75	78.25
活鸡	Live Chickens	18.58	18.10	21.00	19.40	18.43	17.71	17.23
鸡蛋	Hen Eggs	9.52	11.06	10.40	9.38	8.84	8.24	8.26
四、水产品	**Aquatic Products**							
草鱼	Grass Carp	15.47	15.40	15.38	14.70	14.90	15.10	15.60
鲤鱼	Carp	10.66	11.05	10.13	10.40	10.59	10.85	10.85
鲢鱼	Silver Carp	10.51	9.92	9.50	9.70	10.20	10.70	11.10
带鱼	Hairtail	26.60	25.50	25.67	26.33	26.67	26.83	26.67
五、蔬菜	**Vegetables**							
大白菜	Chinese Cabbage	3.20	2.12	3.11	3.16	3.64	2.91	3.69
黄瓜	Cucumber	6.51	9.88	8.78	6.86	5.10	4.60	5.15
西红柿	Tomato	7.15	8.98	9.62	8.36	7.91	5.60	5.51
菜椒	Sweetbell	7.07	6.60	7.60	8.00	7.56	5.20	5.16
四季豆	Kidney Beans	11.13	12.00	11.96	11.47	11.60	9.20	9.00
六、水果	**Fruits**							
红富士苹果	Redfuji Apples	9.13	9.10	9.64	9.52	9.10	9.08	9.20
香蕉	Bananas	6.07	6.13	6.60	6.70	6.48	6.34	6.16
橙子	Oranges	10.36	10.20	10.80	10.60	10.24	10.20	10.30

4-24 续表 continued

单位：元/公斤 (yuan/kg)

指　标	Item	7 月 July	8 月 August	9 月 September	10 月 October	11 月 November	12 月 December
一、粮食	**Grain**						
籼稻	Nonglutinous Rice	2.58	2.58	2.56	2.64	2.67	2.67
粳稻	Round-grained Rice	2.76	2.76	2.76	2.80	2.82	2.82
小麦	Wheat	2.27	2.28	2.32	2.32	2.31	2.33
玉米	Corn//Maize	2.38	2.39	2.36	2.40	2.43	2.45
大豆	Soybean	5.57	5.59	5.63	5.66	5.79	5.89
籼米	Long-grained Nonglutinous Rice	4.40	4.42	4.42	4.46	4.52	4.53
粳米	Polished Round-grained Rice	4.93	4.93	4.97	5.00	5.07	5.09
二、经济作物类	**Economic Crops**						
棉花(籽棉)	Cotton	7.24	7.24	7.30	7.50	7.50	7.50
花生仁	Peanut	13.06	13.08	12.92	12.74	12.62	12.51
油菜籽	Rapeseeds	5.45	5.45	5.50	5.50	5.50	5.50
三、畜产品	**Livestock Products**						
活猪	Live Hogs	37.18	37.90	36.12	31.30	30.40	33.40
仔猪	Piglet	95.13	97.80	97.88	91.80	84.10	86.70
猪肉	Pork	54.00	55.10	53.40	47.20	44.20	49.00
活牛	Live Cattle	37.80	38.40	39.00	39.00	39.00	39.60
牛肉	Beef	81.86	82.57	83.43	83.29	85.00	86.38
活羊	Live Sheep	36.72	37.52	37.92	37.92	37.92	38.40
羊肉	Mutton	79.00	79.00	78.75	76.60	77.71	80.57
活鸡	Live Chickens	18.53	18.56	18.33	18.26	18.22	19.17
鸡蛋	Hen Eggs	9.08	9.61	10.06	9.59	9.53	10.17
四、水产品	**Aquatic Products**						
草鱼	Grass Carp	15.78	16.11	15.67	15.56	15.33	16.05
鲤鱼	Carp	10.89	10.74	10.71	10.73	10.30	10.66
鲢鱼	Silver Carp	11.10	11.48	11.00	10.80	10.30	10.34
带鱼	Hairtail	27.00	27.00	26.83	26.67	26.83	27.17
五、蔬菜	**Vegetables**						
大白菜	Chinese Cabbage	3.80	4.56	4.13	2.82	2.27	2.15
黄瓜	Cucumber	6.00	7.60	6.16	5.45	6.04	6.52
西红柿	Tomato	6.30	6.52	6.42	6.85	6.58	7.14
菜椒	Sweetbell	7.30	8.06	8.00	6.22	6.43	8.71
四季豆	Kidney Beans	10.83	12.17	12.13	11.03	10.40	11.73
六、水果	**Fruits**						
红富士苹果	Redfuji Apples	9.21	9.26	8.98	8.87	8.76	8.89
香蕉	Bananas	5.91	5.71	5.82	5.61	5.67	5.73
橙子	Oranges	10.10	10.40	10.50	10.00	10.20	10.76

4-25 全国及分省(区、市)居民消费价格指数
Consumer Price Indices by Province and Region

(上年=100) (preceding year=100)

地 区	Region	2017	2018	2019	2020
全国平均	**National Average**	**101.6**	**102.1**	**102.9**	**102.5**
北 京	Beijing	101.9	102.5	102.3	101.7
天 津	Tianjin	102.1	102.0	102.7	102.0
河 北	Hebei	101.7	102.4	103.0	102.1
山 西	Shanxi	101.1	101.8	102.7	102.9
内 蒙 古	Inner Mongolia	101.7	101.8	102.4	101.9
辽 宁	Liaoning	101.4	102.5	102.4	102.4
吉 林	Jilin	101.6	102.1	103.0	102.3
黑 龙 江	Heilongjiang	101.3	102.0	102.8	102.3
上 海	Shanghai	101.7	101.6	102.5	101.7
江 苏	Jiangsu	101.7	102.3	103.1	102.5
浙 江	Zhejiang	102.1	102.3	102.9	102.3
安 徽	**Anhui**	**101.2**	**102.0**	**102.7**	**102.7**
福 建	Fujian	101.2	101.5	102.6	102.2
江 西	Jiangxi	102.0	102.1	102.9	102.6
山 东	Shandong	101.5	102.5	103.2	102.8
河 南	Henan	101.4	102.3	103.0	102.8
湖 北	Hubei	101.5	101.9	103.1	102.7
湖 南	Hunan	101.4	102.0	102.9	102.3
广 东	Guangdong	101.5	102.2	103.4	102.6
广 西	Guangxi	101.6	102.3	103.7	102.8
海 南	Hainan	102.8	102.5	103.4	102.3
重 庆	Chongqing	101.0	102.0	102.7	102.3
四 川	Sichuan	101.4	101.7	103.2	103.2
贵 州	Guizhou	100.9	101.8	102.4	102.6
云 南	Yunnan	100.9	101.6	102.5	103.6
西 藏	Tibet	101.6	101.7	102.3	102.2
陕 西	Shanxi	101.6	102.1	102.9	102.5
甘 肃	Gansu	101.4	102.0	102.3	102.0
青 海	Qinghai	101.5	102.5	102.5	102.6
宁 夏	Ningxia	101.6	102.3	102.1	101.5
新 疆	Xinjiang	102.2	102.0	101.9	101.5

4-26 全国及分省(区、市)商品零售价格指数
Retail Price Indices by Province and Region

(上年=100) (preceding year=100)

地　区	Region	2017	2018	2019	2020
全国平均	**National Average**	**101.1**	**101.9**	**102.0**	**101.4**
北　京	Beijing	99.2	101.1	100.5	101.0
天　津	Tianjin	100.8	101.6	101.7	101.0
河　北	Hebei	101.4	102.2	101.8	101.4
山　西	Shanxi	101.3	101.7	101.8	100.9
内蒙古	Inner Mongolia	101.2	101.6	101.5	100.5
辽　宁	Liaoning	100.7	101.4	101.7	101.1
吉　林	Jilin	101.4	102.4	102.1	100.7
黑龙江	Heilongjiang	99.9	101.1	102.1	101.5
上　海	Shanghai	100.9	101.6	100.4	100.9
江　苏	Jiangsu	101.9	102.6	102.6	101.8
浙　江	Zhejiang	101.4	102.1	102.5	101.2
安　徽	**Anhui**	**101.7**	**101.9**	**101.9**	**101.6**
福　建	Fujian	100.6	101.5	101.9	101.3
江　西	Jiangxi	101.0	101.0	101.9	101.6
山　东	Shandong	100.8	102.2	102.2	102.0
河　南	Henan	101.3	102.9	102.4	100.9
湖　北	Hubei	100.3	101.2	102.6	102.2
湖　南	Hunan	101.3	102.3	102.3	101.3
广　东	Guangdong	101.6	102.1	101.4	100.8
广　西	Guangxi	101.2	101.6	103.2	101.4
海　南	Hainan	102.0	102.5	102.5	101.6
重　庆	Chongqing	100.8	101.2	101.6	102.2
四　川	Sichuan	100.5	101.4	102.7	102.7
贵　州	Guizhou	100.9	101.8	101.7	101.6
云　南	Yunnan	101.3	101.5	101.5	102.4
西　藏	Tibet	101.4	101.5	102.0	102.0
陕　西	Shaanxi	101.3	102.1	102.4	101.9
甘　肃	Gansu	101.4	101.7	101.9	101.3
青　海	Qinghai	101.2	102.1	102.0	102.4
宁　夏	Ningxia	101.8	102.9	101.1	100.6
新　疆	Xinjiang	100.9	100.9	101.3	100.6

4-27 36个大中城市居民消费价格指数
Consumer Price Indices in 36 Large-scale and Medium-scale Cities

(上年=100) (preceding year=100)

地　区	Region	2017	2018	2019	2020
全国平均	**National Average**	**101.8**	**102.2**	**102.8**	**102.1**
北　京	Beijing	101.9	102.5	102.3	101.7
天　津	Tianjin	102.1	102.0	102.7	102.0
石家庄	Shijiazhuang	101.4	102.3	102.7	102.3
太　原	Taiyuan	101.8	101.8	102.7	102.6
呼和浩特	Hohhot	101.4	102.1	102.6	102.0
沈　阳	Shenyang	101.4	103.0	102.4	102.3
大　连	Dalian	102.1	103.0	102.4	102.1
长　春	Changchun	101.3	102.0	102.9	101.9
哈尔滨	Harbin	101.6	102.5	102.6	101.4
上　海	Shanghai	101.7	101.6	102.5	101.7
南　京	Nanjing	101.9	102.4	103.1	102.4
杭　州	Hangzhou	102.5	102.3	103.1	102.1
宁　波	Ningbo	101.8	102.2	103.0	101.9
合　肥	**Hefei**	**101.4**	**102.0**	**102.9**	**102.3**
福　州	Fuzhou	101.4	101.5	102.5	102.4
厦　门	Xiamen	102.0	101.8	103.0	102.5
南　昌	Nanchang	102.1	102.3	102.8	102.5
济　南	Jinan	102.0	102.6	103.3	102.4
青　岛	Qingdao	102.0	102.1	103.3	102.4
郑　州	Zhengzhou	101.8	102.4	103.1	102.3
武　汉	Wuhan	101.9	101.9	103.2	102.4
长　沙	Changsha	101.3	102.0	102.9	101.8
广　州	Guangzhou	102.3	102.4	103.0	102.6
深　圳	Shenzhen	101.4	102.8	103.4	102.3
南　宁	Nanning	102.3	102.5	103.4	102.3
海　口	Haikou	103.3	102.4	103.3	101.6
重　庆	Chongqing	101.0	102.0	102.7	102.3
成　都	Chengdu	102.0	101.4	102.8	102.5
贵　阳	Guiyang	101.0	101.7	102.7	102.4
昆　明	Kunming	100.5	101.7	102.3	103.1
拉　萨	Lhasa	101.4	101.1	102.2	102.0
西　安	Xi'an	102.0	101.9	102.7	102.1
兰　州	Lanzhou	101.5	101.7	102.2	102.0
西　宁	Xining	101.8	102.7	102.5	102.7
银　川	Yinchuan	101.7	102.2	102.2	101.8
乌鲁木齐	Urumqi	102.8	102.2	102.0	100.9

4-28 36个大中城市商品零售价格指数
Retail Price Indices in 36 Large-scale and Medium-scale Cities

(上年=100) (preceding year=100)

地 区	Region	2017	2018	2019	2020
全国平均	**National Average**	**100.9**	**101.7**	**101.6**	**101.2**
北 京	Beijing	99.2	101.1	100.5	101.0
天 津	Tianjin	100.8	101.6	101.7	101.0
石家庄	Shijiazhuang	100.9	101.9	101.6	101.3
太 原	Taiyuan	101.7	101.7	101.5	100.5
呼和浩特	Hohhot	101.2	101.6	101.3	99.9
沈 阳	Shenyang	101.0	101.7	101.4	100.8
大 连	Dalian	101.5	101.5	102.1	101.4
长 春	Changchun	101.2	102.9	102.2	100.0
哈尔滨	Harbin	99.7	100.7	102.2	101.5
上 海	Shanghai	100.9	101.6	100.4	100.9
南 京	Nanjing	101.6	102.8	102.1	101.4
杭 州	Hangzhou	101.0	102.0	103.1	100.9
宁 波	Ningbo	101.1	102.1	102.3	100.2
合 肥	**Hefei**	**102.3**	**101.7**	**101.6**	**101.3**
福 州	Fuzhou	100.3	101.5	101.8	100.8
厦 门	Xiamen	100.8	101.8	102.5	102.1
南 昌	Nanchang	101.0	100.8	101.3	101.5
济 南	Jinan	101.0	102.6	102.5	101.9
青 岛	Qingdao	100.8	101.8	102.4	101.5
郑 州	Zhengzhou	101.7	103.6	103.0	100.8
武 汉	Wuhan	100.1	101.4	102.5	102.2
长 沙	Changsha	101.4	102.5	102.2	100.8
广 州	Guangzhou	102.0	102.2	100.6	100.6
深 圳	Shenzhen	101.5	102.0	101.3	100.5
南 宁	Nanning	100.9	101.1	103.1	100.9
海 口	Haikou	101.7	102.4	102.4	101.3
重 庆	Chongqing	100.8	101.2	101.6	102.2
成 都	Chengdu	99.4	100.7	101.9	102.2
贵 阳	Guiyang	101.4	102.3	102.3	101.2
昆 明	Kunming	101.3	101.1	101.5	102.3
拉 萨	Lhasa	101.2	101.1	102.3	102.1
西 安	Xi'an	101.7	102.2	102.1	101.5
兰 州	Lanzhou	101.8	101.7	102.0	101.4
西 宁	Xining	101.4	102.0	101.9	102.4
银 川	Yinchuan	101.5	102.7	101.1	100.5
乌鲁木齐	Urumqi	100.7	100.5	101.2	100.7

4-29 全国及分省(区、市)工业生产者出厂价格指数
Producer Price Indices for Industrial Products by Province and Region

(上年同月=100) (the same month last year=100)

地 区	Region	2017	2018	2019	2020
全 国	**National**	**106.3**	**103.5**	**99.7**	**98.2**
北 京	Beijing	100.7	100.0	99.6	99.1
天 津	Tianjin	108.4	105.4	99.3	97.1
河 北	Hebei	115.0	106.2	100.2	98.5
山 西	Shanxi	119.4	106.7	99.7	96.7
内蒙古	Inner Mongolia	110.6	103.2	102.1	99.7
辽 宁	Liaoning	108.1	104.8	99.5	97.0
吉 林	Jilin	103.1	102.8	98.9	98.6
黑龙江	Heilongjiang	109.3	109.0	98.2	93.4
上 海	Shanghai	103.5	101.7	98.8	98.3
江 苏	Jiangsu	104.8	102.8	98.9	97.8
浙 江	Zhejiang	104.8	103.4	98.9	96.9
安 徽	**Anhui**	**108.0**	**103.0**	**100.3**	**99.1**
福 建	Fujian	104.1	102.8	100.6	98.4
江 西	Jiangxi	107.9	104.2	98.9	98.3
山 东	Shandong	105.5	103.7	99.7	98.1
河 南	Henan	106.8	103.6	100.2	99.2
湖 北	Hubei	105.6	104.2	100.2	99.1
湖 南	Hunan	105.8	103.2	99.6	99.0
广 东	Guangdong	103.3	101.8	100.2	99.0
广 西	Guangxi	107.6	103.2	99.3	99.4
海 南	Hainan	108.8	108.2	97.4	93.8
重 庆	Chongqing	104.1	102.1	99.8	99.1
四 川	Sichuan	106.5	103.6	100.4	98.8
贵 州	Guizhou	107.2	101.8	99.8	98.3
云 南	Yunnan	105.2	102.4	100.0	98.6
西 藏	Tibet	110.0	100.1	98.9	99.4
陕 西	Shaanxi	110.8	105.4	100.8	95.1
甘 肃	Gansu	114.5	109.5	98.3	93.9
青 海	Qinghai	116.7	104.8	98.5	96.6
宁 夏	Ningxia	112.1	107.3	99.4	96.9
新 疆	Xinjiang	113.7	111.2	98.5	91.6

4-30 全国及分省(区、市)工业生产者购进价格指数

Purchasing Price Indices for Industrial Products by Province and Region

(上年同月=100) (the same month last year=100)

地　区	Region	2017	2018	2019	2020
全　国	**National**	**108.1**	**104.1**	**99.3**	**97.7**
北　京	Beijing	104.4	100.8	99.6	99.5
天　津	Tianjin	111.1	106.2	98.8	96.9
河　北	Hebei	114.5	104.0	102.1	98.4
山　西	Shanxi	115.2	105.5	101.1	97.2
内蒙古	Inner Mongolia	106.3	102.4	101.1	99.5
辽　宁	Liaoning	108.0	104.5	100.8	98.2
吉　林	Jilin	103.4	103.5	99.2	98.7
黑龙江	Heilongjiang	110.2	109.0	100.3	95.1
上　海	Shanghai	108.9	105.2	98.7	96.9
江　苏	Jiangsu	109.7	104.6	97.2	96.5
浙　江	Zhejiang	109.6	105.1	97.1	95.9
安　徽	**Anhui**	**109.2**	**105.3**	**99.9**	**98.5**
福　建	Fujian	105.3	102.8	99.0	98.6
江　西	Jiangxi	107.2	103.2	98.2	97.0
山　东	Shandong	107.3	103.6	99.2	97.5
河　南	Henan	107.3	104.0	101.2	99.4
湖　北	Hubei	108.3	104.8	99.3	98.4
湖　南	Hunan	107.2	103.5	100.2	98.9
广　东	Guangdong	105.3	102.5	99.2	97.4
广　西	Guangxi	106.5	103.4	99.5	98.5
海　南	Hainan	112.4	110.8	103.1	92.0
重　庆	Chongqing	104.4	102.5	100.1	99.9
四　川	Sichuan	108.3	105.3	100.6	98.1
贵　州	Guizhou	109.7	103.4	99.4	98.6
云　南	Yunnan	106.2	104.4	99.0	97.3
西　藏	Tibet				
陕　西	Shaanxi	106.4	104.2	100.3	97.6
甘　肃	Gansu	115.5	109.8	99.0	94.1
青　海	Qinghai	108.0	104.5	98.2	96.1
宁　夏	Ningxia	112.9	106.5	97.5	94.7
新　疆	Xinjiang	112.8	109.2	100.0	93.4

主要指标解释

居民消费价格指数 反映一定时期内居民所消费商品及服务项目的价格水平变动趋势和变动程度。居民消费价格水平的变动率在一定程度上反映了通货膨胀（或紧缩）的程度。编制居民消费价格指数的目的，是了解全国各地价格变动的基本情况，分析研究价格变动对社会经济和居民生活的影响，满足各级政府制定政策和计划、进行宏观调控的需要，以及为国民经济核算提供参考依据。

城市居民消费价格指数 是反映一定时期内城市居民家庭所购买的生活消费品价格和服务项目价格变动趋势和程度的相对数。该指数可以观察和分析消费品的零售价格和服务项目价格变动对城镇职工货币工资的影响，作为研究职工生活和确定工资政策的依据。

农村居民消费价格指数 是反映一定时期内农村居民家庭所购买的生活消费品价格和服务项目价格变动趋势和程度的相对数。该指数可以观察农村消费品的零售价格和服务项目价格变动对农村居民生活消费支出的影响，直接反映农民生活水平的实际变化情况，为分析和研究农村居民生活问题提供依据。

商品零售价格指数 是反映一定时期内城乡商品零售价格变动趋势和程度的相对数。商品零售价格的变动直接影响到城乡居民的生活支出和国家的财政收入，影响居民购买力和市场供需的平衡，影响到消费与积累的比例关系。因此，该指数可以从一个侧面对上述经济活动进行观察和分析。

农业生产资料价格指数 是工业、商业及其他单位和个人向农民出售农业生产资料（包括主要生产性服务）的价格的变动趋势和变动程度。其目的在于掌握农业生产资料的平均价格水平，为国家制定经济政策提供依据；同时，为研究城乡市场流通状况和国民经济核算提供参考依据。

农产品生产者价格指数 是反映一定时期内，农产品生产者出售农产品价格水平变动趋势及幅度的相对数。该指数可以客观反映全国农产品生产者价格水平和结构变动情况，满足农业与国民经济核算需要。其中某代表品生产者价格指数是通过对全部有出售该产品行为的调查单位的个体指数进行几何平均求得的，类价格指数是通过对其所属的类（或代表品）的价格指数进行加权平均求得的。季度累计价格指数的计算方法与分季指数的计算方法相同。

工业生产者价格指数 指包括工业企业产品第一次出售时的出厂价格（简称工业生产者出厂价格）和企业作为中间投入的原材料、燃料、动力购进价格（简称工业生产者购进价格）。工业生产者价格调查的目的在于及时、准确、科学地反映各工业行业产品价格水平及其变动趋势和幅度，为国民经济核算、计算工业发展速度、宏观经济分析和调控、理顺价格体系等提供科学、准确的依据。

房地产价格指数 是反映一定时期内房地产价格变动趋势和程度的相对数，包括房屋销售价格指数、房屋租赁价格指数、土地交易价格指数和物业管理价格指数。这四套指数的计算方法相似，均采用由下到上逐级汇总的方法。

5

专项调查

Chapter 5 Special Survey

简要说明

农民工调查简介：农民工是指户籍仍在农村，在本地从事非农产业或外出从业 6 个月及以上的农村劳动力，包括举家外出的农村劳动力。农民工监测调查是根据国家统计局《农民工监测调查方案》，由安徽调查总队组织实施。

本版责任编辑：王　方

5-1 农民工监测情况
Situation of Migrant Workers

(全省抽样调查数) (A Sample Survey in Anhui Province)

指标名称	Item	单位	Unit	2019	2020
A1.住户成员基本情况	**Basic Conditions of Household Member**	--			
一、调查人口基本情况	Basic Conditions	--			
(一)期内住户成员数	Household Members During the Period	人	person	12863	12814
(二)期末住户成员数	Household Members End of the Period	人	person	12863	12814
(三)期内住户常住成员数	Permanent Household Members During the Period	人	person	10545	10404
(四)期内增加的住户成员数	Increased Household Members During the Period	人	person	306	246
(五)期内减少的住户成员数	Reduced Household Members During the Period	人	person	583	666
二、住户成员情况	Basic Conditions of Household Members	--			
(一)住户成员与户主关系	Relationship with the Householder				
1.户主	Householder	人	person	3290	3290
2.配偶	Spouse	人	person	3014	2990
3.子女	Child	人	person	3503	3446
4.父母	Parent	人	person	478	463
5.岳父母或公婆	Parent-in-law	人	person	16	17
6.祖父母	Grandparent	人	person	8	10
7.媳婿	Daughter-in-law or Son-in-law	人	person	889	892
8.孙子女	Grandchild	人	person	1629	1670
9.兄弟姐妹	Sibling	人	person	16	17
10.其他	Others	人	person	20	19
(二)性别	Gender				
1.男性	Male	人	person	6720	6701
2.女性	Female	人	person	6143	6113
(三)年龄	Age				
1.5岁及以下	Aged 5 and below	人	person	881	770
2.6-15岁	Aged 6-15	人	person	1717	1732
3.16-19岁	Aged 16-19	人	person	515	569
4.20-24岁	Aged 20-24	人	person	692	609
5.25-29岁	Aged 25-29	人	person	994	887
6.30-34岁	Aged 30-34	人	person	979	1053
7.35-40岁	Aged 35-40	人	person	845	835
8.41-50岁	Aged 41-50	人	person	1946	1875
9.51-60岁	Aged 51-60	人	person	2215	2368
10.61-65岁	Aged 61-65	人	person	682	612
11.66岁及以上	Aged 66 and over	人	person	1397	1504
(四)民族	Nationality				
1.汉族	Han Nationality	人	person	12738	12685
2.壮族	Zhuang Nationality	人	person	3	8
3.回族	Hui Nationality	人	person	106	107
4.苗族	Miao Nationality	人	person	8	2
5.维吾尔族	Uygur Nationality	人	person		1
6.蒙古族	Mongolian Nationality	人	person	1	3

5-1 续表 1 continued

(全省抽样调查数) (A Sample Survey in Anhui Province)

指标名称	Item	单位	Unit	2019	2020
7.藏族	Tibetan Nationality	人	person	2	2
8.其他民族	Other Nationality	人	person	4	6
(五)户口登记地	Registered Permanent Residence				
1.本村(居委会)	Village	人	person	12088	12043
2.村外乡(镇、街道)内	Other Village of this Town	人	person	372	344
3.乡外县(区)内	Other Town of this County	人	person	219	240
4.县外市内	Other County of this City	人	person	59	62
5.市外省内	Other City of this Province	人	person	51	52
6.省外	Other Provinces	人	person	66	70
7.其他(如户口待定)	Others	人	person	8	3
(六)户口性质	Household Registration				
1.农业	Rural	人	person	12387	12328
2.非农业	Non-rural	人	person	454	462
3.其他	Other	人	person	10	19
(七)健康状况	Health Condition				
1.健康	Healthy	人	person	11852	11787
2.基本健康	Basically Healthy	人	person	614	597
3.不健康，但生活能自理	Unhealthy but Could Look After Oneself	人	person	358	389
4.生活不能自理	Unable to Look After Oneself	人	person	39	41
(八)参加医疗保险情况	Conditions of Medical Insurance				
1.新型农村合作医疗	New Rural Cooperative Medical	人	person	6156	5105
2.城镇职工基本医疗保险	Basic Medical Insurance for Urban Employees	人	person	452	411
3.(城镇)居民基本医疗保险	Basic Medical Insurance for (Urban) Residents	人	person	6197	7248
4.公费医疗	Free Medical Care	人	person	4	3
5.商业医疗保险	Commercial Medical Insurance	人	person	68	72
6.其他医疗保险	Other Medical Insurance	人	person	77	32
7.没有参加任何医疗保险	Not Participating Medical Insurance	人	person	20	17
(九)是否在校学生(6周岁及以上填写)	School Student or Not (Aged 6 and over)				
1.由本户供养的在校学生	Supported by This Household	人	person	2274	2336
2.不由本户供养的在校学生	Not Supported by This Household	人	person	23	20
3.非在校学生	Non School Student	人	person	9681	9679
(十)6周岁及以上住户成员受教育程度	Education of Household Members Aged 6 and over				
1.未上过学	Without School	人	person	894	891
2.小学	Primary School	人	person	3526	3484
3.初中	Junior Secondary School	人	person	5295	5253
4.高中	Senior Secondary School	人	person	1315	1386
5.大学专科	Junior College	人	person	574	603
6.大学本科	Undergraduate	人	person	335	374
7.研究生	Postgraduate	人	person	39	44
(十一)15周岁及以上住户成员婚姻状况	Marital Condition of Household Members Aged 15 and over				

5-1 续表 2 continued

(全省抽样调查数) (A Sample Survey in Anhui Province)

指标名称	Item	单位	Unit	2019	2020
1.未婚	Single	人	person	1611	1661
2.有配偶	Married	人	person	8300	8263
3.离婚	Divorced	人	person	127	137
4.丧偶	Widowed	人	person	377	394
(十二)过去三个月在本住宅居住的时间(月)	Time Living in This House in the Past 3 Months				
1.一个半月(<1.5)	One and a Half Months	人	person	2212	2106
2.一个半月及以上(>=1.5)	Longer than One and a Half Months	人	person	9650	9705
3.从未在本住宅居住(=0)	Never Living in This House	人	person	1001	1003
N2.农村劳动力全年从业情况	**Employment**	--			
(一)本年度主要从业地区	Working Area	人	person		
1.乡内	Town	人	person	4923	4832
2.乡外县内	Other Town of this County	人	person	673	688
3.县外省内	Other County of this Province	人	person	692	670
4.省外国内	Other Provinces	人	person	1847	1768
5.国外及港澳台地区	Abroad, Hong Kong, Macao or Taiwan	人	person	2	4
(二)本年度从事主要行业	Industries Engaged				
1.第一产业	Primary Industry	人	person	2334	2251
(1)农、林、牧、渔业	Agriculture, Forestry, Animal Husbandry and Fishery	人	person	2334	2251
2.第二产业	Secondary Industry	人	person	2792	2690
(2)采矿业	Mining	人	person	56	54
(3)制造业	Manufacturing	人	person	1336	1268
(4)电力、热力、燃气及水的生产和供应业	Production and Supply of Electricity, Heating, Gas and Water	人	person	65	72
(5)建筑业	Construction	人	person	1335	1296
3.第三产业	Tertiary Industry	人	person	3010	3021
(6)批发和零售业	Wholesale and Retail Trades	人	person	720	705
(7)交通运输、仓储和邮政业	Transport, Storage and Post	人	person	370	375
(8)住宿和餐饮业	Hotels and Catering Services	人	person	422	415
(9)信息传输、软件和信息技术服务业	Information Transmission, Software and Information Technology Services	人	person	116	103
(10)金融业	Financial Intermediation	人	person	46	51
(11)房地产业	Real Estate	人	person	50	47
(12)租赁和商务服务业	Leasing and Business Services	人	person	57	47
(13)科学研究和技术服务	Scientific Research, Technical Services and Geological Prospecting	人	person	6	9
(14)水利、环境和公共设施管理业	Management of Water Conservancy, Environment and Public Facilities	人	person	46	54
(15)居民服务、修理和其他服务业	Services to Households, Repair and Other Services	人	person	702	717
(16)教育	Education	人	person	116	127

5-1 续表 3 continued

(全省抽样调查数) (A Sample Survey in Anhui Province)

指标名称	Item	单位	Unit	2019	2020
(17)卫生、社会工作	Health, Social Securities and Social Welfare	人	person	104	112
(18)文化、体育和娱乐业	Culture, Sports and Entertainment	人	person	48	54
(19)公共管理、社会保障和社会组织	Public Management, Social Security and Social Organization	人	person	207	205
(20)国际组织	International Organizations	人	person		
(三)本年度从事主要职业	Profession Engaged				
1.国家机关、党群组织、企业、事业单位负责人	Responsible Persons of State Organs, Party Mass Organizations, Enterprises and Institutions	人	person	47	49
2.专业技术人员	Professional and Technical Personnel	人	person	556	611
3.办事人员和有关人员	Clerk and Related Workers	人	person	535	699
4.商业、服务业人员	Business, Services	人	person	1446	1759
5.农、林、牧、渔、水利业生产人员	Agriculture, Forestry, Animal Husbandry, Fishery and Water Conservancy	人	person	2284	2244
6.生产、运输设备操作人员及有关人员	Operators of Production and Transport Equipment and Related Workers	人	person	1778	1819
7.军人	Solider	人	person	1	
8.不便分类的其他从业人员	Others	人	person	1490	781
(四)本年度本地务农	Engaged in Agriculture at Home				
1.从事过本地务农的人数	Number of People Engaged in Agriculture Locally	人	person	247	251
2.从事本地务农的时间(合计)	Total Time that Engaged in Agriculture Locally	月	month	841.2	917.4
(五)本年度本地非农自营	Nonfarm Self-employed Locally				
1.从事过本地非农自营的人数	Number of People Nonfarm Self-employed Locally	人	person	901	873
2.从事本地非农自营的时间(合计)	Total Time that Nonfarm Self-employed Locally	月	month	7819.3	6936.6
3.从事本地非农自营的收入(合计)	Total Income of Nonfarm Self-employed Locally	元	yuan	41758223	42042383
(六)本年度本地非农务工	Non-agricultural Working Locally				
1.从事过本地非农务工的人数	Number of People Non-agricultural Working Locally	人	person	1996	1988
2.从事本地非农务工的时间(合计)	Total Time that Non-agricultural Working Locally	月	month	15348.2	13666.9
3.从事本地非农务工的收入(合计)	Total Income of Non-agricultural Working Locally	元	yuan	53782378	50750881
(七)本年度外出务工	Working outside				
1.从事过外出务工的人数	Number of People Working outside	人	person	3000	2959
2.外出务工的时间(合计)	Total Time that Working outside	月	month	27659.1	23664
3.外出务工的收入(合计)	Total Income of Working outside	元	yuan	141280515	130830499
4.寄带回金额(合计)	Total Amount Sent back	元	yuan	83962539	80333593
5.生活消费总支出(合计)	Total Consumption Expenditure	元	yuan	40554270	36510997
#确定收入的人数	Number of People Whose Income are Definitized	人	person	3000	2956
(八)本年度外出自营	Self-employed outside				
1.从事过外出自营的人数	Number of People Self-employed outside	人	person	294	301
2.外出自营的时间(合计)	Total Time Self-employed outside	月	month	2807	2600

5-1 续表 4 continued

(全省抽样调查数) (A Sample Survey in Anhui Province)

指标名称	Item	单位	Unit	2019	2020
3.外出自营的收入(合计)	Total Income of Self-employed outside	元	yuan	21352832	22404432
4.寄带回金额(合计)	Total Amount Sent back	元	yuan	12158020	14091090
5.生活消费总支出(合计)	Total Consumption Expenditure	元	yuan	5772607	5885760
#确定收入的人数	Number of People Whose Income are Definitized	人	person	294	301
(九)外出从业情况	Working outside				
1.上年外出人数	Number of People Working outside Last Year	人	person	3001	3019
其中：本年未继续外出人数	of Which: Not Working outside This Year	人	person	131	134
2.本年新增外出人数	Initially Working outside This Year	人	person	424	375
3.连续两年外出人数	Working outside for Two Consecutive Years	人	person	2870	2885
4.外出时间不足1个月人数	Working outside for less than One Month	人	person	9	15
(十一)曾经外出情况	Once Working outside				
1.有外出从业经历的人数	Number of People once Working outside	人	person	4994	5001
2.距离初次外出时间(合计)	Total Time Since Initially Working outside	月	month	76831678	72452959
(十二)当前就业状况	Employment				
1.本地务农	Engaged in Agriculture Locally	人	person	1925	1850
2.本地非农自营	Nonfarm Self-employed Locally	人	person	770	759
3.本地非农务工	Non-agricultural Working Locally	人	person	1500	1516
4.外出从业	Working outside	人	person	3024	3008
5.其他从业	Other Employment	人	person	282	221
6.未从业	Non-employed	人	person	573	500
N3.外出从业人员情况	**Conditions of Working outside**	--			
(一)外出地区	Working Area	人	person		
1.本省	In the Province	人	person	1404	1432
(1)乡外县内	Other Town of this County	人	person	700	732
(2)县外省内	Other County of this Province	人	person	704	700
2.省外	Outside the Province	人	person	1889	1826
(1)东部地区	The East Area	人	person	1748	1698
北京	Beijing	人	person	35	29
天津	Tianjin	人	person	14	11
河北	Hebei	人	person	22	13
辽宁	Liaoning	人	person	7	4
上海	Shanghai	人	person	305	287
江苏	Jiangsu	人	person	540	562
浙江	Zhejiang	人	person	657	630
福建	Fujian	人	person	54	52
山东	Shandong	人	person	43	40
广东	Guangdong	人	person	75	69
海南	Hainan	人	person	3	5
(2)中部地区	The Central Area	人	person	76	65
山西	Shanxi	人	person	8	5
吉林	Jilin	人	person	10	8

5-1 续表 5 continued

(全省抽样调查数) (A Sample Survey in Anhui Province)

指标名称	Item	单位	Unit	2019	2020
黑龙江	Heilongjiang	人	person	2	2
安徽	Anhui	人	person	1404	1432
江西	Jiangxi	人	person	14	13
河南	Henan	人	person	19	24
湖北	Hubei	人	person	23	19
湖南	Hunan	人	person	12	4
(3)西部地区	The Western Area	人	person	44	45
内蒙古	Inner Mongolia	人	person	2	5
广西	Guangxi	人	person	2	2
重庆	Chongqing	人	person	4	2
四川	Sichuan	人	person	4	7
贵州	Guizhou	人	person	7	7
云南	Yunnan	人	person	6	4
西藏	Tibet	人	person		
陕西	Shanxi	人	person	2	4
甘肃	Gansu	人	person	6	3
青海	Qinghai	人	person	1	1
宁夏	Ningxia	人	person		1
新疆	Xinjiang	人	person	10	9
(4)其他地区	Other Area	人	person	2	4
港澳台	Hong Kong, Macao or Taiwan	人	person		
国外	Abroad	人	person	2	4
(二)外出地区类型	Type of Migrant Areas				
1.直辖市	Municipality	人	person	377	361
2.省会城市	City of Provincial Capital	人	person	651	641
3.地级市	Prefectural-Level City	人	person	1190	1173
4.县市城区	County-Level City	人	person	838	826
5.建制镇	Designated Town	人	person	218	233
6.村委会	Village	人	person	18	21
7.其他地区	Other Area	人	person	2	4
(三)外出方式	Kind of Working outside				
1.政府(单位)组织	Organized by Government or Unit	人	person	30	30
2.中介组织介绍	Introduced by Intermediary Organization	人	person	43	34
3.亲朋好友介绍	Introduced by Kith and Kin	人	person	1414	1400
4.自发	Spontaneously	人	person	1688	1643
5.其他	Others	人	person	119	152
(四)本年度从事主要行业	Industries Engaged				
1.第一产业	Primary Industry	人	person	28	33
(1)农、林、牧、渔业	Agriculture, Forestry, Animal Husbandry and Fishery	人	person	28	33
2.第二产业	Secondary Industry	人	person	1793	1748

5-1 续表 6 continued

(全省抽样调查数) (A Sample Survey in Anhui Province)

指 标 名 称	Item	单位	Unit	2019	2020
(2)采矿业	Mining	人	person	20	20
(3)制造业	Manufacturing	人	person	857	797
(4)电力、热力、燃气及水的生产和供应业	Production and Supply of Electricity, Heating, Gas and Water	人	person	38	46
(5)建筑业	Construction	人	person	878	885
3.第三产业	Tertiary Industry	人	person	1473	1478
(6)批发和零售业	Wholesale and Retail Trades	人	person	229	228
(7)交通运输、仓储和邮政业	Transport, Storage and Post	人	person	247	248
(8)住宿和餐饮业	Hotels and Catering Services	人	person	266	242
(9)信息传输、软件和信息技术服务业	Information Transmission, Software and Information Technology Services	人	person	100	88
(10)金融业	Financial Intermediation	人	person	37	43
(11)房地产业	Real Estate	人	person	45	43
(12)租赁和商务服务业	Leasing and Business Services	人	person	46	37
(13)科学研究和技术服务	Scientific Research, Technical Services and Geological Prospecting	人	person	5	6
(14)水利、环境和公共设施管理业	Management of Water Conservancy, Environment and Public Facilities	人	person	18	24
(15)居民服务、修理和其他服务业	Services to Households, Repair and Other Services	人	person	355	372
(16)教育	Education	人	person	42	55
(17)卫生、社会工作	Health, Social Securities and Social Welfare	人	person	29	37
(18)文化、体育和娱乐业	Culture, Sports and Entertainment	人	person	33	36
(19)公共管理、社会保障和社会组织	Public Management, Social Security and Social Organization	人	person	21	19
(20)国际组织	International Organizations	人	person		
(五)本年度从事主要职业	Profession Engaged				
1.国家机关、党群组织、企业、事业单位负责人	Responsible Persons of State Organs, Party Mass Organizations, Enterprises and Institutions	人	person	6	7
2.专业技术人员	Professional and Technical Personnel	人	person	353	393
3.办事人员和有关人员	Clerk and Related Workers	人	person	265	344
4.商业、服务业人员	Business, Services	人	person	705	903
5.农、林、牧、渔、水利业生产人员	Agriculture, Forestry, Animal Husbandry, Fishery and Water Conservancy	人	person	38	61
6.生产、运输设备操作人员及有关人员	Operators of Production and Transport Equipment and Related Workers	人	person	1196	1220
7.军人	Solider	人	person		
8.不便分类的其他从业人员	Others	人	person	731	331
(六)外出从业住所类型	Type of Accommodation				
1.单位宿舍	Dormitory of the Unit	人	person	761	750
2.工地工棚	Site Hut	人	person	351	356

5-1 续表 7 continued

(全省抽样调查数) (A Sample Survey in Anhui Province)

指标名称	Item	单位	Unit	2019	2020
3.生产经营场所	Production or Business Place	人	person	85	82
4.与人合租住房	Flat-share Housing	人	person	354	392
5.独立租赁住房	Rental Housing Oneself	人	person	864	795
6.务工地自购房	Purchasing House in the Migrant Areas	人	person	106	130
7.乡外从业但回家居住(老家)	Living at Home while Working outside the Town	人	person	624	649
8.其他	Others	人	person	149	105
(七)外出从业时间	Working Time outside				
1.从事当前工作的时间(合计)	Engaged in the Job	月	month	192155	199278
其中：1年以下	Less than 1 Year	人	person	664	685
1-2年	1-2 Years	人	person	553	473
2-5年	2-5 Years	人	person	1057	994
5年及以上	5 Years and over	人	person	1020	1107
2.每月平均工作的天数(合计)	Average Days in One Month	天	day		
其中：15天以下	Less than 15 Days	人	person	39	42
15-22天	15-22 Days	人	person	611	554
22-26天	22-26 Days	人	person	1510	**1513**
26天以上	More than 26 Days	人	person	1134	1150
3.每天平均工作的小时数(合计)	Average Hours in a Day	小时	hour		
其中：6小时以下	Less than 6 Hours	人	person	14	11
6-8小时	6-8 Hours	人	person	74	76
8-10小时	8-10 Hours	人	person	2042	2156
其中：8小时	8 Hours	人	person	1689	1783
10-12小时	10-12 Hours	人	person	1025	897
12小时及以上	12 Hours and over	人	person	139	119
(八)外出月收支情况	Income and Expenditure				
1.每月平均收入(合计)	Monthly Income	元	yuan	16595817	17090554
其中：800元以下	Less than 800 yuan	人	person	1	1
800-1000元	800-1000 yuan	人	person	2	2
1000-1500元	1000-1500 yuan	人	person	21	21
1500-2000元	1500-2000 yuan	人	person	61	38
2000-3000元	2000-3000 yuan	人	person	250	238
3000-5000元	3000-5000 yuan	人	person	1401	1260
5000元及以上	5000 yuan and over	人	person	1558	1699
#明确收入水平的人数	People that Knowing Their Income	人	person	3294	3259
#不清楚收入水平的人数	People that not Knowing Their Income	人	person		
(九)社会保障与福利情况	Welfare and Social Security				
1.外出从业的劳动关系	Employment Relations				
①无固定期限劳动合同工	Labor Contracts without a Fixed Period	人	person	352	355
②一年及以上劳动合同工	Labor Contracts of One-year and over	人	person	539	589
③一年以下劳动合同工	Labor Contracts less than One-year	人	person	62	114
④没有劳动合同	No Labor Contracts	人	person	1850	1733

5-1 续表 8 continued

(全省抽样调查数) (A Sample Survey in Anhui Province)

指标名称	Item	单位	Unit	2019	2020
⑤自营	Self-employed	人	person	393	343
⑥其他	Others	人	person	98	125
2.单位或雇主提供伙食情况	Meals Supplied by Employer or Unit				
①每天提供三顿	Three Meals Everyday	人	person	435	374
②每天提供两顿	Two Meals Everyday	人	person	363	409
③每天提供一顿	One Meals Everyday	人	person	589	698
④不提供，但补贴部分伙食费	No Meals, but Having Food Allowance	人	person	136	136
⑤不提供，也没有补贴	Neither Meals nor Food Allowance	人	person	1280	1176
3.单位或雇主提供住宿情况	Accommodation Supplied by Employer or Unit				
①提供住宿	Accommodation Supplied	人	person	1238	1222
②不提供住宿，但住房有补贴	No Accommodation, but Having Allowance	人	person	132	149
③不提供住宿，也没有住房补贴	Neither Accommodation nor Allowance	人	person	1433	1422
4.单位或雇主拖欠工资情况	Arrears of Wages				
①被拖欠工资人数	Number of Employees Unpaid	人	person	10	2
②被拖欠工资的金额(合计)	Total Amount of Wages Unpaid	元	yuan	180000	41000
5.五险一金缴纳情况	Effecting Insurance and Funds for Workers or not				
①缴纳养老保险	Employer or Unit Effecting Endowment Insurance for Workers	人	person	457	519
②缴纳工伤保险	Employer or Unit Effecting Work-Related Injury Insurances for Workers or not	人	person	766	909
③缴纳医疗保险	Employer or Unit Effecting Medical Insurances for Workers or not	人	person	482	581
④缴纳失业保险	Employer or Unit Effecting Unemployment Insurances for Workers or not	人	person	398	451
⑤缴纳生育保险	Employer or Unit Effecting Maternity Insurances for Workers or not	人	person	359	374
⑥缴纳住房公积金	Employer or Unit Paying Housing Funds or not	人	person	247	269
N4.本地非农务工人员情况	**Conditions of Non-agricultural Working Locally**	--			
(一)本年度非农务工主要行业	Industries Engaged				
1.第一产业	Primary Industry	人	person		1
(1)农、林、牧、渔业	Agriculture, Forestry, Animal Husbandry and Fishery	人	person		1
2.第二产业	Secondary Industry	人	person	716	691
(2)采矿业	Mining	人	person	30	27
(3)制造业	Manufacturing	人	person	350	348
(4)电力、热力、燃气及水的生产和供应业	Production and Supply of Electricity, Heating, Gas and Water	人	person	22	20
(5)建筑业	Construction	人	person	314	296
3.第三产业	Tertiary Industry	人	person	532	598
(6)批发和零售业	Wholesale and Retail Trades	人	person	47	66
(7)交通运输、仓储和邮政业	Transport, Storage and Post	人	person	36	46

5-1 续表 9 continued

(全省抽样调查数) (A Sample Survey in Anhui Province)

指标名称	Item	单位	Unit	2019	2020
(8)住宿和餐饮业	Hotels and Catering Services	人	person	57	62
(9)信息传输、软件和信息技术服务业	Information Transmission, Software and Information Technology Services	人	person	7	11
(10)金融业	Financial Intermediation	人	person	6	7
(11)房地产业	Real Estate	人	person	4	3
(12)租赁和商务服务业	Leasing and Business Services	人	person	4	5
(13)科学研究和技术服务	Scientific Research, Technical Services and Geological Prospecting	人	person	1	1
(14)水利、环境和公共设施管理业	Management of Water Conservancy, Environment and Public Facilities	人	person	14	19
(15)居民服务、修理和其他服务业	Services to Households, Repair and Other Services	人	person	192	185
(16)教育	Education	人	person	23	25
(17)卫生、社会工作	Health, Social Securities and Social Welfare	人	person	50	53
(18)文化、体育和娱乐业	Culture, Sports and Entertainment	人	person	4	5
(19)公共管理、社会保障和社会组织	Public Management, Social Security and Social Organization	人	person	87	110
(20)国际组织	International Organizations	人	person		
(二)本年度从事主要职业	Profession Engaged				
1.国家机关、党群组织、企业、事业单位负责人	Responsible Persons of State Organs, Party Mass Organizations, Enterprises and Institutions	人	person	6	13
2.专业技术人员	Professional and Technical Personnel	人	person	105	124
3.办事人员和有关人员	Clerk and Related Workers	人	person	139	226
4.商业、服务业人员	Business, Services	人	person	238	338
5.农、林、牧、渔、水利业生产人员	Agriculture, Forestry, Animal Husbandry, Fishery and Water Conservancy	人	person	13	12
6.生产、运输设备操作人员及有关人员	Operators of Production and Transport Equipment and Related Workers	人	person	421	443
7.军人	Solider	人	person		
8.不便分类的其他从业人员	Others	人	person	326	134
(三)非农务工从业时间	Working Time outside				
1.从事当前工作的时间	Engaged in the Job				
其中：1年以下	Less than 1 Year	人	person	138	146
1-2年	1-2 Years	人	person	240	180
2-5年	2-5 Years	人	person	380	453
5年及以上	5 Years and over	人	person	490	511
2.每月平均工作的天数	Average Days per Month				
其中：15天以下	Less than 15 Days	人	person	39	40
15-22天	15-22 Days	人	person	329	296
22-26天	22-26 Days	人	person	505	540
26天以上	More than 26 Days	人	person	375	414
3.每天平均工作的小时数	Average Hours in a Day				

5-1 续表 10 continued

(全省抽样调查数) (A Sample Survey in Anhui Province)

指标名称	Item	单位	Unit	2019	2020
其中：6小时以下	Less than 6 Hours	人	person	38	33
6-8小时	6-8 Hours	人	person	74	96
8-10小时	8-10 Hours	人	person	836	909
其中：8小时	8 Hours	人	person	683	744
10-12小时	10-12 Hours	人	person	270	220
12小时及以上	More than 12 Hours	人	person	30	32
(四)非农务工月收支情况	Income and Expenditure				
1.每月平均收入	Monthly Income				
其中：500元以下	Less than 500 yuan	人	person	5	5
500-1000元	500-1000 yuan	人	person	47	41
1000-1500元	1000-1500 yuan	人	person	61	46
1500-2000元	1500-2000 yuan	人	person	115	108
2000-3000元	2000-3000 yuan	人	person	332	320
3000元及以上	3000 yuan and over	人	person	688	770
#明确收入水平的人数	People that Knowing Their Income	人	person	1248	1290
#不清楚收入水平的人数	People that not Knowing Their Income	人	person		
(五)社会保障与福利情况	Welfare and Social Security	人	person		
1.本地就业的劳动关系	Employment Relations Working Locally				
①无固定期限劳动合同工	Labor Contracts without a Fixed Period	人	person	178	185
②一年及以上劳动合同工	Labor Contracts of One-year and over	人	person	177	193
③一年以下劳动合同工	Labor Contracts less than One-year	人	person	31	38
④没有劳动合同	Without Labor Contracts	人	person	795	771
⑤其他	Others	人	person	67	103
2.单位或雇主提供伙食情况	Meals Supplied by Employer or Unit				
①每天提供三顿	Three Meals Everyday	人	person	41	55
②每天提供两顿	Two Meals Everyday	人	person	70	92
③每天提供一顿	One Meals Everyday	人	person	327	321
④不提供，但补贴部分伙食费	No Meals, but Having Food Allowance	人	person	42	33
⑤不提供，也没有补贴	Neither Meals nor Food Allowance	人	person	768	789
3.单位或雇主提供住宿情况	Accommodation Supplied by Employer or Unit				
①提供住宿	Accommodation Supplied	人	person	65	85
②不提供住宿，但住房有补贴	No Accommodation, but Having Allowance	人	person	38	39
③不提供住宿，也没有住房补贴	Neither Accommodation nor Allowance	人	person	1145	1166
4.单位或雇主拖欠工资情况	Arrears of Wages				
①被拖欠工资人数	Number of Employees Unpaid	人	person	5	
②被拖欠工资的金额(合计)	Amount of Wages Unpaid	人	person	26500	
5.五险一金缴纳情况	Effecting Insurance and Funds for Workers or Not				
①缴纳养老保险	Employer or Unit Effecting Endowment Insurance for Workers	人	person	190	233
②缴纳工伤保险	Employer or Unit Effecting Work-Related Injury Insurances for Workers or not	人	person	231	284

5-1 续表 11 continued

(全省抽样调查数) (A Sample Survey in Anhui Province)

指标名称	Item	单位	Unit	2019	2020
③缴纳医疗保险	Employer or Unit Effecting Medical Insurances for Workers or not	人	person	177	217
④缴纳失业保险	Employer or Unit Effecting Unemployment Insurances for Workers or not	人	person	148	175
⑤缴纳生育保险	Employer or Unit Effecting Maternity Insurances for Workers or not	人	person	128	138
⑥缴纳住房公积金	Employer or Unit Paying Housing Funds or not	人	person	85	99
N5.本地非农自营人员情况	**Conditions of Nonfarm Self-employed Locally**	--			
(一)本年度非农自营主要行业	Industries Engaged				
1.第一产业	Primary Industry	人	person	11	5
(1)农、林、牧、渔业	Agriculture, Forestry, Animal Husbandry and Fishery	人	person	11	5
2.第二产业	Secondary Industry	人	person	90	94
(2)采矿业	Mining	人	person		
(3)制造业	Manufacturing	人	person	53	53
(4)电力、热力、燃气及水的生产和供应业	Production and Supply of Electricity, Heating, Gas and Water	人	person	1	
(5)建筑业	Construction	人	person	36	41
3.第三产业	Tertiary Industry	人	person	596	596
(6)批发和零售业	Wholesale and Retail Trades	人	person	356	351
(7)交通运输、仓储和邮政业	Transport, Storage and Post	人	person	60	61
(8)住宿和餐饮业	Hotels and Catering Services	人	person	81	95
(9)信息传输、软件和信息技术服务业	Information Transmission, Software and Information Technology Services	人	person		2
(10)金融业	Financial Intermediation	人	person	1	
(11)房地产业	Real Estate	人	person		
(12)租赁和商务服务业	Leasing and Business Services	人	person	5	2
(13)科学研究和技术服务	Scientific Research, Technical Services and Geological Prospecting	人	person		
(14)水利、环境和公共设施管理业	Management of Water Conservancy, Environment and Public Facilities	人	person	1	2
(15)居民服务、修理和其他服务业	Services to Households, Repair and Other Services	人	person	78	70
(16)教育	Education	人	person		
(17)卫生、社会工作	Health, Social Securities and Social Welfare	人	person	10	6
(18)文化、体育和娱乐业	Culture, Sports and Entertainment	人	person	4	7
(19)公共管理、社会保障和社会组织	Public Management, Social Security and Social Organization	人	person		
(20)国际组织	International Organizations	人	person		
(二)从事当前自营工作的时间(合计)	Total Time	月	month		
其中：1年以下	Less than 1 Year	人	person	29	33

5-1 续表 12 continued

(全省抽样调查数) (A Sample Survey in Anhui Province)

指 标 名 称	Item	单位	Unit	2019	2020
1-2年	1-2 Years	人	person	50	47
2-5年	2-5 Years	人	person	181	153
5年及以上	5 Years and over	人	person	437	462
(三)非农自营活动性质	Nature				
1.注册企业	Registered Enterprise	人	person	17	15
2.个体经营	Individual Operation	人	person	401	416
3.小摊小贩	Vendor	人	person	55	51
(四)雇工人数	Number of Employees				
1.没有雇工	None	人	person	631	625
2.3人以下	Less than 3 Employees	人	person	48	53
3.4-9人	4-9 Employees	人	person	13	10
4.10-19人	10-19 Employees	人	person	3	4
5.20-49人	20-49 Employees	人	person	2	3
6.50人及以上	50 Employees and over	人	person		
(五)初始资金来源	Initial Source of Funds				
1.全部自筹	Self-raised	人	person	505	505
2.与其他人合伙	Forming a Partnership with Others	人	person	10	11
3.金融机构贷款	Loans by Financial Institutions	人	person	8	7
4.其他	Others	人	person	14	12
(六)初始投资是否得到政府支持	Whether Having the Support of Government				
1.是	Yes	人	person	20	27
2.否	No	人	person	517	508
(七)希望政府给予的支持	The Government's Support Wanted				
1.贷款	Loan	人	person	68	77
2.税收优惠	Tax Incentives	人	person	11	16
3.生产技术指导	Technical Direction	人	person	28	19
4.销售服务	Marketing Service	人	person	79	98
5.不需要	Unwanted	人	person	68	325
(八)是否曾经外出务工	Whether Having Worked outside				
1.是	Yes	人	person	144	115
2.否	No	人	person	553	580
(九)原外出务工的主要行业	Industries Engaged While Working outside				
1.第一产业	Primary Industry	人	person	2	
(1)农、林、牧、渔业	Agriculture, Forestry, Animal Husbandry and Fishery	人	person	2	
2.第二产业	Secondary Industry	人	person	76	56
(2)采矿业	Mining	人	person	2	2
(3)制造业	Manufacturing	人	person	42	29
(4)电力、热力、燃气及水的生产和供应业	Production and Supply of Electricity, Heating, Gas and Water	人	person		2
(5)建筑业	Construction	人	person	32	23

5-1 续表 13 continued

(全省抽样调查数) (A Sample Survey in Anhui Province)

指标名称	Item	单位	Unit	2019	2020
3.第三产业	Tertiary Industry	人	person		59
(6)批发和零售业	Wholesale and Retail Trades	人	person	30	28
(7)交通运输、仓储和邮政业	Transport, Storage and Post	人	person	6	7
(8)住宿和餐饮业	Hotels and Catering Services	人	person	13	10
(9)信息传输、软件和信息技术服务业	Information Transmission, Software and Information Technology Services	人	person		
(10)金融业	Financial Intermediation	人	person		
(11)房地产业	Real Estate	人	person		
(12)租赁和商务服务业	Leasing and Business Services	人	person	4	
(13)科学研究和技术服务	Scientific Research, Technical Services and Geological Prospecting	人	person	1	
(14)水利、环境和公共设施管理业	Management of Water Conservancy, Environment and Public Facilities	人	person		
(15)居民服务、修理和其他服务业	Services to Households, Repair and Other Services	人	person	12	12
(16)教育	Education	人	person		
(17)卫生、社会工作	Health, Social Securities and Social Welfare	人	person		
(18)文化、体育和娱乐业	Culture, Sports and Entertainment	人	person		
(19)公共管理、社会保障和社会组织	Public Management, Social Security and Social Organization	人	person		2
(20)国际组织	International Organizations	人	person		
N6.举家外出情况	**Conditions of Migrant Families**	--			
调查村数目	Number of Villages Surveyed	个	unit	329	329
(一)调查小区户籍住户、人口与劳动力情况	Household, Population and Labors in the Area Surveyed	--			
1.调查小区总户数	Number of Households	户	household	52085	58376
2.调查小区总人口	Number of Persons	人	person	200974	221367
3.调查小区总劳动力	Number of Labors	人	person	124450	133287
(二)调查小区举家在外情况	Migrant Families	--			
1.举家在外户数	Number of Migrant Families	户	household	7359	8199
2.举家在外人口	Number of Persons in Migrant Families	人	person	28279	30799
其中：劳动力	of Which: Labors	人	person	18850	19773
(三)调查小区新增举家外出情况	New Migrant Families	--			
1.举家外出户数	Number of Migrant Families	户	household	232	552
2.举家外出人口	Number of Persons in Migrant Families	人	person	812	2040
其中：劳动力	of Which: Labors	人	person	545	1240
(四)调查小区住户举家返回情况	Returning Families	--			
1.举家返回户数	Number of Returning Families	户	household	305	195
2.举家返回人口	Number of Persons in Returning Families	人	person	966	665
其中：劳动力	of Which: Labors	人	person	646	412

主要指标解释

农民工　是指户籍仍在农村，在本地从事非农产业或外出从业 6 个月及以上的农村劳动力；还包括举家外出的农村劳动力。

本地农民工：指在户籍所在乡镇地域以内从业的农民工。

外出农民工：指在户籍所在乡镇地域外从业的农民工。

举家外出：指农村劳动力及家人离开原居住地，到户籍所在乡镇以外的区域居住。